ANDRÉS SÁNCHEZ MAGRO

Bares de España

Especies protegidas

ALMUZARA

Almuzara • Gastronomía
Editora: Ángeles López
Diseño y maquetación: Fernando de Miguel
Foto de portada: @anaburgosphoto
Corrección: María José Pérez

www.editorialalmuzara.com
pedidos@almuzaralibros.com - info@almuzaralibros.com

Editorial Almuzara
Parque Logístico de Córdoba. Ctra. Palma del Río, km 4
C/8, Nave L2, nº 3. 14005 - Córdoba

Impresión y encuadernación: Liberdúplex
ISBN: 978-84-10525-17-7
Depósito legal: CO-580-2025

Hecho e impreso en España/*Made and printed in Spain*

Para mis hijos Iñaki y Carmen *Averías*,
que saben vivir los bares como escuela de tolerancia.

Índice

Crónicas de España, sus bares y parroquianos

En sus memorias el dramaturgo Miguel Mihura confesaba que «yo había decidido nacer en Madrid, porque pensé que era el sitio que cogía más cerca del Bar Chicote. Hubiera podido nacer en Burgos, o en Sevilla, sin ningún esfuerzo, porque ambas capitales estaban terminadas ya; pero esto me hubiera pillado muy lejos para ir a tomar el aperitivo, y entonces no había trenes, ni taxis, ni tranvías como ahora».

Auténtica declaración de vida, querer nacer cerca de un bar, porque cuando clarea la vida necesitamos el refugio para que, pase lo que pase, se le salude desde una barra. Sin mostrador no hay bar genuino, sino moderno *atrezzo* gastronómico. El tabernista, baruta, borraca, cierrabares, parroquiano, como dicen los literatos a la violeta, necesita que no le programen ni la libación ni su esparcimiento sin horarios. Y por eso cualquier consideración sociológica o pintoresca sobre las faunas de los bares tiene que ver con la desconfianza de mesas altas y las reservas. Si un tabernero se cree Dabiz Muñoz, o a la inversa, vamos dados.

Lo mejor de España son sus bares. También lo peor. O simplemente un retrato de una sociedad en busca de autor. No será uno, simple observador de la vida dispersa, quien certifique el auge y la decadencia del bar. No hay nada más español que la nostalgia y cuestionarnos la identidad, lo que desembocaría para algunos que vivamos en un nuevo 98 con la voladura del bar de toda la vida, armado sobre el eterno diálogo tabernero-cliente. Este último es el fiel oficiante de la liturgia que consiste en ir a diario a un bar. Y por lo común el mismo y con hábitos parecidos. ¿Una cañita como todos los días, o sin alcohol que hay que ir al médico? De mis andanzas por las Españas, de las que da testimonio este libro, veo más gente haciendo running que leyendo el Marca en los bares. Entre otras cosas porque ya no hay periódico en papel. A los bares se ha ido siempre a perder el tiempo, que es una manera maravillosa de ganarlo. Han sido los auténticos centros cívicos de barrios o de pueblos, cuando no había ley de dependencia ni tantos culebrones televisivos de Netflix llenos de abogados.

Este paseo por el bar comprende todo el territorio nacional, pero se ha utilizado como criterio metodológico la capitalidad provincial. Hoy en día se cose España por las circunscripciones autonómicas, pero hemos querido recuperar aquella división de Javier de Burgos en 1833, y que marca todavía peculiaridades geográficas y de costumbres. Pues son estas últimas las que describen la manera de andar por la vida, de trajinar afanes cotidianos y, al final, contar lo que pasa en un bar. Muchos discreparán de esta propuesta, y uno mismo tiene la tentación de impugnarla radicalmente, porque fuera de los escenarios de las capitales de provincias hay extraordinarios bares por toda la geografía, desde Gijón a Jerez, Aranda de Duero o Talavera de la Reina, y tantos espigados por cada pueblo e, incluso, aldea. Queda pendiente para sucesivas entregas el escrutinio e inventario de los bares de ese laberinto de caminos.

Cada capítulo ha pretendido narrar de manera libre y sin ataduras el mundo del bar en cada ciudad. Que es como decir un retrato de su alma. Todos y cada uno de los consignados ha sido visitado, bebido y comido, y en general dialogado. Si no se ha conseguido destilar la esencia de cada garito será por incapacidad del autor, y no por la buena raza de tabernero que todavía crea escuela. Viajar por España es descubrir que existen muchas más cosas que nos unen frente a las querencias divisivas. Eso que de manera informe se llama la gente, desprecintada de cualquier corsé ideológico, da lo mejor de sí cuando frecuenta bares, se junta con sus vecinos y le riega ocurrencias al tabernero. La rara belleza de un país que parece estar siempre inflamado se deshace conociendo ese mundo interior que tiene galería de personajes en los bares.

Aspiran estas páginas a pintar la mutación que se ha producido en los chiscones diversos de la realidad española. Al fin y al cabo, el bar es un espejo fidedigno de la lenta evolución de nuestra sociedad y como se relacionan sus habitantes. La propia fenomenología tabernaria ha variado radicalmente, han aparecido decoradores con ínfulas, se ha agregado el adjetivo gastronómico a muchos establecimientos y se ha profesionalizado aparentemente el llamado servicio. Los horarios empiezan a cumplirse a rajatabla, se sale ex profeso para el trago y algunas casas colocan el cartel de completo como si fuera una sala de conciertos. El bar siempre fue accesible, al alcance de cualquier cartera como espacio de libertad y desahogo. El pueblo llano tiene allí su hemiciclo para opinar o decir majaderías, que tampoco es algo muy distinto a los que se hace en los oficiales.

Este itinerario emocional es deliberadamente arbitrario. El oficio de arqueólogo tabernario no se somete ni a los dictados de las redes sociales ni a la letanía boba de internet, y menos a las consignas de las guías oficiales. Está escrito con la pasión zahorí, sin mirar el reguero de jurdós que deposita como ofrenda en los altares tabernistas, y reforzando con amianto el hígado y los intestinos. También es un regalo poder disponer de tantos escuderos en esa cruzada barrista. De mostrador en mostrador, de villa en villa siempre con el nuncio local que abre puertas y conoce las glorias y miserias de los caramancheles que amojonan el camino. Precipitado de ilusiones y también del infortunio que supone censar los cerrojazos o sitios de leyenda que se cuentan desde la melancolía, esta es la saga española de bares.

Es inevitable que se señale una deriva folclorista en este cortejo de bares que comprende todas las capitales del país. Ese costumbrismo tan arraigado en la literatura de lo popular suele ser la receta para el hecho gastronómico. El tipismo que en ocasiones describe caracteres de brocha gorda puede justificar la fauna que llena los mesones, chigres, tascas, bodegones y otros locales de holganza. Hay una mitología propia que analiza el mundo del bar, y parte de ella, sin caer en el casticismo, se encuentra en esta apología tabernista. No sabemos en definitiva si hay un canon que aplicar a ese escenario un tanto teatral que calificamos como bar. Las realidades se imponen y hoy coexisten guachinches populares en Tenerife, vermuterías esplendorosas en Cataluña, los bares de cofrades en Andalucía o la pasarela internacional de la madrileña calle de Jorge Juan. Y todos dispensan con alegría la suerte del comercio y el bebercio, y se hacen tratos como en Albacete, o se resume un ecosistema propio en solo cien metros por las calles de Lugo.

Uno siempre piensa en Juan el Bombero, que zascandilea a diario por los bares del centro de Pontevedra. Hace la ronda de bares, que sería por cierto otra de las leyes del mandamiento del tabernista. Aunque es natural de un pueblo de lucense, confiesa que acabó en Pontevedra por culpa de una borrachera que les llevó a su primo y a él a cogerse un taxi para embarcarse en Ferrol, y, tras treinta y siete meses en la mar, desembarcó en Vigo donde había un bar, alabado sea el Señor, para hacerse bombero. Cuando le preguntas a Juan si va a tomar vino por la mañana y por la tarde, como buen gallego dice que depende, porque a veces empalma. Y todo eso con ochenta castañas.

Personajes singulares los hay por toda la geografía barrista del país, como el mítico Jorge Laverón, ese malagueño huido a los Madriles donde se hizo crítico taurino y apóstol de Antonio Chenel, Antoñete, y que ha sido auténtica estatua viviente en la astrosa barra de La Venencia en el barrio de las Letras gatunas. Ahora anda por San Martín de Valdeiglesias donde sigue sentando cátedra en los garitos de la sierra de la Garnacha. Para todos los gustos, y clases, y carteras. Vicente Boluda, naviero con jurdós, a ratos presidente de un club de cierto nombre, tenía siempre su mesa junto a la barra en el bar Aquarium de la Gran Vía valenciana. Codicioso de la felicidad que tiene ese tabernáculo donde saben preparar la santísima trinidad del cóctel como es el *dry*, el *bloody mary* y el *negroni,* ha decidido comprar el bar para que no se pierda. O el cónsul de Turquía en Andalucía que cada viernes del año colecciona mesas y hueco en la barra de Casablanca para agasajar o endosar a todo el que pulula por la plaza de la Moneda de Sevilla. Donde no muy lejos de allí desde el Postigo al Arenal tienes que ir sorteando con una caña o una manzanilla los abrazos de los amigos. Que también es un arte del bar.

Si algo ha caracterizado y debería caracterizar al buen bar, porque es preferible hablar de bar y no de tabernas, para no acogernos a sagrado salvo que de vino hablemos, es su naturaleza popular, mezclada, accesible para que, como dicen en Jerez, cuando uno se pone flamenco, y no por cantar, «se exprese». Que significa que cada uno haga lo que le dé la gana y se coja la papa que le apetezca. Si algo hay que anotar en el estadillo de lo positivo en los bares actuales es precisamente la mejora del servicio del vino, a pesar de la transformación causada por parapeto de la mesa alta y del *cover manager*, por todos los andurriales. Los pizarrones empiezan a ser gloria en muchos establecimientos, junto a una cristalería digna y a un progresivo conocimiento de variedades, zonas e, incluso, armonías.

Lo importante es que el transeúnte de la barra encuentre siempre un dispensario en cualquier parada de su camino. El que cada uno tenga, con querencia o sin ella, con más o menos posibles, no obvia que la cuestión sigue siendo si se sabe interpretar lo que ese denominado parroquiano persigue. Echar un trago o comerse una guioza de rabo de toro, que parece ser lo que muchos hosteleros interpretan. Y si así es, que cada uno lo disfrute a su modo aunque Juan el Bombero se quede cada día más solo en su ronda. Ni la chispa ni las chispas del parroquiano contemporáneo son las mismas. Como reza un azulejo de una taberna cordobesa: «Mal por mal, más vale la taberna que el hospital». El refugio para la existencia y los avatares de un país cuya crónica está escrita con tinta espesa y bizarra.

Y, aunque ya no quede casi ni el recuerdo del bar al que se encomendaba Mihura, siempre estará el legado del barman más icónico que fue Perico Chicote. Su clase y su mano izquierda nos recuerda que en los bares está la vida cañón y que hay humanidad por los cuatro costados. Decía el maestro que «para atender bien un bar hay que ser simpático y generoso, pero la simpatía auténtica, no la fingida».

TABERNA
MARIÑEIRA

A Coruña
Vitalidad herculina

■ La Bombilla, *r, Torreiro, 6, 15003.*

■ Taberna A Mundiña, *r. Estrella, 10, 15002.*

■ O`Secreto, *r. Alameda, 18, 15003.*

■ Bar A Cunquiña, *pr. San Agustín, 1, 15001.*

■ Victoria, *r. Olmos, 23.15003*

■ Mantelería, *r. Mantelería, 3. 15003*

■ El Gato con Copas, *tr.ª Estrecha de San Andrés, 3, 15002.*

■ Mesón El Serrano, *r. Galera, 42, 15003.*

■ Tasca A Toquera, *Xubias de Abaixo, 29, 15006.*

■ Cervecería Estrella de Galicia, *r. Concepción Arenal, 10, 15006.*

■ Pulpería O Fiuza, *av. Navarra, 33, Bajo, 15002.*

■ Tasca A Troula, *r. Barrera, 24, 15001.*

■ Casa Surrey, *r. Barrera, 20, Bajo, 15001.*

■ Bar Casa Andrés, *r. Barrera, 12, 15001.*

■ Bodega Dobao, *r. Julio Rodríguez Yordi, 10, bajo, 15011.*

■ Vinoteca Casa Ponte, *r. Juan Flóres, 95, 15005.*

■ Mesón Restaurante La Dehesa, *r. Donantes de Sangre, 5, 15004.*

■ O Cabo, *r. Picavia, 2, 15004.*

Capítulo 1

Con Federiquiño por A Coruña

La capital herculina tiene mucha clase. Pasear por A Coruña es un ejercicio exquisito para el viajero. Hay un estilo reconocible, seguramente por el influjo del textil tan célebre que por ahí se factura, que viste una ciudad hermosa y con un ritmo propio de la lluvia fina. Deliciosa conversación de los parroquianos que, como el inigualable Fede García Poncet, conocido en los ambientes como Fedegustando, alfombra los ricos establecimientos del asunto más transcendente para los gallegos, el comer y el beber. Como una auténtica red lanzada de modo suave desde la plaza de María Pita hacia las arterias pequeñas o anchas de ese promontorio marino, nacen y viven tabernazos de todo pelaje.

Podríamos censar una enciclopedia de los bares coruñeses, de tantos y diversos que son. Y casi siempre de entusiasta público local. Porque esta es tierra de buena acogida, y la credencial hospitalaria se concede con la ironía cariñosa del buen gallego. Una de los apeaderos antiguos para el tabernista y la muchachada que rellena sus espacios es La Bombilla cuya fecha de natalicio se escribió en 1937. En su barra larga se exhiben el taperío típico de lo marinero y lo terrestre. Hay un tópico que reza sobre el marisco en los bares de este destino. El ideólogo de Taberna A Mundiña lo desmiente y proclama que «ya no todos los bares tienen mariscos». La reflexión de Álvaro no casa con su buen local y el célebre bocadillo de cigala, inventado por el socio de aquel llamado Xuxo en su restaurante familiar con los ágapes de entonces. Uno de los bocados de la maleta del viajero gracias a su pan de cristal, rúcula, tomate y mayonesa japo. Y quien tenga empaque, puede pedir los mejores percebes y pesca de caña de la Costa da Morte. Desde 2006 esta inefable taberna con mucha referencia enológica te permite enredar con estupendo camarón o berberecho y con pulpo gallego de verdad. ¿Será un milagro?

Federiquiño nos habla de la vida, de la que es profesor titular ejerciente, acodado en la monumental barra de O´Secreto, donde el vino es el rey. Xurxo orgullosamente cuenta que en su bodega hay más 1400 piezas diferentes. A uno le entra la tentación de contratar hipoteca rápida para bebérselas todas mientras se contempla la siempre sugestiva vajilla de Sargadelos.

En la plaza del Humor, nombre que solo podría existir en ese territorio, hay un bar de parroquia y con televisión. Su nombre, A Cunquiña, concede la bula del que tiene mucha querencia al mostrador. Ese que se toma el ribeiro blanco o tinto en taza y se pide una lata de *peixes*. Y que juega a la chanza comprensible para el autóctono. Quien también para en un moderno local que nos seduce por su nombre. El Gato con Copas es un recoleto pedazo de felicidad biográfica de algún vagamundo nada menos que en la travesía estrecha de San Andrés. Son muchas las barras de enganche como Vitoria y Mantelería, una expresión más de la moderna hostelería a la que se acogen bares de refinamiento. Pinchos como banderilla de bonito con tomate, sardina ahumada, que empiezan a causar estado en ese enjambre de las calles de La Estrella, Los Olmos o la transversal La Barrera.

El tiempo pone siempre la justicia de su lado y no siempre favorece el cutis de la memoria. En El Serrano se han concitado muchas historias coruñesas gracias a las tapas merecedoras de varios galardones del prestigioso premio Picadillo, que rinde homenaje a aquel pantagruélico y excéntrico alcalde que tenía que reservar dos asientos en el teatro para poder sentarse. Su recetario está en los anaqueles de cualquier aspirante a gastrónomo mundial. Según su nombre, el origen de este bar era una jamonería, hoy derivada a unas ejecuciones bastante parangonables por otros lugares.

El que no tiene analogía posible es el tascón más antiguo de A Coruña llamado A Toquera. Frente a la ría de la isla de Santa Cristina, donde se marisca la almeja, existe una surrealista taberna para poder estudiar la rabudez gallega. En este inverosímil garito que también se suspende encima de la vía de un tren, te reciben con guasa. Entra un propio de maneras cerradas en gallego y pide la consumición de turno. Y le contesta el artista detrás de la barra «hay que pedir aquí, y, aunque la puerta esté cerrada, hay que leer que está aperta; y por ahí no se sale a la terraza, por ahí se sube». Cátedra de retranca de un bar abierto desde finales del siglo XIX, y en cuya puerta al caer la tarde se junta un liceo de la vida dispersa con edades y atavíos de lo más variopinto. Mucho silencio cachazudo, y risas de tanto en tanto.

Tiene mucho tirón la cerveza de la tierra, que ha creado un auténtico sanctasanctórum de ese líquido amarillo. El lugar de origen de la famosa cerveza Estrella de Galicia está siempre hasta la bandera. Más que un bar parece un campo del futbol donde solo falta la animación de la grada. Quien no necesita que le toquen las palmas es cualquiera de los camareros de O Fiuza. Porque también conocen las lecciones de la sorna en la que muchos consideran la mejor pulpería coruñesa. «Un poquito de pulpo, por favor», y responde el camareta: «¿Eso qué es?, ¿media o una ración?». Fede se sonríe mientras cavila y opina que la gente ya no alterna como antiguamente. Y no se atreve a coger el último trozo de pulpo, por aquello de la vergüenza del gallego.

Hay imprescindibles como O Tarabelo. Su leyenda se ha construido gracias al pincho homónimo que significa en realidad lo que cierra las puertas. Para el dueño del bar y cocinero con sesenta y cuatro primaveras es un pinchito de patatas con carne, aunque hay más pellizquitos como la trilogía o tapa de mejillón, berberecho o empanada, la zorza o las parrochas. El sitio tiene todo el sabor en este tubo de alegrías con vigas en el techo, vinos en tazas, los pies de la mesa con la máquina de coser y un mostrador de madera para pedir cita de mala vida. Estas son líneas de nostalgia, pues en la imprenta nos dan noticia triste del cierre. Otro caído más en el combate de la pureza tabernaria. «El cocodrilo» es un pincho que le da gloria a Tasca A Troula. El *yin* y el *yang* con el pincho de ternera con patata buena, en ese ok corral que ha perdido una parte.

En este pasadizo o calle de los vinos donde también está el mesón que toma el nombre la calle hay un bar que está llamado al estrellato. Casa Surrey tiene una nueva vida gracias a Fran. Le ha dado brillo a un tabernazo de 1916 y bien podemos señalar que es uno de los taberneros ilustrados de la ciudad y el más docto en vinos. Auténtica delicatesen de este encantador personaje que, entre otras, trabaja con un calamar muy fino, legado del mítico Bar Oteo de la ciudad. Hay un escabeche receta de la casa de ave con pincelada de pimentón y un tratamiento respetuoso del marisco y los momentos idóneos. Fran aspira a ser grande, aunque talvez ya lo sea y no se dé coba.

«No hay wifi, hablar entre vosotros», reza la pizarra enorme de Casa Andrés. El nieto del fundador, de 1952, Rafael se queja que «hay mucho local». Defiende a capa y espada por su parte una barra de verdadera tradición. La misma de Bodega Dobao. Tascón de barrio que hace guardia al ladito del estadio de Riazor. Mantiene el tipo frente a la moda del postureo, con su cocina a la vista y la barra y barriles para tomar la mejor tapa de oreja coruñesa. No hay mantel ni sillas ni mesas. La felicidad del tabernario, oiga. Y tiene clásicos como la tortilla, callos, empanada, chicharrón o jamón asado. El Ribeiro en cunca.

Un central del Real Club Deportivo de A Coruña, llamado Enrique Ponte, fundó en 1950 bodega propia. El antiguo despacho de vinos conserva todavía en su fachada un viejo espejo negro artesano con la leyenda «Vinos Casa Ponte». En sus paredes y techos altos se almacenan objetos variopintos propios de una decoración bohemia, como una de las primeras televisiones llegadas a A Coruña, y una bolsa de basura de la época. En Casa Ponte se puede ver la vida pasar desde la barra o en las mesas altas apoyadas en el ventanal. Hay pinchos que varían, y para Federico son esenciales las tostas de pan negro de queso de Arzúa con tomate fresco, champiñones y jamón, el pollo crujiente con salsa de miel y mostaza, o el salpicón de rape. Ha ganado premios por los canutillos de pato, chicharrones y grelos. Todo con vinos no conocidos, pero elegidos para el trago legal.

En la misma zona elegante de Juan Flórez se encuentra La Dehesa, justo al lado de la Iglesia San Pablo. Los dos taberneros, Juan Carlos y Domingo, son naturales de la Costa da Morte. Hechuras de mesón gracias al uso de la madera. Taperío fino como la tapa de callos de los sábados, o la receta de cucharas el resto de la semana. Chacinería de nivel, quesos y la joyería que procede del lugar de origen de los artistas, como el berberecho, mejillón o percebe. Y si hay cartera, cuando toca, angula al ajillo.

O Cabo está de moda. En la plaza de Lugo, donde se encuentran las tiendas más reputadas del grupo textil tan famoso de Arteixo, está un bar en el que toda A Coruña se deja ver. Hay que hacerse fuerte para conseguir un sitio en la barra, tener paciencia si uno quiere alcanzar mesa, a pesar de la reserva, y ser el más hábil para poder sentarse en la terraza. El título de campeones de la mejor tortilla de patatas de España del 2024, a la que había precedido el segundo puesto el año anterior, avala la inteligencia tabernera de Ramón e Isabel. Hay relevos esplendorosos en la capital coruñesa donde conviven perfectamente los defensores de las esencias y las renovadas gastronomías. Todo gracias a la mirada lúcida del alcalde popular de la gastro que es nuestro Federiquiño.

NVESTRO BAR

Albacete
Las rutas manchegas

■ CASINO PRIMITIVO, *c. Tesifonte Gallego, 3, 02002.*
■ RESTAURANTE NUESTRO BAR, *c. Alcalde Conangla, 102, 02002.*
■ RESTAURANTE DE EL CALLEJÓN, *c. Guzmán el Bueno, 18, 02002.*
■ RESTAURANTE LAS REJAS, *c. Dionisio Guardiola, 10, 02002.*
■ RESTAURANTE EL ALAMBIQUE, *call.n de San José. s/n, 02002.*
■ LA BODEGUILLA DEL MAQUINILLA, *c. Feria, 137, 02004*
■ LA BODEGA DE SERAPIO, *c. Méndez Núñez, 8, 02001.*
■ TABERNA LA HIGUERICA, *c. el Cura, 3, 02001.*
■ BAR EL FILO DE LA NAVAJA, *c. Ríos Rosas, 5, 02004.*

Capítulo 2

Albacete y los bares de los tratos

En el origen antropológico de la ciudad de Albacete se encuentra el comercio. La Feria de la Virgen de los Llanos en torno al 8 de septiembre rinde tributo a esa cultura del trato y al cruce de vidas. Todo lo que puede encontrarse en los bares que pueblan copiosamente las arterias de una ciudad marcada por la bonhomía y la solidaridad de vida. En el Casino Primitivo, José Chinchilla cree que este territorio de acogida tiene mucho que contar por encima de los tópicos que tanto gustan a los mentecatos. Hay un parroquiano delante del televisor como metáfora de la labor que hacen los establecimientos hosteleros. Aunque sea una ciudad muy cervecera, José defiende los vinos de Almansa, de la Manchuela, centón de inquietudes y hallazgos enológicos.

Escribió Azorín que «no hay pueblo español, chico o grande, que no encierre una enseñanza». En el universo de las cosas sencillas, del que conviene aprehender lecciones de vida, Albacete y sus tabernas tienen mucho que contar. Despojadas de muchos fastos hosteleros, y de la sensación uniforme, componen un modo de celebración cotidiana del gusto cercano y sostenido. Con todo el pintoresquismo como Nuestro Bar, verdadero ejemplo de bar manchego con su inconfundible salón. Absolutamente hermoso en su rusticidad, una de las glorias albaceteñas tabernarias sin género de duda. «Cosicas» llaman a un plato rotundo que haría las delicias de Sancho Panza, con lomo de orza, chorizo, morcilla, queso frito, setas, patatas y un revuelto «Dulcinea», con pasas y piñones, además de morcilla. Puro gozo de ese plato ideal para un almuerzo o de empujón de alegrías. Hoy las barras se deslizan hacia una comida estandarizada, lo que se apega al healthy, y esta obra continúa la dirección contraria. Desde 1967 sigue la tradición familiar. Aaron, nieto del fundador Fernando, tiene toda la gracia en la sala y en la barra. ¿Qué haríamos sin esa vertebradora línea de las familias en los grandes negocios tabernistas?

Aunque es restaurante, y de los principales, mantiene barrita para dispensa del rápido viático al que necesita un poco de solaz antes del almuerzo o copa de puntapié El Callejón de los Gatos. Museístico lugar de fondo taurino, verdadera exhibición de la cocina de la tierra como el monumental gazpacho manchego, profunda bodega y punto de encuentro del Gotha de la ciudad. Y revelador de la importante presencia del arte de Cúchares en esa villa. Buenos restaurantes como Caldereros o Asador Concepción van condenando la barra de entrada por la apuesta por el mantel y la reserva. Cambios en la era del ocio programado y de recelo hacia la francachela o la rutina del amante del estribo y la ronda.

El comistrón tiene en Las Rejas un estupendo escenario para comer en barra y adentrarse en el recetario clásico que forma parte del imaginario cultural del manchego. En el centro de Albacete, con una decoración elegante sin pretensiones y un toque rústico, muy acogedor y sobre todo agradable, los cuadros que visten las paredes crean placidez. En la barrita de banqueta y mantel que tanto entusiasma al viajero, de manera improvisada, aparece la alegría de vivir. Hay, además, catedráticos que le atienden como Eduardo, uno de esos señores del servicio que deben de ser permanentemente reivindicados, como fuente de sabiduría y empatía con la condición humana. En esos escaños empieza la fiesta con una larga sucesión de bocados cantados, para que se haga la boca agua y uno olvide dónde iba después. El tirabeque con velo ibérico o la oreja empanada ponen un listón alto. Del que no abandona una excelente ensaladilla de gambas y una gilda también única. A uno le sigue causando asombro la facilidad con que ese pincho donostiarra ha causado estado en toda la geografía gastronómica nacional. El capítulo de guisos es monumental: el estofado de rabo de toro, los judiones con la inevitable oreja o una fabada canónica sin necesidad de ser asturiano. El bacalao al pilpil rememora el hecho cultural que justifica ese pescado de conservación y que forma parte de la historia del centro de España. A salivar con la perdiz estofada o el cordero manchego cocinado a baja temperatura, que resalta la ternura y el sabor característico de esta carne.

Hay festín de bares para el divagante, aunque no todos alcancen la personalidad para la letra impresa. El Alambique es una barra cervecera con bastante público entrando y saliendo de la escena. El mundo del lúpulo como ley, que tiene el infausto desliz hoy muy extendido del valladar de la mesa alta que protege demasiado al camarero y disuade al tabernario. Aunque posee trenzado de mesas altas, hay buena pitanza y libación en la denominada La Bodeguilla del Maquinilla. Casa muy típica por sus arroces, en especial el de manitas de cerdo o el de rabo de toro, y bocados contemporáneos, a la que da nombre el apodo de su propietario Juan, de raíces andaluzas, pero recriado en la Almansa que ama. Los sabores manchegos tan puros y tan presentes en los mostradores albaceteños. En la comanda del día a día del albaceteño uno de los platos principales son los gazpachos. Y en cualquier casa, si de aperitivo hablamos, los caracoles, cascos de patatas y el queso frito. Todo ello en las tascas, eco tratante, que se abren en plena calle en el paseo de la feria con la primavera y solo se retiran para que se instalen los feriantes cuando llega la eclosión festera de septiembre. También marcan el compás cotidiano los merenderos antiguos, casas de labranza convertidas en asadores con platos típicos, caso del atascaburras, el ajo matadero, la guarrilla y el chusmarro. A ser posible acompañado de una frasca de vino de los pueblos de Albacete D. O. Jumilla, para trasegar bajo la parra de los merenderos.

Se fundó nada menos que en 1892 la Bodega Serapio. Enclavada en un precioso patio y con un marco tan atractivo que transporta a los tiempos del ventorro y los caminos. La paleta culinaria está pintada con mucho escabeche, las peladillas hortelanas, la orza manchega y los placeres de Barbate. Hay una ruta que va salpicando todas las gastronomías nacionales a partir del totémico atún gaditano. Sería también aconsejable que ese salero sureño fuera estudiado por el batallón de oficiantes en barra y sala que actúan como dicen ahora los chavales un tanto random. También puede disfrutarse de la cerveza artesana de Fuentealbilla, pueblo natal de Andrés Iniesta, el icono de los futbolistas españoles. La fortuna de los que aman el bar es que la historia siempre defiende la arquitectura invisible de la felicidad.

Las historias perdidas son como un mensaje de la botella lanzada al mar de las barras. Taberna La Higuerica rememora el lugar del árbol y esas secuencias de las existencias populares. Huele a esa fritanga que ha justificado todas las décadas de la bizarría tabernaria española. Trago fuerte, plato de contundencia y arroba, y la camaradería de la charla vocinglera. El año 1917 cuentan los eruditos que fue el arranque de la ciudad en la modernidad, con el alcantarillado de muchos lugares, erección de un hospital provincial, mercado público y la determinación de construcción de un aeródromo. También se inauguró la plaza de toros, y los tratos siguieron dando sentido a la gente de la tierra. En ese año, un 5 de abril, esta taberna vio la luz con la cocina manchega bajo el brazo.

La novela El filo de la navaja del escritor británico Somerset Maugham, el que fuera mejor pagado del mundo por su oficio, fue célebre en la segunda mitad del siglo pasado por su examen de los ideales y del sentido de la condición humana. Seguramente sin tantas pretensiones, y no reivindicando aquella peripecia existencial y sí el icono del cuchillo autóctono, se creó en 1968 una taberna del mismo nombre. Un destino y una reivindicación del tipismo y nació un bar que hoy sigue con toda la vigencia. Ya dijo Jacinto Benavente que «los dictadores pueden reformar las leyes, pero no las costumbres». Ni los que hubo ni los que vendrán podrían cambiar la costumbre de ir al bar, que no se ha perdido en Albacete. Y comerse una estupenda tapa de bacalao rebozado o lo más cañí, como es la socorrida tapa de jamón de mono o cacahuete. Territorio para el tratante, la gente de casa y la buena vida sin colorearla ni adjetivarla.

Alicante
El pionero El Portal

■ **Nou Manolín**, *c. Villegas, 3, 03001.*

■ **El Piripi**, *av. Oscar Espla, 30, 03003.*

■ **El Portal**, *c. Bilbao, 2, 03001.*

■ **Bar Manero**, *c. Médico Manero Mollà, 7, 03001.*

■ **La Taberna del Gourmet**, *c. San Fernando, 10, 03002.*

■ **Damasol**, *c. del Capitán Segarra, 21, c. de Balmes, 5, 03004.*

■ **Bar Guillermo**, *c. Pintor Velázquez, 21, 03004.*

■ **El Cantó**, *c. Alemania, 26, 2F, 03003.*

■ **Bar Roberto "El Ferrrao"**, *c. de Juan de herrera, 24, 03004.*

■ **El Chaflán**, *pl. de los Loceros, 4, 03001.*

■ **La Galería de David 3.0**, *c. Reyes Católicos, 57, 03003.*

■ **El Merengue**, *av. Alfonso El Sabio, 44, 03004.*

Capítulo 3

Alicante y las barras de comer

En el último desliz mediterráneo por Levante hay una ciudad asociada a la buena vida que tiene fenomenología característica del bar. Ese trasunto sociológico que vertebra los garitos de cada sitio, que refleja perfectamente la manera de vivir y de relacionarse con los otros, presenta características diferentes en Alicante. No **son** muchas las barras de estribo en las que picar espuela, chalanear y continuar hacia otro abrevadero. El alicantino respira a compás y le gusta tomar escaño para que le den fiesta. Si hubiera una cátedra de bares, algún polemista debatiría sobre si esto responde a los cánones o es gastronomía en otra versión. Cualquier conclusión encaja perfectamente con el celebrado Nou Manolín. Probablemente uno de los establecimientos, no sabemos si bar, que más fama tiene a escala planetaria.

Los plumillas tiran de repertorio para contar que el cocinero francés Joël Robuchon quedó fascinado por la barra de Nou Manolín. Abierto desde 1972, en los veranos que el galo multiestrellado pasaba en Moraira, y que le inspiró para la apertura de sus establecimientos *casual* denominados atelier, no dejaba de buscar asiento en esa barra. El asunto es que hay cuarenta banquetas que se rifan a diario por el que se pispe y ande vivo. Con paciencia y una caña, se puede ir buscando hueco para que toda la joyería náutica de la lonja nutra las gulas. La gamba roja evidente, calamares o sepias son de despacho obligado, muchos montaditos o el pan de cristal sobre el que se aposentan ensaladilla con anchoa, huevo de codorniz fruto con jamón, apelados como los «swarovski». En este mostrador de auténtica excelencia gastro, también se pueden comer guisos al gusto, frituras, o para el voraz la carta de las mesas del restaurante en la planta superior. Se bebe hondo y con la posibilidad de matar los cocodrilos de los bolsillos. El hiperactivo chacinero Joselito, que ha llevado el mensaje desde Guijuelo hasta Japón, es uno de los embajadores de este tabernáculo, y cuentan que le ha colocado en el escalafón de los grandes internacionales para un recetario *ad hoc* creado para darle lujo a sus jamones en forma de libro de culto.

La alegría de vivir está en esa dirección capital para el viajero de los bares, la cual se mantiene en El Piripi. De la misma propiedad y de idéntica filosofía, no es en absoluto una cara b de la canción del éxito. Barra de más empaque si cabe, y para algunos iniciados predilecta, si acaso se pueden hacer distingos en la excelencia.

Si de precursores tabernarios hablamos, uno de los nuestros es Carlos Bosch. Hiperactivo rastreador del producto, conocedor de las despensas sólidas y líquidas como el que más, tiene asimismo un sentido bellamente teatral de la vida. Y fruto de su imaginación nació El Portal. Por vez primera se organizó un bar espectáculo, mucho antes que otros lumbreras madrileños colocaran un DJ junto a la barra. La rica cocina ideada por Sergio Sierra, los atractivos pellizquitos marinos y cárnicos, el ambientazo de barra y mesas, el inconfundible musicón, gran parte del cual procedía del imaginario biográfico del propio Carlos, crearon desde la apertura un ecosistema único y cosmopolita. Y como si fuera una representación escénica, desde entonces se cambia temporalmente la decoración para que continúe la función. La fiesta no para nunca, el productazo está vigente y se bebe con mucha felicidad. La prestigiosa Maison de Champagne Krug tiene allí embajada. Alguna revista de *lifestyle* lo ha considerado el mejor bar de España.

Bares son lugares, como cantaba Jaime Urrutia, buenos para conversar, y, en caso de Carlos Bosch, para crear. En una nueva manifestación de que el costumbrismo que suele describir esa nomenclatura se ha quedado antiguo para muchos, y el folclore solo alimenta nostalgias, ha fantaseado con el Bar Manero. Hijo de muchas influencias principalmente *vintage* con el encanto pop que sabe combinar lo decó con muchos guiños populares.

El laterío que se embota privilegiadamente para la casa, las cosas de la manduca y las etiquetas enopáticas, que también son seleccionadas para la propia marca, música de nivel, camareros que derrochan simpatía y el ambiente no para. No sabemos en ocasiones si estamos en Alicante y su mirada mediterránea, un club londinense o la previa de una discoteca neoyorquina. La fórmula ha prendido como una mecha y ese trabajador que ve amanecer a las cinco de la mañana sigue ensanchando leyenda en dos esplendorosas recreaciones en Madrí.

Otra gran dama de la gastronomía de la ciudad es María José San Román, que entre otras aperturas innovadoras posee para la familia La Taberna del Gourmet. En sus banquetas y mesas altas se atesoran aromas antiguos de la coquinaria de siempre en la terreta en versión contemporánea. Otra barra para comer con buen muestrario de producto de la zona y en elaboraciones tranquilas y reconocibles. Debe marcarse en la agenda de las barras de respeto.

Todos los alicantinos coinciden que el bar con más esencia es el Damasol. A la vera del Mercado Central, una de las mejores plazas que hay en toda España, Pepe Ortín y su mujer Pepi Izquierdo han orquestado una antología del producto fresco que parece deslizarse directamente desde los puestos del mercado. Está lleno de naturales, especialmente para los almuerzos, mucho disfrutón que ve pasar las horas gracias al marisquillo, los buñuelos de bacalao, el montadito de tonyna de sorra o la ventresca de atún e, incluso, arroces caldosos. Sentarse en una de sus terrazas al sol de Alicante después del barreo no tiene precio.

Se abrió en el mismo enjambre del mercado en 1956 con los mandamientos de bar de toda la vida, el Guillermo. Sigue teniendo esa magia casera, aunque le han dado un punto de creatividad. Es tremendamente celebrada su ensaladilla rusa que se sigue haciendo con las que Paco Macià homenajea a sus padres que la crearon, y en la que la mayonesa es auténtica propiedad intelectual. Van muchos seguidores del Hércules Club de Futbol, entre los que se encuentra Sergio de El Portal, y nunca cesa el trajín.

No muy lejos de allí en la plaza del 25 de Mayo, y siempre desbordado de gente, se encuentra El Cantó. Para muchos, barra de obligado culto. Su barra festoneada con bodegones es aflamencada con muchos montaditos y recetas españolas entre las que destacan los platos de cuchara o la casquería. O el montadito que da nombre al garito con lomo fresco, pimientos y mayonesa. No es extraño que a medio día el localito se pueble de profesionales para inyectarse un chute de energía. Desde 1996, el Bar Roberto «El Ferrao» incide en esa misma militancia del producto alicantino, la simpatía del trato y la costumbre del almuerzo. Roberto Castelló es el titular de esta cervecería y tiene el arte propio de haber estado en el Club Taurino de Alicante entre las gentes del toreo. Un infalible para la manduca sencilla.

Otros cabales te recomiendan La Galería de David 3.0. A pesar del desasosiego que nos produce su nombre, disfrutamos de una cervecería con barra inmaculada y con bodega de nivel. Como cualquiera de los dos locales llamados El Chaflán. La tapa y la cocina alicantina se elaboran ricas, y nos quedamos con una jugosa tortilla de bacalao con crema de piquillos. El Merengue, fechado en 1969, completa el cuadro gracias a su versátil barrita donde disfrutar de ensaladillas de la abuela Nati, tellinas en salsa o un caldo con pelota, por espigar pinceladas ricas. Además de sus impresionantes bocadillos de casi todo.

A Alicante se va a comer y beber y a insuflarse de la calma marina, y de un manejo de los tiempos que rompe los estereotipos de vértigos diarios. En plena antología de las barras para comer.

Almería

El Bar como fórmula abierta

- **Bar Casa Joaquín**, *c. Real, 111, 04002.*
- **Bodega Montenegro**, *pl. Granero, 3, 04002.*
- **Casa Puga**, *c. Jovellanos, 7, 04003.*
- **Bar El Tirso**, *av. De la Estación, 35, 04005.*
- **Bar J Nevada**, *c. Dr. Aráez Pacheco, 17, 04004.*
- **El Quinto toro**, *c. Juan Leal, 6, 04001.*
- **Kiosco Amalia**, *pl. Manuel Pérez García, 10, 04003.*

Capítulo 4

Almería. Casa Joaquín y cía

Uno escribe un libro para dejar testimonio de sus amigos. El único privilegio que existe en estos tiempos incendiarios de las redes sociales pasa porque la memoria viva se aloje en el corazón de los taberneros de espíritu. En Almería, la ciudad de las cosas tranquilas, tiene casa con nombre de la familia uno de nuestros raros favoritos. Podría y puede vivir Joaquín de la renta magnífica de quien conoce los secretos que animan al vagabundo de buena vida para buscar cigala, tomate, jamón y aplicarle la receta para muchos altanera de la cuenta o la privacidad. Lejos de ello, hay una humanidad terrible que dispensa a los que tienen la larga mirada de saber que un bar, tenga la hechura que tenga, es lugar sagrado.

A la vera portuaria, en el mismo tabernáculo donde se aposentaba su padre con un mandil de medio cuerpo y tras una barra de madera, hay belleza depositada en el mostrador. Antiguamente en esas feroces madrugadas de la mar, se tomaban copas de anís para vencer el frío. Hoy, para los iniciados, que no es título que se regale, sino que se alcanza buscando la categoría en la vida y no en el ruido de roneo cibernético, se disfruta como un sultán de gracejo cuando te abren la puerta de la casa. Y su barra es tan anárquica e insólita como las propias mesas que este fetichista de bonhomía ha pensado. Hay que saber estar, oiga. Deberíamos poner el detector de los tabernistas nacionales en el dintel de establecimiento que parece el vientre de felicidad que nos rememora la fundación de cualquier adolescencia tardía. Además, hay un camarero llamado Antonio, parte silenciosa de la decoración de esta casa mítica. En la que se come con precisa largura gracias a Encarni, la hermana de Joaquín. En el codo o en la mesa. Ensaladilla picada de pepinillo, la quisquilla de la complicidad de cualquier delito de los sabores, la anchoa triple cero que se escapó de Cantabria, un lorito o galán cuando corresponde, calamar de potera o pescado según fiesta.

Sostiene Juan Ronda que es un sitio sencillo. Este Pereira almeriense con pajarita no acaba de comprender que todos los bodegueros del país sean partidarios y amigos del socarrón Joaquín. Cualquier derrotero pasa por aquí. No hay establecimiento más genuino, secreto a voces de la excelencia. Aunque siempre queda espacio para otros. Ya dijo aquel torero que «despúes de mí, naide. Y despúes de naide…». Así, la alternativa tabernaria de Almería se llama Montenegro. Escisión de la muy concurrida y populosa Casa Puga desde 1949, es el destino para los que saben amar el sabor intransferible de la ciudad pequeña. Una pequeña bodega se fundó por aquel entonces de las estrecheces de la posguerra en blanco y negro, en una cochera de caballos. Los Puga tuvieron un empleado que con su majeza acabó quedándose con el local donde solo se despachaba vino y paraba la gente del puerto. Se llamaba Pepe Ibarra y hoy con ochenta y ocho abriles sigue viniendo de buena mañana a preparar las tapas que ahora dispensa su hijo Javier. Estirpe tabernaria de nivelazo y uno de esos entrañables lugares de mostradores de madera para que se bucee en la cultura de la tapa almeriense. Pues no en vano en esta ciudad se entiende como complemento indispensable la cerveza o el vino y un plato de rica intensidad. Allí, la carne a la jardinera, el lomo al ajo, los callos caseros y las asaduras al ajillo con salsa de pecado compiten con el tabernero. Esta cama de pan, donde yace el pisto picante mejor que uno haya comido nunca, induce a no querer volver de modo definitivo al trabajo. Y a empadronarse en esta ciudad de luz. Hay que pedir a ese camarero castizo llamado Xema un vermut de barril, y si hay lío, un arroz con pulpo o el trigo (una suerte de cocido autóctono) o la berza. Cada viernes de feria come en ese ateneo de buena gente uno de los más conspicuos gastrónomos de la ciudad como es Serafín López Segura. Enamorado de

Colombia, siempre con el vaivén de la política, charla de modo torrencial con los principales empresarios de la ciudad. Son las esencias de quien no necesita el turismo de pantalón corto, pero sí para quien sabe escuchar desde la plaza Granero la gozosa cercanía de la catedral.

Es Casa Puga el santo y seña de la historia tabernaria de Almería. Cuentan que tiene más de ciento cincuenta años y es el emblema por el cual en la ciudad y toda la provincia se reconoce como bar propio. Algún erudito cuestiona que realmente fuera fundada en 1870, según certifica la propia casa a partir de un legajo del archivo municipal. Parece que la zona siempre tuvo lugares donde mojar el gaznate y echar un bocado. Desde luego Casa Puga es un sitio de solera, y hace mucho con las conmemoraciones correspondientes el gran escritor gastronómico que es Pablo Amate, almeriense de pasión, le ha dedicado su correspondiente homenaje literario. Dice Amate que «pensar en Almería es viajar palatalmente al arte de comer de pie». Como se hace de lujo en Casa Puga, con la larga nómina de bocados desde el mejor tomate del mundo, que es el de Almería, y sin ditirambos, la mítica caracola aliñada (con ajo picado, perejil, aove y sal), o los riñones a la plancha, por espigar algunos, además de nuestros predilectos bonito de atún seco en aceite de oliva y salsa de pimientos, y la asadura.

Auténtico lugar de culto para el tabernario, siquiera uno debe sortear el bullicio que se forma en la puerta. Hay una curiosa costumbre de colapsar la entrada y encontrarse en la barra no suficientemente atestada. Si uno se salta el parapeto y se acoda en el mármol blanco, está cerca de alcanzar la felicidad de la ronda. A ser posible, una vez que uno tome posesión guerrera del mostrador, hay que dejarse llevar por la recomendación de los camareros, que, por otra parte, también tienen tarea. Como hemos escrito en más de una ocasión, está sobrevalorada la simpatía en las barras, cuando lo que tiene que haber es gracia, personalidad y, si es posible, algo de chufla. Que vivir de tabernarias maneras no es buscar el *like* de las redes sociales.

De Almería siempre se habla como lugar de felicidad contenida, con un clima magnífico, unas pésimas comunicaciones con otras localidades por su ubicación y mucha alegría del bar.

Hay una larga lista, pero resulta difícil el inventario de lugares que se aparten de la cerveza y la tapa como reclamo, destacando El Tirso y su género náutico a la plancha y el ajoblanco con ventresca, o el Bar J. Nevada, y sus boquerones o el atún, todo con nítido ambiente popular. Uno que tiene una innegable fisonomía tabernista se llama El Quinto Toro. Responde como su propia denominación a una tradición taurófila a cargo de la familia Leal. Este establecimiento está pleno de vida y de follón. A gran ritmo se sacan libaciones y tapas, donde nos entusiasma un huevo con patata frita que responde a lo que se proclama. O directamente las patatas a la pobre con huevo. Para mojar y comer en tiempos de bolsillo roto todo lo que sale, abre apetitos y cordialidad. También, higaditos de pollo al Jerez, ese potaje autóctono llamado trigo en los fines de semana de invierno o el delicioso remojón de San Antón. Procedente de Huéscar, se trata de una suerte de ensalada de patata, huevo, bacalao, aceituna negra, y al gusto de cada uno.

Y aunque no sea un bar, según los cánones tiene la traza y el ambiente un kiosco absolutamente maravilloso llamado Amalia. En la Puerta Purchena, dan felicidad a todas horas y todo el año, y es emblemático su llamado «americano». No es otra cosa que una versión de la leche merengada con licor de cola, y que cuentan se creó de modo espontáneo en la época de los *western* rodados en tierras almerienses, y por indicación de algún actor *yankee*. También quemaíllos (café de licor quemado), y jábegas (granizado con menta) desde 1889. El bar como fórmula abierta en una ciudad de acogida y mirada cómplice. Cucha.

LA BODEGUITA
SAN SEGUNDO

Ávila
La intrahistoria de una ciudad

■ VENTA DE SAN ISIDRO, *ctra. Burgohondo, km 0,2, 05002.*

■ LA BODEGUITA DE SAN SEGUNDO, *c. de San Segundo, 19, 05001.*

■ RESTAURANTE EL RINCÓN DEL JABUGO, *c. de San Segundo, 28, 05001.*

■ CASA FELIPE, *pl. del Mercado Chico, 12, 05001.*

■ RESTAURANTE BAR EL RINCÓN, *pl. Zurraquín, 3, 05001.*

■ TRUCO DEL ALMENDRUCO, *c. Vara del Rey,3, 05001.*

■ BARBACANA, *pl. de Sta. Teresa de Jesús, 8, 05001.*

■ BAR MONTECARMELO, *c. de Luis Valero,10, 05005.*

■ RESTAURANTE GRAND PRIX, *pl. San Nicolás, 21, 05002.*

■ TABERNA EL EMILIANO, *pl. San Nicolás, 21, 05002.*

Capítulo 5

Ávila o la tapa de casquería fina

Las imágenes asociadas a la ciudad de Teresa de Jesús aluden a la sobriedad y a costumbres recoletas. Eso suele ser la paradoja perfecta para que proliferen los bares y se haga penitencia diaria en los mostradores para espantar las negruras de la vida. Casi podíamos afirmar que es uno de los destinos más principales para el amante de la taberna, porque lejos de otros itinerarios chuflones, y de chanza de camareros y parroquianos, a Ávila se va directamente a alternar y a disfrutar de pequeños manjares, especialmente de todo lo noble o innoble del animal totémico por excelencia como es el ibérico.

Antes de sumergirnos en ese universo amurallado, hay que recalar en La Venta San Isidro. Se abre la cortinilla y se topa uno con un bar sinónimo de su rótulo, siendo la continuación de una venta originaria típica de posguerra, y, de hecho, mantiene aquel aroma. La abuela de Jesús, actual regente, la compró como casa, y en 1957 la acomodó como bar. Aquellas estampas de las gallinas y los conejos para la despensa de los que recorrían los caminos, o se acercaban al mercado abulense, perviven en platos con fundamento y de calorías para el espíritu.

Hay goteo siempre persistente de los que acuden a comer unos callos que tienen secreto. Ni aunque ahorques a Jesús te dirá cuál es. Como mucho, si no se ha agotado, puede que te invite a una copa de vino de la casa, que en realidad es un tinto garnachero que él mismo elabora en unas trescientas botellas. Este ventorro es un abrevadero ideal para pensar en una ciudad que juega mucho con el tiempo, y que sortea gran parte de las trampas de la contemporaneidad.

Cuentan los autóctonos que si uno quiere beber vino y gozar con las tapas de revolconas, debe recalar en La Bodeguita de San Segundo. Pocos se equivocan, porque la oferta enológica por botella o copa es una de las más sugestivas del país. Mucha clase tiene Paquita oficiando, aunque auténticamente el titular es su hijo Augusto. En ocasiones el ADN no miente y se hereda la categoría y el oficio mayestático tabernero. Ese plato absolutamente popular de la patata del propio huerto, un poco de tocino y pimentón dulce y picante a discreción alcanza en esta bodeguita carácter mítico. No menos que del torrezno, ambos de auténtica academia. Y si no, a aprender al colegio, que puede que no te desasnen igual que un bar como este.

A pocos pasos se encuentra un bar moderno llamado Rincón del Jabugo que tiene también atractivo, pese a la maldición extendida de la mesa alta. Se empeñan los hosteleros pospandémicos en impedir el contacto del divagante tabernista. El producto que titula, por otra parte, es atractivo. También logradas patatas revolconas y rica costilla melosa. Mucha tapa de nivel que se disfruta pese al empeño en la neutralidad decorativa.

Las plazas de las ciudades castellanas son epicentro de la intrahistoria que siempre parece escribirse en el silencio de los siglos. En esas almonedas tiene que haber bares y el número suficiente para justificar andanzas y tratos. La del Mercado Chico es también la plaza Mayor de Ávila, y en sus soportales hay un centón de establecimientos con sus correspondientes terrazas, donde el trajín del viajero despierta mayor interés que la búsqueda de lo peculiar. La calle Vallespín es una cuesta de alegrías y hay algunos tabernáculos como Don Camilo 2.0 o La Taberna del Viajero que animan parada y trasiego. El más castizo de la plaza del Mercado Chico es Casa Felipe, pues no en vano levantó su cierre en 1926, aunque haya pasado por otra familia propietaria que hoy gobiernan Nacho y María Jesús, hijos del anterior tabernero. En este mostrador está todo rico, hay majeza y anotamos en el cuaderno una extraordinaria tapa de pollo y queso, que mojada con vino nos conmueve el gaznate.

Y a la vuelta está Bar el Rincón. Tiene ese ambiente inconfundible de garito que nos enamoraba en los años setenta del pasado siglo. Una barra que te abraza como un triángulo, gestionada por dos gemelos. Desde 1976 es un sitio magnífico para tapear, a precios muy asequibles, con atención especial para unos caracoles que haría palidecer a muchos otros locales que se llaman así. Y, ya que de rótulos de establecimientos hablamos, que es, por otra parte, una literatura que siempre merece examen por la pretensión o por la simbología clásica, nos llama la atención El Truco del Almendruco. Que no es tramposo sino chiscón moderno, tanto que un cortinón con corazones nos anticipa el baño. Todo tiene una bonita discordancia, y hay bocados ricos como la croqueta y la albóndiga, aunque las modas del *brioche* empiezan a enseñorearse de este concepto de local actual.

En la plaza de Santa Teresa, también llamada Mercado Grande, hay un bar imprescindible en cualquier capital que se precie. Auténtica farmacia de guardia para las necesidades cotidianas y enfermedades que solo se puede sanar en una barra. Barbacana es también restaurante y terrazón, pero su amplísima barra y mesas enfrontiladas dispensan todas las fórmulas magistrales de la cocina castellana, caso de una albóndiga de ibérico que es un auténtico diez gracias a su suave fritura, o la croqueta de bacalao tan querida en el centro peninsular. Un bar de siempre en una ciudad inamovible.

Hay tópicos que hablan de bar de barrio. Aluden no solo a su estratégica localización, sino a la expresión popular de las gentes que por allí habitan. Tal vez uno de los mejores de toda España se encuentra en Ávila y se llama Montecarmelo. Tesoro escondido el de este café bar, que abre rigurosamente todos los días del año, salvo el 1 de enero, de 7:30 a 23:00. Barra larga, camareros de mucha gracia, con su amabilidad precisa en este auténtico templete del barrio de San Antonio. Amigo mío, y las tapas… ¡La gran casquería de los bares españoles! Los higaditos y la oreja rebozada bien acompañadas por tintos jóvenes de Gredos convierten aquello en recital de gulas y lujurias. O la contradicción de una sociedad que cada vez gusta más de los fastos y olvida la vida pequeña.

Extiende su jerarquía tabernista el territorio abulense hasta Grand Prix en la plaza de San Nicolás. Esta casa es conocida por su excepcional carne, también de buey. Antes de su restaurante tiene una barra de mucha acogida y cariño. Los taberneros de Ávila son el espejo en los que deberían mirarse los de otros andurriales para hacer digna una profesión y tener más caché que el príncipe de Gales. Y, como de costumbre, los pinchos son de tanto nivelazo como la caldereta de cabrito, inefables revolconas, suculentos bocadillitos; en fin, siempre fiesta en el mostrador. Y a la vera, Taberna El Emiliano. Solo por contemplar los jamones sobre la barra, y endilgarse un plato de picadillo o unas costillas con un tinto, merece la pena llenar de ilusiones nuestra memoria abulense. *Nada te turbe, nada te espante, todo se pasa...*

Badajoz
Badajoz adora el desayuno

■ **GALAXIA**. *Av. Villanueva, 6. 06005*

■ **SANXENXO**. *c. Gral. Manuel Saavedra Palmeiro, 13. 06004*

■ **LO NUESTRO**, *El Mentidero, El Viejo Bar. pl. de los Alféreces. 06005*

■ **LA CORCHUELA**. *c. Meléndez Valdés, 12. 06002*

■ **CERVECERÍA PEPE JEREZ**. *pl. de España, 15. 06001*

■ **EL VENERO**. *av. Santa Marina, 49. 06005*

■ **DOSCA II**. *av. de Colón, 3. 06001*

■ **BAR MIGUEL**. *c. Rafael Lucenqui, 4. 06004*

■ **LA ALACENA**. *av. Adolfo Díaz Ambrona, 13. 06006*

■ **EL CHUPI**. *c. Antonio de Nebrija, 3. 06006*

■ **MARCHIVIRITO**. *ctra. de Cáceres, 37. 06007*

Capítulo 6

Badajoz y los bares de una ciudad fronteriza

Territorio pacense. En el que experimentar todo lo intenso y peculiar de Extremadura. Esta es sin género de duda una región muy desconocida para muchos, los que, de hecho, en gran parte la usan como vía de paso a través de la famosa ruta de la plata. Su diversidad de paisaje y de gentes es omitida por quienes arrojan mantos de tópico en esta era de la mal llamada transparencia. Y para colmo, en las vías del coche, sus capitales no están en esa principal línea de paso, por lo que hay otras ciudades que han tomado nombre e, incluso, la capitalidad de la comunidad autónoma, como Mérida. Por encima de cualquier otra consideración, la ciudad extremeña más viva y con mayor población es Badajoz, cuasifronteriza, y con un trasiego y un bullicio en crecimiento continuo, fruto de un constante intercambio cultural con el país vecino. Propiciado por el buen clima y su permanente desarrollo, el culto a disfrutar de la calle y a vivir los bares ha ido aumentando de forma exponencial. Por derecho, y sin necesidad de propaganda, es un destino ocioso de primer orden.

Es curioso que haya creado mucha fama por ser considerada como la capital del desayuno. El tabernista necesita el abrazo del bar todas las horas del día, desde la amanecida, vencidos los terrores de la noche o los insomnios inanes, hasta la amenazante vuelta al domicilio. Así, y eso hace grande a Badajoz, cuando uno habla de bares allí, todo pasa por empezar bien el día, que es algo muy serio, y que aquí convierten en devoción. Además de las tostadas, que se cubren con multitud de productos, entre los que por originalidad hay que salivar pensando en la cachuela extremeña o caldillo (especie de pate de hígado de cerdo con manteca y especias) potente, sabroso, y que dejará bien lleno al que se anime. Inefables las famosas migas que tanta gloria tienen por estas tierras, y de costumbre en los primeros trancos de la jornada barrista.

Prácticamente cualquier establecimiento, por modesto que sea de fachada y nombradía, respeta el canon del desayuno a rajatabla.

Lo mejor es siempre el derrote de mostrador en mostrador para amar una ciudad y sus gentes. La cartografía pacense es emocional por sus diferentes zonas al sur y al norte del Guadiana, para ir descubriendo esos tesoros ocultos que seguro representan una imagen certera del buen hacer por estos lares. Las declaraciones de intenciones son como las de amor, un ejercicio de desafío al fracaso inevitable. En todo esto hay un santo grial de esta vida opípara y disfrutona que es la barra por antonomasia de Badajoz, y ocupando sitio de lleno en el olimpo de las diez mejores de España. Hablamos del recientemente reformado Galaxia-Cocina Pepehillo, que, a los mandos de José María, segunda generación, se ha consolidado como una referencia absoluta en la provincia. En este coqueto lugar donde estar y dejarse ver es religión, que simula el interior de un cohete espacial con ciertos toques taurinos en cada escotilla, se puede disfrutar del mejor producto de la tierra y de mariscos y pescados que, valga el tópico y en esta casa cuadra dado los taurófilos que son, no se los salta un torero. Hay que ser iluminado para combinar la pasión de las estrellas y la era de los viajes al espacio sideral, con la iconografía de los coletas del blanco y negro. En esta barra monumental hay que probar su afamado lomo doblado, la tortilla de ibéricos o la merluza a la sevillana, además del soberbio marisco que atesora. Siempre uno pega la hebra con algún trajinante que por allí para, comenzando con mi compadre Miguel Losada y siguiendo con el bodeguero, el tratante o el buscón bien arreglado, que esto también es gloria por arte y desparpajo.

Casi frente a este templo se encuentra el más moderno Sanxenxo. Hace tributo a su nombre, y en su existencia se ha convertido en un destino del mundo marisquero y pescatero pacense. Los publicistas que hoy abundan cuentan que es pura competencia de Galaxia, pero, en esto de la restauración disfrutona, mejor llamarlo complicidad. Tal vez se trate de un restaurante, pero también tiene una barra concurrida donde pescar todas las pesadillas náuticas; muy golosos su bacalao y el salpicón de langostinos.

Justo saliendo de esta zona y por proximidad, no debemos dejar de lado la bulliciosa plaza de los Alféreces, quizá la más concurrida de la ciudad y la que más bares tiene, y el punto de encuentro para aperitivos y cerveceo de fin de semana. Son muchos los bares que la circundan, pero quizá Lo Nuestro, El Mentidero y El Viejo Bar son los más clásicos, donde el producto local y la influencia andaluza se dejan ver a partes casi iguales. El resultado es un tapeo de lo más entretenido y que llena el espíritu y el alma de ganas de seguir zascandileando.

Adentrándonos ahora en el puro centro de la ciudad, junto a la catedral, y en senda de garitos más clásicos, hay que perderse sin prisa en La Corchuela, taberna tradicional donde los embutidos locales en barra o mesa alta son de rezo obligado. Además, despachan buen surtido de raciones, frituras de prestancia y montaditos. Ojo a su desayuno pacense, migas incluidas. A pocos metros está otro icono de la zona como es el Pepe Jerez, otro habitual de tapeo y conversación de ingenio. Su almacén gastronómico depara alguna sorpresa un poco más trabajada, pero en estos figones es siempre un acierto no arriesgar demasiado. Uno de los platos ya instaurados casi como local es el portugués bacalao al douro o à brás, que abunda en muchas cartas y siempre resulta un plato agradable de tomar. Y si es con mi amigote Pedro Díaz Aunión, a un lado u otro de la frontera, gloria.

Antes de cruzar el río, hay que acampar en el ya mítico Venero, pues mencionar su nombre es hacerlo del desayuno por antonomasia en la ciudad, luego lleno en las horas vespertinas desde muy temprano, y legendario entre los madrugadores y entre los trasnochadores que deambulan por los locales de copas hasta las horas de cierre. Qué bonita es la vida del holgazaneo. Otro granero de alegrías es Dosca II, también famoso por el desayuno y por la cocina extremeña tradicional, donde cobra buen protagonismo la casquería ideada en diferentes versiones. Por último, una paradita de periferia para tomar posiblemente el mejor pescado frito de la ciudad, el Bar Miguel, que además dispone de buena variedad de tapas locales.

Para terminar de conocer el mundo barístico de esta ciudad tenemos que pasar el Guadiana y visitar la zona norte, más moderna y renovada en su mayoría, pero no por ello con menos interés. Nada más dejar atrás el puente de la Universidad, nos encontramos el tradicional hotel Rio, junto al casino de los de verdad; uno de esos en los que ver al Bandolero Ramos en la ruleta es lección de psicología de vida. En este hotel se encuentra el bar restaurante La Alacena, en cuya barra se respira ambiente de tratos, no en vano estamos en una zona muy ganadera y estas paredes son testigo continuo de numerosos encuentros empresariales que, a la postre, son parte intrínseca de muchos bares. Cocina tradicional y ambiente señorial en este bar que hasta hace poco tuvo el último limpiabotas de la ciudad. Y más cerca de la frontera nos encontramos con El Chupi, que, tras su larga tradición y diferentes emplazamientos, todavía prepara sus famosas chuletitas de cordero empanadas o a la brasa que son una pura delicia. El resto de bocados homenajea a la buena chacina y los productos locales. Para terminar uno de los restaurantes célebres, por si no nos colman las zigzagueantes barras, casi a la salida de Badajoz, Marchivirito.

En esta saga de bares, nos quedamos con sus ciudadanos amables y que saben disfrutar la vida. Tierra de conquistadores que en muchas ocasiones han sido abandonados en cierto modo por la patria, pero que ha recuperado un esplendor que bien merecía. Galaxia bien vale misa de la religión de la buena vida.

100
AÑOS
EL TOMÁS DE SA
LAS PATATAS MÁS
DE BARCEL
ntos compartimos el
acusticflar
maheso
DE SA

Coca-Cola
EL TOMAS
DE SARRIA

Barcelona,
sus muestras tabernarias

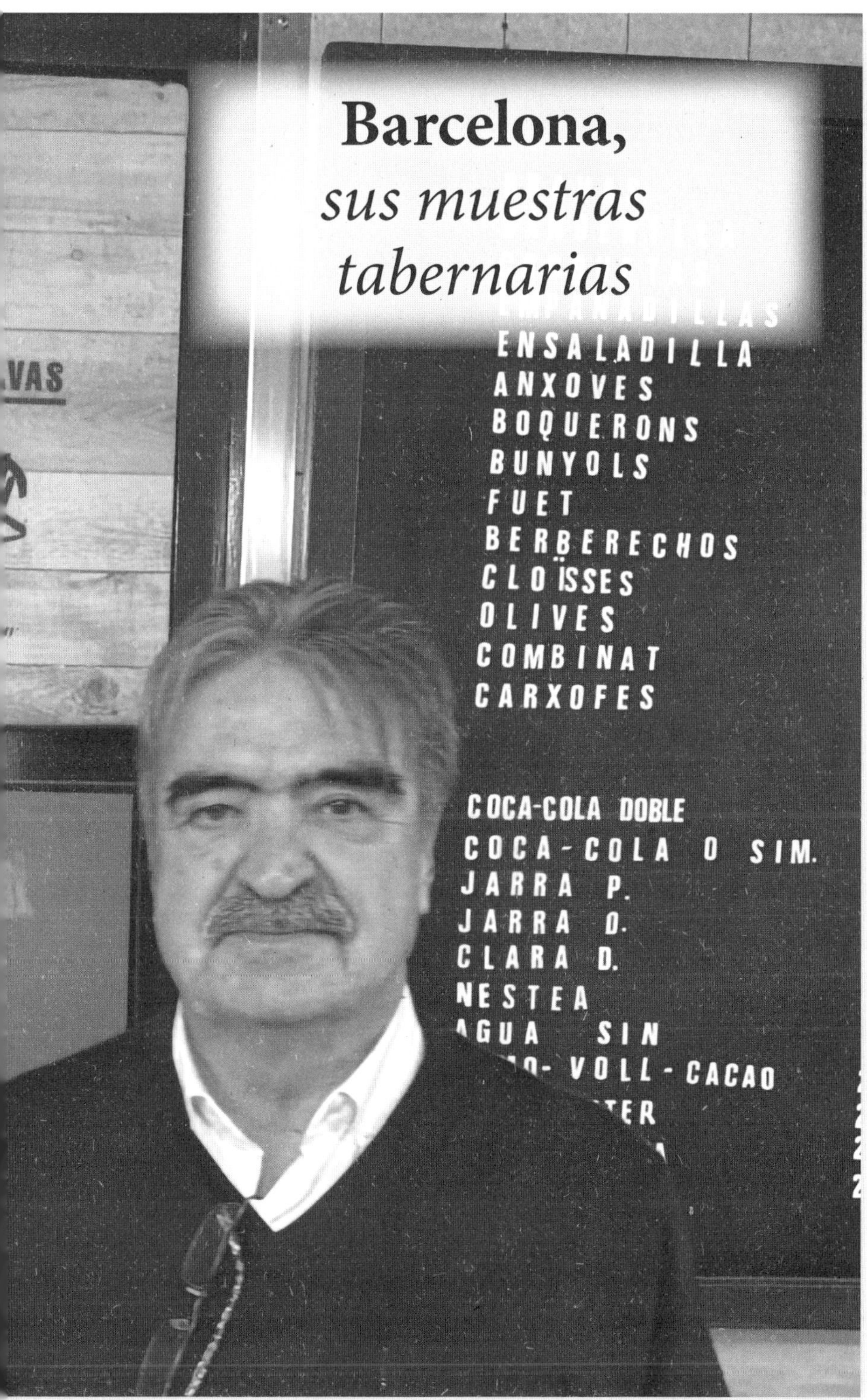

■ **TABERNA CAN MARGARIT**. *c. de la Concòrdia, 21, Sants-Montjuïc, 08004.*

■ **BODEGA LINARES**. *c. de la Concòrdia, 6, Sants-Montjuic, 08004.*

■ **QUIMET & QUIMET**. *c. de Poeta Cabanyes, 25, Sants-Montjuïc, 08004.*

■ **SENYOR VERMUT**. *c. de Provença, 85, L'Example, 08029.*

■ **MORRO FI**. *c. del Consell de Cent, 171, L'Example de Cent, 08015.*

■ **EL VELÓDROMO**. *c. de Muntaner, 213, L'Eixample, 08036.*

■ **BAR EL TOMÁS DE SARRIÁ**. *c. Major de Sarriá, 49, Sarriá-Sant Gervasi, 08017.*

■ **BAR JAI-CA**. *c. de Ginebra, 13, 7-9, Ciutat Vella, 08003.*

■ **CERVECERÍA VASO DE ORO**. *c. de Balboa, 6, Ciutat Vella, 08003.*

■ **LA VINYA DEL SENYOR**. *pl. de Santa María 5, Ciutat Vella, 08003.*

■ **EL XAMPANYET**. *c. de Montcada, 22, Ciutat Vella, 08003.*

■ **BAR DEL PLA**. *c. de Montcada, 2, Ciutat Vella, 08003.*

■ **BAR LA PLATA**. *c. de la Mercè, 28, Ciutat vella, 08002.*

■ **BODEGA LA PALMA**. *c. de la Palma de Sant Just, 7, Ciutat Vella, 08002.*

■ **BAR OVISO**. *c. de n'Arai, 5, Ciutat Vella, 08002.*

■ **EL BAR BOSC DE LES FADES**. *ptge. de la Banca, 7, Ciutat Vella, 08002.*

■ **BAR CAÑETE**. *c. de la Unió, 17, Ciutat Vella, 08001.*

■ **BAR MARSELLA**. *c. de Sant Pau, 65, Ciutat Vella, 08001.*

■ **EL QUIM DE LA BOQUERIA**. *Mercado de la Boqueria, Ciutat Vella, 91, 08001.*

■ **BAR NURI**. *Rambla del Poblenou, 34, Sant Martí, 08005.*

■ **BAR MÓNACO**. *c. de Pallars, 164, Sant Martí, 08005.*

■ **LA PUBILLA DEL TAULAT**. *c. de Marià Aguiló, 131, Sant Martí, 12, 08005.*

■ **QUIMET D'HORTA**. *pl. d'Eivissa, 10, Horta-Guinardó, 08032.*

Capítulo 7

La hora del vermut

Barcelona tiene mil ciudades dentro de ella; su imponente trazado arquitectónico, sus diversos planos sociales y barrios con acusada personalidad comprenden inagotables sagas de vida que no pueden encerrarse en un simple capítulo descriptivo de un mapa tan fascinante. Sus incontables perfiles y los episodios históricos que está marcando el ritmo cotidiano de los últimos lustros tienen reflejo, como no puede ser de otra manera, en el inventario de sus bares. Libro propio por escribir sirvan estas líneas y nunca mejor tirado, como aperitivo de los mostradores de una ciudad que se inflama y descansa al mismo tiempo. De las zonas altas a los vestigios portuarios, de la burguesía más tipificada en su ética y estética a lo popular, que también se transforma en una encrucijada cultural de primer orden.

El Poble Sec es el barrio en el que jugaba el gran Joan Manuel Serrat en su infancia, destino de charnegos donde se vivía la calle. Aromas que tienen las muescas tabernarias como Can Margarit, depósito de folclore con las barricas de vino, el atávico conejo a la jumillana y ese sabor añejón que parece flotar en sus paredes. Parece un oasis emparentado por líneas invisibles con los pocos tascones que existen en este destino cada vez más moderno e internacional. No muy lejos está Bodega Linares, que hoy regenta un artista que no se acuerda de la fecha del natalicio, pero asegura tener más de cien años. Es un colmado con gente de barrio tomando botellines, y, si se pide el vermut, ya te advierte que no hay hielo.

Muy cerca, en ese entorno del Paralelo, famoso antiguamente por el mundo cabaretero, está una de las direcciones icónicas de Barcelona, Quimet & Quimet. Y también centenaria, pues marca su DNI el 1914. La misma familia se ha ido dando el testigo hasta la actual quinta generación. Inmensa bodega que supera el medio centenar de etiquetas y una antología del laterío. Que nadie piense que no tiene carisma este desván tradicional, porque el tiempo lo mantiene terso, y actualmente no resulta nada fácil aglutinar tantas conservas de calidad. Para muchos son más apreciables y raras que la trufa blanca o la angula.

Es precisamente el vermut el que trama gran parte de los alicientes barristas de toda la ciudad. Es inconfundible por ello Senyor Vermut, no solo por su evidente temática tan celebrada, sino por su apología de la croqueta. Una docena de versiones de la misma en un pizarrón impresionante, junto a la patata brava, otro de los iconos barceloneses, y los encurtidos que miran con nostalgia a la barra hoy condenada. La cartelería con los ejemplares de Torino, los farolillos de Tío Pepe aluden a un costumbrismo que, como en tantos pagos de toda nuestra geografía, se encuentra hoy en retroceso y como muestra teatral. Si uno quiere salirse a la terraza, el tiempo es solo de una hora, disculpen las molestias. Hay por su lado una vermutería chiquitita y chisposa llamada Morro Fi, con cuatro locales; uno de ellos está enclavado en una de esas plazas nuevas nacidas por la peatonalización de antiguos cruces de calles. Chisconcito singular atendido por una pareja de prendas donde poder aprovisionarse de banderillas, sardina ahumada y un estimable vermut con sifón.

Si tuviéramos que canonizar un bar con todas las letras en el territorio barcelonés, al igual que los dos anteriores en l´Eixample, elegiríamos sin duda El Velódromo. Testigo de los últimos noventa años y de las convulsiones que ha vivido nuestro país, tiene una vida renovada tras la jubilación del mítico Señor Pastor. Tiene barra y otros rincones de decoración dispersa que incluye billar. Los nuevos titulares que se apoyan gastronómicamente en el talentoso y muy personal Jordi Vilà, el cocinero de Alkimia, han insuflado modernidad, pero no pierden el ritmo de los bocados antiguos como la croqueta de rellenos originales. Servicio *non stop* desde el desayuno que reivindica en esta nueva interpretación el bar como punto de encuentro. Hará dudar, no obstante, a los puristas.

Hay una verdadera travesía de la patata brava en el imaginario barcelonés. Y si hay que señalar un mito este no es otro que Bar Tomás, en la parte noble de la ciudad. Esta bodeguita conocida mundialmente homenajea a ese plato con las más bravas de Barcelona, que han llegado a tener espacio en 2008 en el *Wall Street Journal*. Existe el llamado bulo de la lotería, como cuenta y desmiente Antonio, actual titular, según el cual el sobrino del fundador Tomás había adquirido el local por el golpe de la fortuna y los premios. La realidad es que este bar abierto en 1919 a dos calles del emplazamiento presente sigue manteniendo vitalidad y saga con la nueva generación del hijo homónimo. Sitio muy tradicional como es su vermut, las empanadillas o croquetas caseras, la anchoa o el buen escabechado del bonito del Bermeo. Tiene reducto de barra, aunque manifiesta la escasa cultura del mostrador que tienen los contemporáneos naturales. El trajinante se acoda en la misma y una dama bastante empingorotada reclama espacio y pide que se aparte el parroquiano, por si acaso suponemos se contagie de otros modos y maneras. Espejo de una sociedad que tiene islotes maravillosos como este bar.

Por la Barceloneta uno deshoja las memorias de lo popular. De los supervivientes destaca un figón del tapeo abierto desde 1965. Bar Jai-Ca no es sinónimo de algún sudoku o enigma milenario, sino simplemente las sílabas de Jaime Cabot, su fundador. Varias generaciones que hoy gobierna Alba. Hay un escudo del club de natación del barrio que atestigua ese pedazo de vida que se ha ido plegando durante décadas, y que incluso es recordado por algún erudito, con la hoy desaparecida plaza de toros que existía en las inmediaciones. La parroquia en esta era es todos los pelajes y nacionalidades, y se toma el vermut en vaso de tubo de cubata antiguo. O la poderosa «bomba de la Barceloneta» llena de bizarría con carne, patata y salsa brava, o sobrasada, patata y miel. Pueden integrar perfectamente la alineación gastronómica del bar de la Ciudad Condal las anchoas, que en este lugar también son fetiche.

Probablemente no haya en todo nuestro país una barra igual a la de la Cervecería El Vaso de Oro. Parece un eterno confesionario donde hay una hilera de bancos en un corredor estrechísimo, y así mirar prácticamente a la cara de los ágiles camareros que sirven con destreza y mucha gracia para lo que se destila por estos lugares. Ese *face to face* tabernario se riega con mucha jarra de cerveza, haciendo tributo a las preciosas vasijas que adornan el local. Muchos piden el plato estrella como es el solomillo de ternera, o un atractivo *foie* a la plancha encebollado, pero no tiene parangón la montaña de ensaladilla rusa que es pintura de cualquier apetito gastronómico y que debería estar inmortalizada en cualquier inventario gastronómico.

La Catedral del Mar ha quedado canonizada por la novela de Idelfonso Falcones. Una de las iglesias más subyugantes que uno pueda encontrar. Enfrontilada se encuentra la Vinya del Senyor, con lo cual todo tiene aire bíblico. Como resulta lógico, de vinos va la cosa. De muchos vinos, diríamos, porque, en este bar con peregrinos trajinantes, se puede comulgar líquidamente hasta el éxtasis y la absolución plena. En otro orden y sin hacer penitencia, se encuentra El Xampanyet. Frente al Museo Picasso, las hermanas Laura y Mireia Ninou defienden el carismático tascón inaugurado en 1929 por sus abuelos María Rosa y Esteve. Uno todavía recuerda a este sirviendo con bonhomía una barra y un establecimiento hoy siempre atestado. Los calamares con chanfaina, la tortilla de bacalao y la benemérita anchoa suelen acompañarse con los macarrones de la abuela. Podrán pasar miles de turistas por allí, pero todavía se depositan jirones del alma barcelonesa en el Champanet o Ca l'Esteve.

Por la misma zona del Born está en todas las agendas del turista el Bar del Pla. Aunque al guiri de paella y sangría le retan los camareros ataviados con el lema de sus camisetas «Fuck sangría, drink natural wine». Con lo que no se les defrauda es con la cocina clásica como el canelón de asado o los pies de cerdo con *foie*. Servicio inteligente y cercano para armonizar los aires modernos con la defensa del patrimonio culinario.

Por el Gótico hay ajedrez barrista. Bar la Plata es un testigo de la evolución del barrio y de la propia ciudad, tan azotada por los propios turistas. Nos sirve Pepe Gómez, sesenta y siete primaveras, cincuenta y una de las cuales en el bar. Recuerda servir la «barreja» a los obreros del barrio. Solo tiene cuatro tapas: ensalada de tomate, anchoas, butifarra y pescaíto frito, normalmente el boquerón. «Poco, pero muy bueno», dice Pepe. Entre los notables que han pasado por ahí, y que se han podido beber el vermut de la casa con etiqueta propia, suele citarse a Ferran Adrià. Por su lado, fue una antigua tienda de vinos y hielo, y posteriormente trasformada en la bodega entrañable y austera llamada La Palma. Ha sido la bodega de la señora María de toda la vida, que tras legarla a su hija Carmen y su ulterior jubilación es ahora regentada por Judith Giménez. Esta clienta asidua del local la compró para defender la causa. Dicen que por sus mesas se han fundado colectivos pictóricos, teatrales y los políticos que contra Franco vivían mejor. El Bar Oviso fue antes una sala X. La decoración de esta especie de cueva merece visita. Se encuentra en la entrada de la plaza George Orwell, rebautizada por el lumpen como la «plaza del tripi». Hay un local de cuento, inesperado, encantado. En un callejón a los pies de La Rambla, en el Museo de Cera nace el Bar Bosc de Les Fades. Mucha imaginación y fantasía, aunque su plato estelar sean las hamburguesas.

Otra de las lujurias barristas de la Ciudad Condal es el Bar Cañete. Enclavado en el Raval, esa barriada llena de muescas de vida intensa y en ocasiones peligrosa en otros tiempos, es la herencia de una familia sevillana que como tantas emigró a estas tierras. Sentarse en uno de sus promontorios es hacerse acreedor de la ostra, buenas frituras, versiones catalanas como la escudella de la casa, o el arroz que también titulan y que cada día le dan fiesta según encarta. En los escalafones mundiales figura permanentemente y sin perder prestancia ni calidad. Otro que tal baila es el Bar Marsella, considerado el bar más antiguo de la ciudad. Sus paredes de fondo museístico, compendiosas de detalles históricos, a las que han mirado todos los que han escrito algunas páginas sobre Barcelona, son notarias de vidas y del consumo incesante de absenta. La barra de madera y mármol es muy elocuente de lo que allí pasa y pasará. Imprescindible de todo punto de vista.

Seguramente una de las plazas de abastos más reputadas a escala planetaria es el Mercado de la Boquería. Ya no está el llorado Pinotxo, y su inventor Juanito con su sempiterna pajarita y chaleco también apagó su luz. De hecho, un sobrino pugna por mantener a duras penas aquel icono en el Mercado de Sant Antoni. Por su parte, El Quim de la Boqueria es una esquinita de muchas alegrías para los que consiguen taburete. No es un bar de los que nos enamoren por concepto, pues hay que hacer cola, y el cliente parece ir a misa, pero sus excelencias gastronómicas y creativas, gracias a Quim Márquez, merecen la paciencia y la mente abierta.

El Poblenou era una zona tan industrial que se le apodaba el Manchester catalán. Ahora no queda nada de aquel paisaje ni del chabolismo, y hay un magnífico trazado urbano al que también alegran estupendos bares. Bar Nuri lleva en la misma familia desde 1962, ahora en nueva dirección en La Rambla. Lleva cosido el recetario de siempre con el calamar, el cuchareo y la benemérita croqueta. Conserva el traje con el que se estrenó el Bar Mónaco. Garito setentero, fue fundado por un soriano, Simón García, tras haberse curtido con su hermano en el castizo Bar Pedret en la zona de ambiente libertino de Barcelona. Era cocinero y ha dejado esa estela en un tabernáculo lleno de fetiches. La biografía de este tabernero debería ser novelada como crónica sentimental de los paisajes de Barna. Y si de longevidad tabernista hablamos, ahí está La Pubilla del Taulat, que ha ido enlazando parroquianos desde 1886. Precioso dispensario de ricos vinos que incluye barricas y el obligado vermut. Cuando uno pide lo mejor de la casa, irónicamente te dicen todo lo que hay: caracolas, la gamba a la plancha, anchoa, ostra, queso y jamón y patata brava, que estamos en Barcelona.

El mundo giraba loco en 1927, nació una generación poética y se abría el Bar Quimet d'Horta. No está mucho más calmado el orden mundial, los poetas escriben en Internet, pero ese ateneíllo de barrio sigue despachando bocadillos o *txapatas* con todo tipo de contenido, junto al tortillerío también deslumbrante. Innumerables tapas a las que mira el loro Juanito que está en su logo, del que cuentan que hablaba y cantaba. Este bar nos reconforta de todas las andanzas, y a todos sus encantos se añade una oferta croquetera de chuparse los bigotes, con frito suave y rellenos con fundamento, caso del rabo de toro.

Para los largones y ortodoxos, lo mejor es beber vermut en Barcelona, jugar a la competición de las mejores patatas bravas o anchoas, olvidarse de otros bullicios propios de otros lares, y cada uno elegir su bar. No están todos, pero son muescas que alfombran lo mejor de su tabernería.

Bilbao
y la memoria
del txikiteo

■ **CAFÉ ESTORIL**. *pl. Emilio Campuzano. 3, Abando, 48011.*

■ **EL PUERTITO**. *García Rivero Maisuaren k., 9, 38011.*

■ **ASADOR INDUSI**. *García Rivero Maisuaren k., 7, 48011.*

■ **BAR EL HUEVO FRITO**. *García Rivero Maisuaren k., 1, 48011.*

■ **EL CHULETÓN DE BILBAO, GOIZEKO IZARRA**. *Gregorio de la Revilla Zumarkalea, 9, 48011.*

■ **CORK**. *Poza Lizentziatuaren k., 45, 48011.*

■ **BAR MUGI**. *Poza Lizentziatuaren k., 55, 38013.*

■ **MARISQUERÍA SERANTES**. *Poza Lizentziatuaren k., 16, 48011.*

■ **LA OLLA**. *Diputazio k. ,12, 48008.*

■ **LA VIÑA DEL ENSANCHE**. *Diputazio k., 10, 48008.*

■ **RESTAURANTE AMAREN**. *Diputazio k., 6, 48009.*

■ **RESTAURANTE EIN PROSIT BILBAO**. *pl. Zabalgune, 7, 48009.*

■ **BILBAO BERRIA LEDESMA**. *Ledesma Musikarien k., 26, 48001.*

■ **ARTAJO**. *Ledesma Musikariaren k., 7, 48001.*

■ **BAR LEDESMA**. *Ledesma Musikaiaren k., 14, Abando, 48001.*

■ **TABERNA TAURINA BILBAO**. *Ledesma Musikariaren k., 5, 48001.*

■ **CAFÉ IRUÑA**. *Colón de Larreátegui k., 13, 48001.*

■ **BAR BASQUE**. *Astarloa k., 1, 48001, 48001.*

■ **BAR SURGÍNZULO**. *pl. Nueva, 12, Ibaiondo, 48005.*

■ **ZUGA TABERNA**. *pl. Nueva, Goikolua Cueva k., s/n, Ibaiondo, 38005.*

■ **BERTOKO BERRIA**. *pl. Nueva, 10, Ibaiondo, 48005.*

■ **LA LEY SECA**. *Barrenkale Barrena, 8, Ibaiondo, 48005.*

■ **TABERNA BASARAS**. *Pilota k., 2, Ibaiondo, 48005.*

■ **BACAICOA**. *pl. Miguel Unamuno, 2, Ibaiondo, 48006.*

■ **BAR LA MUGA**. *Muñoz María k., 8, Ibaiondo, 48005.*

■ **SAIBIGAIN**. *Barrenkele Barrena, 14, Ibaiondo, 48005.*

■ **ABAROA**. *San Frantzisko k., 9, 48003.*

■ **ARIAS**. *San Frantzisko k., 21, 48003.*

■ **PESO NETO TABERNA**. *San Frantzisko k., 1, 48003.*

■ **CONTENEDOR**. *Mirasol Kondearen k., 1, 48003.*

■ **EL PANTXIKE**. *Mirasol Kondearen k., 1, 48003.*

Capítulo 8

Bilbao y las barras de categoría

La capital vizcaína tiene un sello único. Uno de esos lugares del mundo tan exclusivos porque quien nace en Bilbao adquiere por ese hecho un sentimiento de pertenencia incomparable. Ser bilbaíno imprime todo el carácter y los habitantes del Bocho llevan en carne propia todos los símbolos de su ciudad. Desde el Athletic o la Amatxu de Begoña hasta cada uno de sus bares en los que de modo orgulloso chiquetean con gana. La cartografía tabernaria de Bilbao es un mapamundi. El expedicionario de los mostradores debe disponerse a la sincronía con la bilbainidad y con jornadas de auténtica maratón.

Tomar el vermú en Bilbao tiene clase. Hay una leyenda de un camarero navarro que tomaba medio vaso y le añadía un chorrito de vino rancio y ginebra, y, a causa de los amores no correspondidos de la hija del dueño llamado Mariano, los paisanos se reían del galán desdeñado pidiéndole un «marianito». Pero ha causado estado a la orilla de la ría, ya como Martini pequeño. Estoril es el sitio del vermú y, por supuesto, del marianito. Bar de mucho nivel, donde las luces destellantes de los bocadillitos de pincho de tortilla, o el rico champi picantito, lanzan mensaje para la sagrada hora del aperitivo. Ese que puede disfrutarse en las calles acomodadas o en la parte vieja de la ciudad. O como la calidad y la versatilidad serena se esparcen por la generalidad de los establecimientos.

En la calle García Rivero hay un tobogán de bares con algunos que ya se han convertido en punta de lanza. Es el caso de El Puertito, también con sucursal en la calle Ledesma y en la propia ciudad de Madrid, donde todo gira sobre la pareja de baile de la ostra y el champú. Sana costumbre de inspiración francesa y que marca el mojón de cualquier camino tabernista. Aunque tenga traza de bar antiguo, Asador Indusi tiene catálogo de mucho pellizquito en el tablero. Uno de esos lugares de clase media que tanto abundan en esa ciudad. Temático es El Huevo Frito, pues se presenta en compañía del ibérico o con la variante tortillera que tanta historia gloriosa se atribuyen los bilbaínos. Entre las muchas leyendas sobre el nacimiento de la tortilla de patatas destaca la que argumentan con vehemencia quienes la remontan al episodio del sitio de Bilbao en la primera guerra carlista en 1835 y el general Tomás de Zumalac*á*rregui. Una de nuestras columnas vertebrales de todo el país, pero que alcanza nobleza en los bares vascos.

Aquí no se engaña a nadie cuando se afirma que una de las mejores barras para comer un trofeo cárnico es El Chuletón de Bilbao. La cultura parrillera decisiva en ese territorio gastronómico tiene también hueco en la comida de puntapié. Podríamos afirmar que uno de los mejores lugares del mundo para comer con el codo apoyado y con alboroto.

La calle Licenciado Poza es una vía láctea hacia San Mam*és*, bullicioso camino hacia las estrellas del futbol cosido en el alma de los naturales que está plagada de tentaciones barristas. Hervidero de pasiones que se desatan en día futbolero, y cuando llega el fin de semana. Con acento juvenil y alboroto de vasos. Hay mucha vida de bar y con clase como Cork, que posee el mejor repertorio de vinos del entorno con mucho champú y a ser posible por copas. Bar Mugi, ejemplar característico de esa trifulca tabernaria que pide rica ensaladilla rusa, pulpo a la brasa, champiñón o anchoa rebozado en la fenomenología del *pintxo* bilbaíno, donde no falta el pan. Y un destino de prestigio para los moradores vizcaínos y para cualquiera que desembarca por esos lares es Serantes, situado en el número 16 de esa travesía, aunque posee más establecimientos bilbaínos. Siempre con público muy fiel, entre el que se encuentra el que acude a la Aste Nagusia de agosto, y a la vera del poderoso influjo del emblemático Hotel Ercilla, donde siempre se han hospedado artistas y toreros, posee un rico manojo de atractivos para su larga barra. En este templete de acogida hay un catedrático llamado Pedro, originario del pueblecito jienense de

Valdepeñas, famoso por sus setas de cardo, que regala lecciones magistrales de gran servicio. Calidez, soltura y una amabilidad que hay que escribir con letra del molde para los viajantes gastrónomos. Si hay un bar en la otra vida, confiemos en que lo atienda Pedro detrás de la barra.

La memoria del estudiante del Conservatorio de **Música** Juan Crisóstomo de Arriaga es enarbolada por Olga Ahedo. Después del examen y de sacar el bedel las notas, se acercaban los aspirantes a músicos a tomar un bocadillo de jamón en La Olla. Y lo mojaban con cariñena dulce. Qué alegría de vivir, que también se desparrama por el contiguo La Viña, otro clasicazo para el vino y el jamón. La propia Olga dice que «los bares bilbaínos son una forma de vida», y así lo manifiestan con pasión los que divagan buscando la esencia incluso en bares de traza moderna. Amaren se define como «hambueyesería», y no defraudan con los magníficos *pintxos* de rica carne. Hay mucho público de casa y con jaleo en un establecimiento que si algo tiene es el caché. Otro lugar inefable se conoce popularmente como El Alemán, con mucha bullanga futbolera y los efluvios que responden a su nombre. Bufandas colgadas, banderolas muniquesas, cervecería con salchichas en una ciudad que devora bares.

El *txikiteo* es religión diaria en la calle Ledesma. Podríamos describirla como un cauce multifuncional de personajes y ocupaciones. En pleno corazón bilbaíno, donde muy cerca se encuentra la diócesis central del principal partido nacionalista, las sedes judiciales y ese señorío tan propio. Hay mucho trajín, pero con una serenidad inconfundible y rara de ver en otros pagos. Bilbao Berria apunta alto en su barra por la casquería para iniciados, y por su recreación del recetario de siempre como la marmita de patatas y mariscos, anchoas a la bilbaína con cayena y vinagre de Jerez, o los solomillos con encurtidos, y la berenjena escalivada con tartarcito de salmón y cherry escabechado. Artajo Bar lleva abierto desde 1943, aunque se le ha maquillado las costuras de la edad y es muy demandado por ese bocadillo sanador en las rondas líquidas. La calle tiene un bar desde 1967 que se llama como ella misma. **Más** zambra del Athletic y los bocados expuestos en las barras de entrada y salida. Por su parte, aunque se llama

Taberna Taurina, y tiene cartelería antigua de Vista Alegre, ya no responde al casticismo antiguo. Se mantienen los rótulos, pero se pierden hábitos en este cambio de guardia de los bares, que incluye el numantinismo de los horarios. A la vuelta tiene resonancia tipista el centenario Café Iruña. Su decoración más propia de un bar andaluz con azulejos de vinos generosos de Jerez, y su preciosa barra, puede despistar, porque lo que allí se despacha, y con fundamento, es comercio y bebercio de la tierra. Por aquel entorno, y en la calle Astarloa, hay copa buena, seleccionado champú, vermutería de nivel y bocaditos precisos gracias al Bar Basque. Con paladar.

Plantándonos en la decimonónica plaza Nueva empezamos a respirar todo el aroma de casco viejo bilbaíno. Este precioso enclave tiene soportales y como resulta obligado en esta capital de poteo atesora muchos barecitos, con su tipología propia y bastante abarrotados de locales y forasteros. El Sorgínzulo es uno de los museos del *pintxo*. Ricos pellizquitos gracias a Iñaki Lazcano, considerado uno de los iconos de la cocina vasca en miniatura, ameritando mucho su jugosa tortilla de patata, sin olvidar su no menos célebre *pintxo* de bacalao. Figón imprescindible. También es más que perseguido el *pintxo* de queso que se nombra como «Carolina de Roquefort» en el Zuga Taberna. Ha pasado todo el mundo vasco por Bertoko Berria para apoderarse de su lujurioso muestrario, croquetería y vermús. Dicen las primas de Olga que el mejor de todos los garitos que existen en el casco viejo de Bilbao para ir solo o en cuadrilla, que allí es costumbre que rápidamente se adquiere con la carta de naturaleza tabernaria, es La Ley Seca. Preciosa decoración, hoy tan de moda al integrar toque *vintage*, que incluye sofás ingleses, lo que no opaca para los mal pensados la estupenda calidad de la versión líquida y la manduca. Levantó el cierre en 1940 un tabernazo llamado Basaras en la calle Pelota. Figoncito que no llega a los treinta metros, pero que tiene una profundidad enológica incalculable. Y sirven esa gamba cocida con mayonesa y huevo llamada popularmente «bilbainito». Tiene también historia que se remonta a 1965 el Bakaikoa. Valorado por su cacareada cocina en miniatura, presumen de tener el mejor «*pintxo* de chorizo al infierno del Botxo». Los roqueros tienen casa en Bar La Muga. Todo el mundo alternativo que siempre alimentó desde la transición esta barriada se expresa en ese garito, en el que nos quedamos con sus atractivas cervezas artesanales vascas. ¿Quién no conoce Saibigain?

La vertiente más añeja en ese enrejado de bares por las siete calles. Estupendo santuario para los amantes del jamón ibérico o del bacalao al pilpil. Queda en el recuerdo de estampa costumbrista esas cuadrillas de *txikiteros* que andaban de ronda de bar en bar por las siete calles, combinando el chafardeo sobre el futbol, la política o sus cosas, y donde no se descartaba en un momento de euforia el *cántico* a buena voz que siempre han tenido los vascos. Es el alma de una ciudad que cambia de hábitos perdidos de vida, pero que sigue tejiendo el legado emocional del bilbaíno.

Bilbi o Bilbao la Vieja es un barrio que se encuentra en el origen de la ciudad y de unos terrenos que ya existían poblados por pescadores, y que concedió Diego López de Haro a la villa en paso estratégico para el cobro tributario. Ha sido siempre zona conflictiva, y vive un aire renovado con lo que ahora se llama lo «multicultu». Aire bohemio con tabernitas antiguas como Abaroa, bareto de toda la vida para el café, la caña o el *pintxito*, o el sabor del Arias en la plaza Corazón de María, con infalible champi a la plancha. Locales para un público alternativo y algo boho son Peso Neto, farmacia de guardia de barrio, o Contenedor, uno de los locales más bonitos de toda esta nueva pasarela tabernaria, gracias a su mobiliario de caché. Y el canalla para el copeteo se llama Pantxike.

Estos, y no solo, porque cualquiera de los bilbaínos tiene su bar de cabecera. La discusión sobre los escalafones tabernistas de esa flamante urbe, hoy cada vez más internacional, solo se resuelven con el entrechocado de vasos y la chulería del bilbaíno por otra parte tan maravillosa.

Burgos
y la sobriedad
del bar

■ BAR EL PATILLAS. *c. Calera, 6, 09002.*

■ VERMUTERÍA VICTORIA. *pl. Rey San Fernando, 4, 09003.*

■ RESTAURANTE GAONA JARDÍN. *c. Sombrerería, 29, 09003.*

■ RIMBOMBIN. *c. Sombrerería, 6, 09003.*

■ CASA PANCHO. *c. San Lorenzo, 13, 15, 09003.*

■ LOS FINOS GASTROBAR. *c. Arco del Pilar, 8, 09003.*

■ LA CANTINA BURGOS-BAR Y RESTAURANTE. *c. Arco del Pilar, 10, 09003.*

■ LA FAVORITA. *c. Avellanos, 8, 09003.*

■ DLADEMANDA. *c. San Lesmes, 2. 09004.*

■ LA BODEGUILLA DE ARRABAL. *c. San Gil, 11, 09003.*

■ BAR TIMOTEO. *c. Vitoria, 217, 09007.*

■ CAFÉ BAR BÁRCENA. *c. San Pedro y San Felices, 29, 09001.*

■ CASA AVELINO. *c. Emperador, 58, 09003.*

■ CAFÉ BAR ROMERAL. *c. Villalón, 7, 09003.*

■ BAR CASA ÁNGEL. *c. Venezuela, s/n, 09001.*

Capítulo 9

Burgos, en la ciudad del frío

Sostiene el Mari que es un tópico que Burgos haya solo dos estaciones, la de invierno y la del tren. La verdadera estación climatológica es un eterno frío que moldea el carácter y que anima a la zarabanda de los bares. El propio Mari y su agencia de trasportes, con la que recorre España entre tratos, también tiene madera de tabernero. Porque lo ha sido en las casas familiares, incluso con el mandil de cocinero, lo cual imprime carácter. Todo el que tiene la fortuna o la maldición de vivir de tabernarias maneras tiene un aire inconfundible para sortear los aciertos o los desgarros de la vida. Así, El Patillas sería imposible en otra ciudad distinta a la burgalesa. Puro rincón del arte, con espacial varetazo flamenco, durante décadas la familia de Elías Quintano y sus descendientes crearon un ambiente bohemio, musical y liberal, más propio de Andalucía que del territorio del Cid. Tres generaciones de pioneros donde al bar se iba a beber y a cantar, y la poca prisa de los cantantes y demás intérpretes concedían una personalidad mítica para los que lo vivieron y lo han escuchado como un pequeño teatro de genialidades flamencas.

Baldomero, hijo de Elías y padre de Armando, cuando no lo tenía claro, o cuando alguno quería otra cosa que no fuera vino o cerveza, directamente invitaba «a la puta calle». Ha pasado gran parte de la verdadera historia del Patillas, como se titula un librito de emoción escrito por el poeta flamenco Paco Arana, y ha cogido recientemente el testigo Javier Ibáñez. Orgulloso burgalés de ocho apellidos castellano mantiene intacto el piano que tocan los parroquianos, y se canta o se recitan versos populares, y los rapsodas compendian un folclore único. Pocos lugares hay con tanto *horror vacui*, porque todas las paredes están vestidas con cartelería taurina, flamencona y de conciertos de todas las músicas. También hay fotos de la saga «empatillada», en un entorno de misterio de ese mester de juglaría que acude desde las 19:00 hasta el temido cierre por orden municipal. Parte de nuestra historia cultural se escribe en los bares y los funcionarios solo miran expedientes.

Recuerda el Mari cuando era niño que en El Victoria la barra era tan alta que le tapaba la nariz. Desde 1931 ese chiscón al lado de la catedral tenía la gracia de esos bares de acogida para los ministriles de los bares, de los que siempre gustan de rondar de mostrador en mostrador. Hace muchos años se cambió el aire del local buscando algo más chic y una vermutería, que, por otra parte, comienzan a asomar en nuestro panorama hostelero. Se sigue cantando el himno de Burgos cada noche, y apetece tomarse una copa de Cynar, el de la alcachofa de siempre, que nos trae a la memoria tiempos del desarrollismo, mientras disfrutamos de la atractiva nueva iluminación del monumento catedralicio. Como la vieja Castilla, a la postre todo sigue girando en torno a esos templos de fuerza e historia.

Por aquellos derroteros se encontraba la barra El Gaona, ahora reconvertida en El Jardín, escenario perfecto para que la pequeña burguesía ande con sus cuestiones cotidianas. O El Rimbombín, populoso establecimiento en el que una familia tabernera dispensa de toda la vida pincho a troche y moche. Y, por encima de todas las cosas, uno de nuestros favoritos. El Mesón Burgos, herrado en 1957 en la calle Sombrerería, donde oficia Presen y se ejecutan unas patatas bravas que son ya legendarias. Dice Sacha que son las mejores del mundo, y algunos equivocadamente defienden que allí nacieron. Barra de mucha gracia durante todo el día para solazarse con la cocina castellana, con los vinos de la tierra, y con la felicidad que otorga estar en un bar con todas las letras y categoría. Con letra de molde.

Son muy cantados los cojonudos y las cojonudas. El bocado emblemático, el Bar Pancho. Los masculinos no son atributos, sino un pincho de pan, huevo de codorniz y chorizo. En su versión femenina, se cambia este último por morcilla. Esa casa fundada en 1958 tiene una de las barras mejor atendida del país. Gracias a unos camareros de mucho sabor, a un auténtico ritmo tanto en el servicio como en el parroquiano que sabe estar como pocos frente a un despacho de alegrías. También ayuda, y mucho, la buena selección de vinos por copa que allí se gastan.

Muchos burgaleses paran en Los Finos, un local de los que ahora se estilan con aire de abacería. La música andaluza da ambiente y suele ser el salvoconducto del gracejo de los bares, aunque en ocasiones tenga algo de impostura facilona. Es La Cantina otro bar de buena bulla y muchos vinos por copas. Cómo nos reconforta constatar que cada vez se trata mejor nuestra profunda y versátil producción enológica por muchos rincones de nuestros mapas de bares.

La Favorita está en lo alto en casi todos los carteles de la gastronomía burgalesa. Uno recuerda haber cenado allí en tiempos gloriosos con el hiperactivo Jesús Verdes. Su barra circular y su inmenso gentío dan fe de que es forzosa estación en los caminos que entran y salen de Burgos. Hay una estupenda carta de vinos blancos y espumosos, ideal para los bocados igualmente típicos que tanto se suceden en una gastronomía cálida y predecible. Siempre se acaricia la ilusión en bares como este para ejercer como un oculto inspector de una guía ignota. Y ver nuestras limitaciones en el ingenio y en el paladar ante las cosas con fundamento. Hay tanta vida como la de un sujeto que no para de trasegar lo sólido y lo líquido, mientras habla sin parar con un teléfono de narco y simpatiza con el viajero.

Una de nuestras hospederías preferidas es De la Demanda. Su escaparate de jamones es directamente lujurioso. Quesos, laterío selecto, producto personalizado, brasas, huerta. En un contexto muy actual, y con fiesta del vino permanente. El garito donde oficia Amador, ese encantador burgalés de serpientes que siempre recibe con «Buenas noches, bienvenidos, a los hijos del rock'n'roll», nos desmonta tópicos de la austeridad ligada a las gentes de Castilla.

Alejandra Martín vino por amor a Burgos. Cuando llegó el desamor, allí se quedó por su pasión a esta ciudad castellana. Ahora atiende la barra de la Bodeguita de Arrabal, que es el apellido de su dueño y cocinero llamado Antonio. Todo es muy burgalés, con los nuevos aires que hoy reclama la afición, y con un toque a todo lo que allí se despacha. Para muestra, el mejillón tigre con chorizo de Jaén.

Como suele ocurrir en las ciudades viejas, también hay vida en los barrios. Bar Timoteo, en uno de los conglomerados más populares de la ciudad como es Gamonal, tiene el indiscutible aliciente de unas patatas asadas que nos reconcilian con nuestra infancia. Y las preparan con todo tipo de combinaciones desde al alioli al jamón, al queso, a las gulas o lo que encarte. Tesoro oculto para los que aman el trago y la vida sencilla.

Hay costumbres que no se pierden como la compra de lotería en el bar. De hecho, en Bárcena ha tocado en innumerables ocasiones. Esta genuina casa del barrio de San Pedro y San Felices, abierta en 1952, siempre tiene un vaivén de gentes que entran y salen de escena. Bocados cariñosos y de sonrisa de la camarera llamada Olga que pone clase en esa barra de buena fisionomía.

El mundo de la caza desaparece de muchos bares por ese falso concepto de los urbanitas que no conocen el campo. En Casa Avelino, enclavada en el barrio de San Pedro de la Fuente, lo cinegético alcanza un nivel espectacular gracias a las gentes populares que la suministran. En esa barra de auténtico refugio para el comistrón, la familia García Reoyo nos regala liebre guisada tradicional, perdiz escabechada o estofada, conejo de monte o pichón. También callos, patitas de cordero o lengua estofada de novillo. Croquetas, empanadillas de bonito y un festival de la gastronomía de siempre que culmina la cecina cocida. Auténtico manjar para los fríos de la tierra y el alma que se espantan en este escondite de alegría.

No muy lejos de allí está Romeral. Allí también se prepara la cecina cocida, pero solo en las fiestas, como es clásico en Burgos. Este figón resume como ningún otro el carácter de casino popular. Todo el mundo parece conocerse y la dueña y camareras viven en diálogo permanente con los trajinantes del local. Sus hechuras desde 1971 son de bar de verdad y, aunque se haya reformado al calor de lo que ahora se demanda, no pierde el sabor de la barriada. Y comer morro frito, bacalao en tomate majestuoso de los que merece viaje y *tupper* para casa, o calamar en tinta. Si además se combina con un ribera claro, el gusto es nuestro. Las periferias de la felicidad al final rompen esa ecuación que hoy habla de los centros históricos y turismo. De bares como este solo debería salirse por orden judicial. Elena Velasco Herrera no deja de servir caña con majeza y arte.

En otro bonito arrabal se encuentra Casa Ángel. En el barrio de Yagüe de toda la vida, ahora llamado San Juan Bautista por aquello de la ley de memoria o desmemoria, hay unas casitas con huerto y un bar para la acogida. Más de setenta años de vida, en este lugar de posguerra y que es también Peña Los Sanjuanes. Glorioso picadillo con adobo, inevitables callos y la vinagreta que se necesita para empezar o acabar los días. Después de todo, le quitamos la razón al Mari para afirmar que hay estación de destino y término en los buenos bares burgaleses.

VALVE
MAURO
CONVENTO
CORIMBO
CORIM
SELA
ODA
ONDONIA
NADIR
GO
TAS
XENTIA
ARAGAN
VT
ene

Cáceres
El alboroto cacereño

- **Kiosco Colón.** *Parque Gloria Fuertes, s/n, Centro-Casco Antiguo, 10001.*
- **Oquendo.** *c. Obispo Segura Sáez, 2, Centro-Casco Antiguo, 10001.*
- **Eustaquio Blanco.** *av. Ruta de la Plata, 2, Oeste, 10001.*
- **Restaurante AlBalat.** *av. Ruta de la Plata, 4, Oeste, 10001.*
- **Cafetería Charlotte.** *c. Amberes, 2, Oeste, 10005.*
- **Loren Bar.** *c. Obispo Ciriaco Benavente, Centro-Casco Antiguo, 10001.*
- **Bar El Nuevo Mesón.** *av. de España, 22, Centro-Casco Antiguo, 10001.*
- **Restaurante Aljibe.** *av. de Alemania, N 2, Local, Centro-Casco Antiguo, 10004.*
- **El Gran Café.** *c. San Pedro de Alcántara, 6, Centro-Casco Antiguo,10001.*
- **El Pato.** *pl. Mayor, 12, Centro-Casco Antiguo, 10003.*
- **La Minerva.** *pl. Mayor, s/n, Centro-Casco Antiguo, 10001.*
- **Bar Nuevo Rialto.** *pl. de la Concepción, 16, Centro-Casco Antiguo, 10003.*
- **Ripley.** *c. Gabriel y Galán, 4, Centro-Casco Antiguo, 10003.*
- **Bar El Corral de las Cigüeñas.** *cta. de Aldana, 6, Centro-Casco Antiguo, 10003.*
- **Restaurante Maná.** *pl. Sta. Clara, 4, Centro-Casco Antiguo, 10003.*
- **Bar Salas.** *av. de San Blas, 17, Centro-Casco Antiguo, 10004.*

Capítulo 10

Cáceres cambia el paso

La capital extremeña tiene algunos iconos gastronómicos absolutamente internacionales. Es el caso de Toño y José en Atrio, o la fundación artística de Helga de Alvear, que combina con el clasicismo antañón de los paisanos Gabriel Galán o Donoso Cortés. Su carácter conocido de ciudad de estudiantes y de noctámbulos de garito que se gestaron en la llamada movida cacereña de los ochenta, le conceden siempre pasaporte para buscar bares donde transitar en ese entramado histórico y empedrado de monumentos y nostalgias.

Esa grandeza se dispersa en la zarabanda de bares. Se toma de primeras dadas una caña en el Kiosco Colón y se contacta con algunos camareros autóctonos que poseen ese punto de cercanía no tan habitual en otros pagos. Todo parte en el Parque Gloria Fuertes, jaleado por el impertinente croar de las cotorras argentinas que, por otra parte, se han hecho dignas del fracaso ecologista, y en el localito chisposo que lleva muchas épocas recibiendo viandantes, hoy gracias a su bonita barra circular. Mucho ritmo y paseo para llegar al auténtico volcán de la buena vida en esta capital.

Oquendo y su barra. Una de las mejores pasarelas de nuestro país. Porque resume lo mejorcito de la tierra, o cuando la gente se arregla para ir a un bar de nivel. Una pareja donostiarra se inventó un lugar que no tenía el Cantábrico, pero sí el aroma de gozosas mareas. De tal suerte se han venido mostrando en esa barra de eternidades y las mesas que se enfrontilan, gustosas delicias de merluza sobre cama de pimientos, gamba de bonita cara y deslizante cartera, pulpo digno y con identidad, y solomillo para cerrar la fiesta. En Oquendo hay cola la mayor parte de los días para ocupar sus sillas y estribos, y por encima de todo hay un sustrato de sabiduría barrista y de camareros cuya mirada sienta cátedra para el agasajo del oficiante tabernario. El armario del vino detrás de la barra es de pintura para los epicúreos.

Seguramente Cáceres no sea el modelo o academia de bares. Proliferan muchas barras y abrevaderos donde tomarte la copa y escuchar la música latinoamericana o AC/DC. A medida que avanza cualquier tarde, en este precioso auditorio extremeño hay mayor necesidad del vagabundeo del copero. La francachela parece cosida al alma del cacereño, y la soledad que puede codificarse en las rutas de otras latitudes no parece estar en juego. Los bares cambian de fisonomía en una ciudad que, siendo clásica, cierra tascas y opta por nuevas formulaciones del bar.

De tal suerte, también en los restaurantes con pretensiones gastronómicas se reserva un pequeño caramanchel que gustan llamar tapería. Los aires renovados del Eustaquio Blanco dan cabida a los buenos ibéricos, la perdiz y al avance de su cocina de mercado. AlBalat opta por la misma versión y en su tapería está todo el abanico de su interpretación de la cocina extremeña. A la gente de la casa le gusta mucho Charlotte, que lleva el infamante apellido de gastrobar. Normalmente, alguien instruido debería de desconfiar del palabro, pero es este caso debe reconocerse la conexión con la nueva sociedad, que ama el atún o el aguacate.

Cáceres cambia el paso, aunque sigue teniendo chigres populares para defender el honor tabernario de toda la vida. Loren Bar podría inspirar cualquier costumbrismo de un figón modesto y sin pretensiones; metáfora de la vida sencilla gracias a las patatas al rebujón, que no dejan de ser un popular plato, que se cortan en redondo, con huevo y cebolla, y a las que se puede agregar alegría con jamón o gamba según las recetas. Los autóctonos llenan la barrita gracias a los cortes del solomillo o el lagarto. Si hay un bar que cualquier cacereño conoce la Nochebuena a medio día es el rotulado El Nuevo Mesón, pues allí estalla el largo aperitivo.

Aunque *El champi* con patatas le da su fama y adscripción social. La plancha es una antología, y algunos de los camareros en plena faena actúan con todo ese entorno como un lord inglés, aunque estén sirviendo magro de cerdo o moraga extremeña, panceta o morcilla. Carmen Pizarro y Sandra Iglesias no dejan de beber cervezas, charlotean sin parar y, al final, son las guías perfectas para el divagante que también acaba en El Aljibe. Este es uno de los garitos que parece no cerrar nunca, desde la hora del desayuno hasta que al último canalla se le ocurre pedir fonda. El espíritu de los bares es tan insondable que solo puede intuirse con la sociología de las horas.

Para todos públicos y existencias templadas existe El Gran Café. Cuánta necesidad tiene la mesocracia española de estas cafeterías de todo plan, para que queden las amigas de las confidencias de la media tarde, se pueda tomar un cubata, un vino despistado o comer la familia. Casinillo de nivel para los actos del día a día.

La maldición de las plazas mayores también alcanza a Cáceres. O la lenta voladura de la hostelería autóctona para la diligente atención al turismo. Ese fenómeno detectable en los centros históricos siempre tiene náufragos como El Pato Blanco. Aunque su antigüedad no supera 1972, posee sabor viejo en su barra blanca, y encierra ese aire de bar de funcionarios y de gente media como corresponde al común de los que existen por toda nuestra geografía nacional. Una cerveza en vaso de Bitter Kas hace más por nuestra infancia que los cuentos de la abuela. Muy cerca, el signo de los tiempos con La Minerva. Doce más un año de vida, y con gran clientela merced a su cochifrito ibérico y a la cocina abierta en horario tan escucto como se empieza a estilar por todos los sitios. Comer caliente en un bar de puntapié empieza a estar al alcance de quien programa el ocio y tiene reló. Algunos piensan que el bar es una oficina, pero de las que hay fichar.

Le cuentan al zahorí tabernario bondades sobre El Nuevo Rialto. Una tarde cualquiera se arrima al chigre y se encuentra con dos potentes televisiones transmitiendo un Barça-Atleti. Los camareros con pinta de roqueros y ataviados con las camisetas futboleras. Entre grito y cerveza, ruge la parroquia. El mismo ritmo que alcanza el «javimetal» tiene Ripley. Suenan nuevamente los hermanos Young, y la gente disfruta de la hamburguesa. Hay muchas luces hosteleras que titilan así en el serpenteo cacereño.

O que pululan por la diversión y música de El Corral de las Cigüeñas, un oasis en el silencio del casco histórico más hermoso. Alguien cuenta sobre La Cacharrería y su toquecito, pero la mesa alta no oculta que no tiene traza de bar. En Maná también se manejan nuevos conceptos y tributo a la gastronomía de la fusión, pero la personalidad de Antonio Caldera, un artista de la barra, justifica trago y bocado.

Rastreando también puede pararse en Bar Salas, y la fritura bizarra del calamar o la oreja para esa fiesta de la calle que tanto ama el aborigen. Por no hablar de En Ca Rosi, donde los aceites que flotan en el aire aconsejan un rato gustoso y posterior tintorería. El alboroto cacereño no descansa y hay más juerga que esencias. O tal vez sean estas las que han permeado las añejas estampas tabernistas.

ARTEPUO
CAD
TABERNA CASA MANTECA
1953
Dewar's
J&B
DYC
GIPSY GIN
GIPSY BLU
GIPSY BLU
GIPSY GIN
GIPSY DRY
GIPSY DRY
• POSTRES C
• FLAN DE H
• MOUSSE TOCINO
O
BOMBONES M
TABERNA CASA M
SUGERENCI
* Cazón a la Roteña —
* Sardinas en Vinagre
* Pimientos Asados
Con miel o con verbesca
* Gilda - 2'00€
* Gilda + Vermut - 4'20

Cádiz
A compás

- **Mesón Cumbres Mayores**. *c. Zorrilla, 4, 11003.*
- **Listán Wine Tasca**. *pl. San Antonio, 10, 11001.*
- **Taberna La Manzanilla**. *c. Feduchy, 19, 11005.*
- **Ultramarinos Bar El Veedor**. *c. Veedor esq. c. Vea Murguía, 10, 11003.*
- **Taberna El tío de las Tiza**. *pl. Tío de la Tiza, 12, 11002.*
- **Taberna Las Banderas**. *c. Virgen de las penas, 1, 11002.*
- **Taberna Casa Manteca**. *c. Corralón de los Carros, 66, 11002.*
- **Restaurante El Faro de Cádiz**. *c. San Félix, 15, 11002.*
- **El Anteojo**. *c. Plocia, 13, 11006.*
- **Bar La Cepa Gallega**. *c. Plocia, 9, 11006.*
- **El Chicuco**. *pl. de San Juan de Dios, 16, 11005.*
- **Taberna La Sorpresa**. *c. Arbolí, 4, 11005.*
- **Bar El Terraza**. *pl. Catedral, 3, 11005.*
- **Tienda de Pelayo**. *c. Cobos, 17, 11005.*

Capítulo 11

De bares en Cádiz-Cádiz

Le comentaron en una ocasión al cantaor Beni de Cádiz, personaje indiscutible, que también había abierto un bar en Sevilla, que menuda gracia tenían los sevillanos. Este genial artista espetó que «en Sevilla, guasa, gracia en Cádiz». A espuertas de gracia es precisamente lo que desprende ese territorio milenario, donde el tiempo parece detenido, las prisas un chiste y ya tópica la manera peculiar y zumbona de entender la vida. Ir por Cádiz de bares no tiene nada que ver con hacerlo por otras latitudes, porque siempre da la sensación de que no es tan importante el comercio y el bebercio, sino echar el rato y no volver a casa para quien la tenga, y pagada.

El rastreador de las delicias gastronómicas tiene direcciones gaditanas, pero siempre es preferible llevar ese paso lento que Cádiz invita. Mi querido Carlos Miranda, el Niño de la Bahía, declara que hay que ir derrotando las esquinas de la ciudad para sentirse compadre de uno de los Pimpis, esos sujetos que estaban por los muelles y chapurreaban el inglés de modo pícaro, o el Cojo Peroche, que vendía pescados a golpe de cante flamenco. Hay un aliciente en cada conversación, chanza o divagación, que de eso saben mucho los gaditanos cuando uno se aposta en los bares.

Aunque también hay gente de cierto orden, como los que empiezan la ronda en Cumbres Mayores, la que era antigua cervecería del puerto. Legendaria junto al Barril de Puerta Tierra, donde también se bebía la antigua cerveza Cruz Blanca. Paradojas de este enclave, ya que se trata de uno de los bares menos gaditanos de la ciudad, con un varetazo a las chacinas, pero donde paran todos los caditas. Magnífica panceta ibérica la que despachan en barra, junto a guisos de carne, carrillada o rabo de toro, y media libreta de manzanilla. Hay mucho despistado, actividad propia del autóctono y de los que desembarcan por esos pagos, que piensa que en la capital gaditana se bebe mucho vino del Marco de Jerez. Tristemente hay que desmentirlo y, salvo algunos nuevos taberneros, no ha tenido la pujanza suficiente el mágico mundo de esos generosos.

Para nuestra alegría, lo anterior es desmontado por Listán. En la plaza de San Antonio, enfrente de lo que fue la casa del escritor José María Pemán, uno de los iconos de la ciudad asolado hoy por las revisiones historicistas, se encuentra ese camarote de muchos y buenos vinos. Activistas del universo enológico, se ha convertido en casa de refugio para las mentes abiertas y del hedonismo culto que apareja lo que sale del viñedo.

En su contraste, para los iniciados del vino se encuentra la castiza La Manzanilla. Uno de esos figones que se atienden con cierto aire desaborío y dedicado en exclusiva a los vinos del Marco, por lo que se ahuyenta a los bebedores cerveceros o del refresco. Tiene más de un siglo de vida, fue abierta por una bodega sanluqueña, y desde los cuarenta pertenece a la misma saga familiar. De paso obligado en la procesión del tipismo de la que viven muchos establecimientos por todo el mapa tabernista español.

Deambulando por esas calles que tanto le recordaban a La Habana a Carlos Cano, y los que tenemos un jirón de nuestra vida en la cultura cubana, podremos encontrarnos con El Veedor. Encastrado en una calle donde permanecen las clásicas freidurías populares de pescado, en su línea es una abacería expansiva que actualiza el viejo ultramarino, en este caso aperturado en 1975. Algún bandazo más para llegar inevitablemente al barrio de la Viña, seguramente el corazón de Cádiz-Cádiz. Que como cualquier chavea conoce es lo que existe de Puerta Tierra adentro, ya que, de hecho, todos los habitantes que moran en las zonas de fuera, que pueden estar a escasos metros, y empadronados en la misma localidad, suelen decir cuando allí acuden que tienen que ir a Cádiz.

Bar El Tío de la Tiza es un chiscón maravilloso para adentrarnos en ese conglomerado al lado del Gran Teatro Falla con sus resonancias carnavaleras, donde puede apreciarse esa liviandad de la vida que manifiesta tanto casta con las chanclas y la camiseta eterna del Cádiz. Y te sirven un gazpacho en vaso de cubata antiguo que rezuma sabor, o una zanahoria aliñá, la típica caballa y el cazón con el adobo más rico y fino que uno pueda recordar.

Uno de los gaditanos más cultos y libres que uno conoce se llama Antonio Hernández Rodicio. Conocedor de los entresijos de su ciudad, viajado por medio mundo y responsable de alguno de los tinglados mediáticos importantes de este país, ha recogido la llama sagrada en compañía de algunos cómplices en Las Banderas. Tremendo esquinazo en el barrio de la Viña de una taberna de historia y a la que se mantiene con la misma gallardía que poseía en sus albores. Se ha recuperado el color original y el alma de taberna que está más viva que nunca. Y hay una magnífica apuesta por los vinos generosos, incluidas las botas propias, y cositas gustosas en la barra, con lata de alcurnia excelentemente seleccionada, al igual que guisitos, caso de una sugestiva tapa de garbanzo con langostino. Probablemente sea uno de los garitos con mayor equilibrio, prestancia y gracejo del inventario barrista de la bahía.

Cuentan que Pepe el Manteca, de origen cántabro, se dedicó a los oficios tan disparatados como novillero o criador de gallos de pelea. Inevitablemente entre tanto volatín tenía que ser tabernero. Casa Manteca, arte puro fechado en 1953, es santo y seña de los tascones españoles. En una plaza recoleta donde revolotean las palomas, ¿o son pichones?, uno piensa que la vida es solo esto, ni en serio ni en broma. Únicamente una taberna de solera con carteles de toros en una de las pocas capitales donde no existe coso taurino, para tomar los famosos chicharrones en papel de estraza, o la no menos contada y escrita tortilla de camarones. Siempre con gentío, algún guiri de respeto, y nosotros preferimos el cazón a la roteña.

Aunque todas las andanzas tienen destino último y definitivo en El Faro de Cádiz. Sin género de duda, la mejor barra de la ciudad tartésica. La familia Córdoba ha ido depurando el arte del mostrador, y hoy ha afinado una cinta de felicidad gastronómica para quedarse a vivir. Es un lujo cómo te agasajan con vino, cerveza al punto, dobladillos de caballa o atún marinado con salicornia. También la morena en adobo con un sabor turbio y mistérico, junto a unas exquisitas albóndigas de choco o el papelón de Cádiz. Todo sale esplendoroso en ese ofertorio de alegrías por las que casi nos arrancamos cuando allí nos echan cuenta.

Reina en la ciudad, dado que la competencia que siempre ha tenido con El Anteojo, hoy en la calle Plocia, ha cedido en su favor. La desaparición de un bar que fue mítico en su anterior ubicación con su denominación como taberna a cargo del legendario gallego Pepiño ha cambiado el trono. Aunque hoy continúan la saga Pepe Ferradans y su hijo Miguel, y siguen profundizando en los saberes coquinarios de siempre, como una ensaladilla de gambas de memoria genuina.

A unos pasos está un clásico para muchos gaditanos, La Cepa Gallega. Heredera innegable de una añeja tienda de ultramarinos, por este chiscón pasan tirios y troyanos. Mucho queso, chicharrones, sobrasadas, en un ambiente lleno de casticismo. Aunque ha cambiado de propiedad una vez que se jubiló el también legendario Félix Fernández Verdejo, la casa rezuma el mismo sabor del tiempo trascurrido desde 1920 cuando se fundó. Siguiendo en la misma línea, pero con tono contemporáneo, hay que anotar El Chicuco, otro de los predilectos de los autóctonos. Mucha chacinería, vino y ese mundo que hoy llaman *gourmet*, y que no es otra cosa que cositas ricas y bien elegidas. Se hacen llamar «ultramarinos del siglo XXI».

A juicio del Niño de la Bahía, Taberna La Sorpresa, fechada en 1956, debe ser disfrute obligado por su atún y los vinos del marco jerezano. Ha cambiado de titularidad, lo cual viene siendo norma en muchos negocios viejos cuando los fundadores se cortan la coleta. Es el mismo caso del Bar El Terraza, en la misma plaza de la Catedral, que siempre ha tenido una barra de mucho trajín. Con estupendos guisos gracias a la destreza de un gaditano ilustre como Pelayo. Aunque los actuales regentes mantienen el tipo tradicional, y el auténtico personaje que es ese cocinero artista ha abierto garito muy cerquita con su mismo nombre. Inverosímil chamarilería de productos alimenticios que está adornada con las motos y vestuarios del *motocross* de cuando competía este peculiar tabernero.

Tenía que ser de Cádiz y solo de Cádiz. Solo por ir allí o recordar las andanzas y anécdotas del añorado Gitano Rubio y su restaurante, merece la pena zascandilear mirando el Atlántico.

Castellón
y sus tascas

- **LA BODEGUILLA**. *c. de l'Esculptor Viciano, 15, 12002.*
- **EL TENDIDO**. *c. Falcó, 12, 12001.*
- **TASCA ERNESTO - LA OFICINA**. *c. barraques, 10, 12001.*
- **LA BODEGA**. *c. Major, 36, 12001.*
- **MESÓN NAVARRO III**. *c. de Sanchis Albella, 4, 12001.*
- **TASCA LA GUINDILLA**. *c. Barraques, 3, 12001.*
- **EL COLMADO**. *c. de la Morería, 10, 12001.*
- **EL PORTÓN CASTELLÓN**. *c. de Navarra, 4, 12002.*
- **BAR DE PINTXOS EL ESTRAPERLO**. *c. de Temprado, 6, 12002.*

Capítulo 12

La disfrutona Castellón

El doctor Espejo sostiene que «el castellonense se plantea el bar fundamentalmente en su vertiente líquida, y con alguna ración al uso del acompañante». Valga esta declaración de intenciones para acercarse a una ciudad de auténticos hedonistas, amantes de la calle, arroceros, en un contexto siempre alegre. No es Castellón uno de los lugares más bellos del planeta, pero es la cabeza de un territorio mediterráneo, de buen clima de bous al carrer, de la Magdalena-festa plena, los almuerzos, Paco Castelló y su Nules, el mundo del azulejo, y un carisma especial.

En pleno centro se encuentra La Bodeguilla, una de las muescas tabernistas inefables para los autóctonos. Se trata de un bar con toda la barba, de esos que tiene sabor de charleta, y con una fisonomía de tubo en la que adentrarse gustosamente. No se aprecia producto en la barra porque, marca de la casa, todo se hace al momento. Como su famoso champiñón a la plancha, con salsa verde o aceite. En la pizarra reclaman atención la morcilla de Burgos, los caracoles o las croquetas. Atiende el servicio algunos de los muchos rumanos que constituyen larga comunidad en este territorio donde se han amoldado como una parte fundamental de la vida. Hay relojes en la pared, lo cual suele ser detalle que siempre induce a la reflexión sobre el tiempo que se fuga, o el que uno gana con la felicidad tabernaria.

Hay un personaje central en cualquier peripecia que tiene que ver con Castellón y su provincia llamado Paco Castelló. Antiguo lotero, fuerza de la naturaleza, generoso hasta la ruina propia, con la mejor mano para la paella de todo Valencia, amigo de media humanidad, y taurino, aunque lo viva con cierto desengaño. Ir de bares por Castellón y encontrarse a un sujeto de tanta categoría, que por otra parte también desplaza su encanto a su Pamplona adoptiva, es un privilegio al alcance de muchos. Con su eterna sonrisa y su larga melena, se pide un «whisket» en El Tendido. Una década de existencia para este barecito de estética taurina, pues no hay localidad provincial que no viva desatadamente el toro de las calles.

Se habla de la zona de las tascas para referirse a unas callecitas que tienen una lengua de establecimientos apretada y en días señaladitos muy concurrida. ¡Cómo puede haber un bar cuyo nombre nos guste más que La Oficina! El verdadero sueño del alternante. O cuando se dice en casa que se va es directamente al lugar del trabajo. De hecho, se llama así porque la gente acudía al local después de la labor y de las ataduras profesionales. Para que luego se haga mofa del absentismo laboral. Hay un tríptico clásico que los antiguos oficinistas degustaban como es la seta de cardo, el champiñón y el pimiento de padrón.

Buen nivel barrista el de la casa y que justifica que el doctor Espejo siga filosofando sobre si hay alguna expresión más bonita que ir de bares. Aunque el esplendor de la yerba de las antiguas entidades bancaria haya desaparecido, y ya no hay gasto de invitación a los clientes, todavía queda gracia en este garito. Después de todo, cuando ya no se echan tantas horas de horario comercial en la barra, apareció el buen tardeo.

Y ya que estamos con la verdad de las denominaciones, poca literatura merece La Bodega. Tal cual. Sitio de buen olor a pescado sobre barra de mármol. El fadrí es una hamburguesa de anchoa que tiene muchos partidarios. Pero la tapa estrella es la marinera. Ese mundo náutico que describe una ensaladilla de origen murciano sobre la famosa rosquilleta y el colofón de la anchoa, que viaja por todo el arco mediterráneo.

La auténtica cumbre de la plaza se llama Mesón Navarro. Es por encima de su rótulo un restaurante de muchas profundidades y delicias de la zona. Pero tiene una barra que podemos colocarla en los altares de las elegidas de toda España. Un dispensario de alegría para comer y beber como sultanes. Los puristas cuestionarán si estamos ante un bar en su tipología clásica. No sabemos de casi nada, pero sí como unos camareros llenos de viveza y clase van sacándose de la manga como magos estupendos rovellons, carne a la brasa, crujientes de gambas, clóchina, cigala a la plancha, y lo que corresponda a un lugar de culto desde 1973.

Ya no quedan en muchas localidades esos sitios donde uno chafardea, mientras entra una cuadrilla de empresarios importantes acompañados por abogados como Dios manda, símbolo de los destinos burgueses que todavía quedan en España. Donde ir a gastar, que a uno lo vean y sepan que estás vivo y no en concurso.

Los modelos de bar actual también tienen cabida en Castellón, especialmente porque aquí siempre todo parece nuevo y sin prejuicios historicistas. Los naturales son disfrutones y parecen obviar la dictadura de la estética. La Guindilla responde a esa filosofía contemporánea con arraigo castellonense. Todos los servicios se hacen bajo demanda, y en su barra hay bastante lío cuando llegan las fiestas o los saraos del fin de semana.

E igualmente El Colmado, que sigue las necesidades del relato. La posverdad de los bares a lo *vintage* en busca de solera. La chispa nace no solo con el paso de los tiempos, sino con esa raza de tabernero que es nuestro patrimonio nacional. Carta de vermú con más de cincuenta y cinco ejemplares, y las patatas fritas maravillosas son de J. García de Castellón, las favoritas de todas las edades por su buen pimentón y hechas artesanalmente por una empresa familiar. Seguramente la historia de esta nueva revisión de la abacería se escriba muchos años.

Idas y venidas como las de El Portón, uno de los emblemas barutas de la ciudad desde 1971, que ha tenido los avatares propios de la barra, y con la desaparición de Manuel Viudez ha necesitado una década de silencio para que se vuelva a reanudar la sabiduría tabernaria del mítico Manolo. Los embutidos y charcutería que tanta gloria le dieron se ahondan con las delicias de la brasa, donde depositar calamar, atún rojo de la Lonja de Castellón, pato, junto a guiso casero, o lo que el actual ideólogo Iñaki Tobar llama vicio de croquetas. Como dicen los enteradillos hoy es ese frito el que define la bondad de un local.

En el itinerario de los chincheles de Castellón es aconsejable no perderse el favorito de nuestro nuncio, el doctor Espejo. El Estraperlo es una sincera barra vasca en la ciudad de la Plana. No solo obedece a esa tradición vasca, pues junto al *pintxo* tradicional, como el de *txangurro,* se combinan los guiños que a veces desconciertan al tabernario que nunca ha estado en Asia, caso del pan bao de ternera. Buen bacalao en tempura, encurtidos con anchoas y una larga retahíla de pellizquitos del mar y la tierra. Apostilla el galeno de la buena vida que «existe demasiada oferta para un horario de apertura reducida y poca rotación de clientes». Como pacientes de los bares, coincidimos que esta es una enfermedad diagnosticable no solo en esta hedonista localidad, sino en gran parte de los chigres nacionales. Mientras tanto, como cantaba el otro «iremos a comer un arrocito a Castellón».

ESCALA de la BORRACHERA
SALIDA
LE DIJO EL MOSQUITO
A LA RANA
MAS VALE MORIR
EN EL VINO
QUE VIVIR EN
EL AGUA
EXTINTOR

Ceuta
La ciudad caballa

■ **Luz y Brasas**, *c. Valentín Cabanillas (plaza de África), 51001.*

■ **El Restaurante Ceuta**, *pl. de África, 12, 51001.*

■ **Piscolabis-Gastrobar**, *cl. Independencia, 3, 51001.*

■ **La Terraza de Menchu**, *pje. Eduardo Gallardo, 13, 51001.*

■ **Mar de Olivos**, *c. Jaudenes, 25, 51001.*

■ **Cafetería El Puente**, *p.º de las Palmeras, 30 (plaza de la Constitución), 51001.*

■ **La Fábrica**, *pl. Rafael Gibert, 24, 51001.*

■ **Mesón El Cortijo**, *c. Cervantes, 14, 51001.*

■ **Mesón El Refectorio**, *pob. Marinero. Local 37. 51001*

Capítulo 13

Ceuta y los bares de cuatro culturas

Ceuta resulta ser una gran desconocida para la mayoría de los españoles, al ser descubierta aparece un destino con una historia interesantísima, y una riqueza antropológica que la hacen única. Esta ciudad autónoma donde el alcalde es presidente y los concejales son consejeros, por su situación geográfica y sus episodios, se convierte en un crisol de culturas que conviven en armonía y se enriquecen unas a otras. Cristianos, musulmanes, hebreos e hindúes conforman este abanico humano que determina una gastronomía diferente. Esto complementado por los beneficios fiscales supone disfrutar de una buena comida algo más económica que en la Península. Además del tradicional *ferry* que lleva años funcionando, más o menos rápido según el diseño, ya hoy se puede ir desde Algeciras y Málaga en helicóptero en una ruta comercial de tiempo rapidísimo, entre diez y treinta minutos para cruzar el Estrecho, y gozar de las curiosas estampas que se divisan desde las alturas.

Esta hermosa ciudad que en su larga travesía ha pertenecido a la Corona de Portugal y la de España, conserva una gran influencia lusa, sobre todo en sus calles con brillantes ejemplos arquitectónicos, y en su escudo, que es prácticamente igual al de nuestro país vecino, lo cual resulta curioso. Con el paso de los años las influencias culturales han ido tejiendo una ciudad hospitalaria y con gusto por vivir la calle y, por consiguiente, buen lugar para la proliferación de nuestros amados bares. Gastronómicamente la influencia peninsular y la marroquí predominan sobre el resto, pudiendo encontrarse gran cantidad de ejemplos notables de ambas coquinarias. Con el mar y sus productos como protagonistas principales de la obra culinaria, dado que el puerto pesquero local es de gran potencia. Quizá las especias ocupan con elegancia el segundo papel en esta película del disfrute «manduquero».

Entrando en materia de los mostradores, la ciudad de los caballas va evolucionando y se abre al mundo cada vez más, buscando al visitante turístico y al que viene a trabajar por estos lares. Son muchos los platos o tapas que se han hecho fuertes por la ciudad, el buen pescaíto frito, el pulpo con mayonesa o un buen cuscús, además de los famosos pinchos morunos, o los de corazones de pollo, e, incluso, el curioso plato de mero al Rigamonti (con tomate y alcaparras en honor al futbolista que lo ideó por accidente).

En ese desconocimiento mencionado al principio de estas ciudades autónomas tan singulares que tenemos, abunda que a día de hoy sean también unas casi olvidadas en el mundo de las grandes guías gastronómicas. Su presencia no va más allá de leves menciones en la totémica guía roja Michelin y alguna más en la Repsol, pero sin reseñas de importancia. Esto creo que requiere una reflexión y replanteamiento importante por ambas partes. Las guías en general han de abrir horizontes, y las ciudades, sobre todo estas con una singularidad especial y un espíritu de emprendimiento importante, han de dar un paso más en su búsqueda de la excelencia. Y el tabernista debe recurrir a su olfato, al taxista como cómplice y a los amigotes que uno enhebra.

Comenzando a derrotar lugares que bien merecen una visita, casi todos se concentran en la zona del centro geográfico de Ceuta, próximo al puerto deportivo y al Mercado Central de Abastos, un poco más adentro del foso de San Felipe, ya en la zona amurallada. Por orden de oeste a este, Luz y Brasas, donde Manuel Martín nos presenta un espacio contemporáneo; una propuesta basada en el obvio fuego en la que ganan nivel sus tostas como la de sardina o la de atún a la brasa, croquetas, carnes y pescados perfectamente preparados para compartir. Cuenta con una agradable terraza que da a la bella e insigne plaza de África. Se trata de un lugar apto para el tapeo o para una buena comida. En la misma plaza se sitúa el Restaurante Ceuta, un clásico del lugar con más de veinticinco años de historia donde se puede disfrutar tanto en su terraza como en su buena barra y zona de mesas altas de la gastronomía tradicional ceutí elevada a un gran nivel y con el mejor producto local, con una gran variedad de pinchos y raciones para que uno no sepa bien qué elegir. Camareros con arte y gracejo autóctono para despachar ensaladilla, pastel de cabracho, croquetas, berenjena de la abuela y *cocktail* de langostinos.

¿Se puede ser más clásico con ese plato de nuestra dorada infancia y de una España que quería hacerse pintona y que se viera? Tras dejar la plaza nos vamos adentrando más en el vientre caballa y llegamos por la zona sur a través de la calle Independencia a Piscolabis Gastrobar, con frente a la playa de la Ribera, la mayor y más concurrida de la ciudad vieja. Este cosmopolita local, al más puro estilo de neobistró afrancesado, pasa por tener la mejor tortilla de patatas de la ciudad. El atún es su gran estandarte, el cual elaboran de distintas formas, siendo su tosta de tarantelo una de las más demandadas. Garito de ambiente aburguesado con un toque elegante que aporta una nueva dimensión a la tierra. Un poco más en el interior, aunque a poca distancia, llegamos a La Terraza de Menchu, un bar donde el arte de tapear se ha hecho culto en la ciudad. Famoso por sus pinchos morunos, su pulpo con mayonesa y sus conchas finas a la plancha entre otras muchas propuestas. Buen ambiente el que se respira en este clásico de la ciudad donde la gastronomía local se hace fuerte y es bien acogida por los visitantes. Un poco más adelante nos encontramos Mar de Olivos, una propuesta diferente al anterior, con una cocina más innovadora algo más allá de la típica cocina local sin dejarla de lado. El tartar de albacora, los buñuelos de bravas y las croquetas de caña de lomo puntúan alto. El atún es un producto icónico en este lugar y buscan la temporada de cada producto para su momento óptimo. Todo se adapta en la carta a esta temporalidad buscando la satisfacción del parroquiano.

Casi llegando al mercado central, justo en la glorieta frente a su fachada se encuentra la Cafetería El Puente, que mira desde lo alto al puerto deportivo en el frente norte de la costa ceutí. Se trata de un local exento sito en la plaza con una gran terraza donde resulta muy agradable sentarse a disfrutar del paisaje y tomar unos pinchos morunos o unas buenas patatas bravas, además de algunos otros platos locales. Es un lugar de tertulia y encuentro donde uno puede encontrarse al mítico futbolista local Nayim, quien marcara aquel soberbio gol que dio la única Recopa de Europa al Real Zaragoza. Se sonríe este pelotero amante de la manduca.

Al otro lado del mercado central, en la singular plaza Rafael Gibert hay que toparse con La Fábrica, un curioso restaurante con fábrica de cerveza propia, la Ceuta Star, auténtica cerveza 100 % caballa como ellos mismo citan, y que tienen en diferentes variedades. La comida con tintes tradicionales con varias elaboraciones de pulpo y fritura de pescado en el que tener un buen picoteo mientras se degusta la cerveza local.

Es forzoso derivar en el más genuino bar de barra y ambiente local, Mesón el Cortijo, en el que las vitrinas con las tapas y productos son reclamo absoluto para el visitante hambriento. La verdad es que es una barra de esas que da gusto ver por la cantidad de cosas que en ella conviven. En sus tres grandes joyerías también se disponen pellizquitos como tortillas, montaditos, arroces y alguna que otra cosa, y se presentan platos elaborados y productos crudos como los pinchos morunos, para que puedan ser elegidos por el goloso. De entre las muchas tapas apetece el cuscús, las frituras en toda su extensión, sus brochetas y, esencialmente, dejarse imbuir por el buen ambiente y disfrutarlo.

En Ceuta no se para porque hay otros bares con buen ambiente y tapeo que hay que seguir descubriendo como El Chipi, El Camarón, el Mentidero y muchos más. A esa excelencia se suma El Refectorio, restaurante abierto en 1993, también con imponente barra. Ha sido lugar capital para el Gotha de esta encrucijada de caminos. El reciente y tristemente desaparecido Rafael Carrasco, en compañía de su hermano José María, integra la memoria de nuestras andanzas gastronómicas por territorio caballa. Su pulpo con mahonesa y el centollo limpio los tenemos en el paladar de los momentos inolvidables. En África, con aroma de nuestro sur y de todas las culturas de encrucijada.

1 PESETA
LA PESETA
VINOS Y VERMUT
CONSERVAS
SALAZONES
QUESO E IBÉRICOS
CALENTITOS · ARTESANOS
LATERIO DE MAR
Y
OTRAS COSITAS

Ciudad Real
y la vida genuina

Capítulo 14

Ciudad Real, corazón manchego

Después de las largas llanuras de la Mancha, donde es obligada la evocación cervantina y la deriva de este viejo país, nace una ciudad cuya sucesión de bares son la expresión perfecta de la bonhomía de sus gentes. Me contaba el escritor taurino Paco Aguado, conocedor de todas las carreteras comarcales, que la mejor pasta es la de los extremeños y manchegos. Uno gana amigos rápido en esta tierra por sus actitudes desprejuiciadas y siempre cercanas, y, si no, que se lo pregunten al embajador discreto que es Paco Alberdi. El que nos lleva del bracete hacia el clásico Bar España.

Con más de setenta y cinco años de existencia, con sus camareros de chalequito, sirve de magnífico frontispicio para compartir el mundo ciudadrealeño. Nutrida barra de parroquianos autóctonos que piden una más que interesante ensaladilla rusa a lo clásico, de patata presente y ligadora mayonesa, o alterna entre cañas y vinos. Hay una leyenda negra que cuenta que en este territorio, donde está el mayor viñedo del mundo que diría Napoleón, se bebe más cerveza que en ningún lugar de España. Aquí lo desmiente la sugestiva pizarra donde apreciamos nuestro predilecto Corrales de Valdepeñas.

Y, por supuesto, la genialidad de nuestro admirado poeta Manuel Juliá en la creación de Fenavin, ese certamen internacional del vino bienal que pone en el mapa mundial a la ciudad para los profesionales e iniciados. Entre los detalles del coleccionista de bares, destaca la cabeza de un toro semental que con dieciséis años de edad fue lidiado en 1989 en la plaza de Ciudad Real. Zurdo se llamaba el pavo y era de la ganadería de Juan Vidal, y está acompañado en las paredes por los inefables cuadros del pintor López-Canito. Aunque se les concede aires modernos a los bares, quedan vestigios de otros momentos y seguramente de un tiempo fugado.

En 1968 cuando muchos decían haber estado en París, que suele ser otra de las imposturas que tanto gustan a los políticos de oficio, levantó el cierre el Bar Trini. Ahora Emiliano oficia con sus hijos un interesante cenáculo donde reinan las ostras. Hay que ver los tránsitos de estos bivalvos arriba y debajo de la Península. Preside el local un cuadro de Calatayud, pintor de la tierra. En su barra en L, se contempla el arte de la plancha, donde salen danzando gozosos champiñones y buen torrezno. Familia tabernera muy simpática y merengona.

Los viernes sale mucha gente después de lo laboral en esa versión actual que llaman tardeo. Y tiene parada gastronómica bastante atractiva en La Soga. En ese bar de traza moderna, el ahorcamiento es gustoso con mucho guiso, empanadas, croquetas de setas como tapa, o unos raviolis de queso manchego y trufa, *ragoût*, costilla, carne de caza, según convenga. Cocina Álvaro y Yolanda su mujer atiende en sala. Este enclave burgués fue antes tienda de muebles. Se come una empanadilla de mejillón, y reina en el local esa tarde una dama muy bella y con una sonrisa blanca de moza manchega. Conspiran riendo las mesas que intercambian planes y coqueteos. Hay jugadores de balonmano, propio de una capital que ama este deporte, políticos en busca de autor, y reflexionamos desde la empanadilla a la crisis de las obleas.

En esta ciudad ha habido siempre una casa de acogida para los *gourmets*, como fue el desaparecido Restaurante Miami Park. El magisterio de Pepe era santo y seña para los que aterrizábamos en la capital manchega. Fenavin tenía allí su feliz trastienda. Su secuela tabernaria se llama Miami Gastro, ideado por su hijo José Carlos, infortunadamente desaparecido. Las otras hijas de Pepe continúan el legado con un maravilloso establecimiento, quizá el de mayor nivel merced a la cocina cercana y de simpatía, y de agradable puntapié. 360 agrados es la definición de lo que allí se dispensa con tapas, racioncitas o la hamburguesita de buey. Y se puede comer en barra, que es una gloria.

Aunque lleve el baldón de adjetivarse como neotaberna es imperdible Pura Cepa. Estupenda barra larga donde seguir insistiendo en la cultura enológica. Daniel, su titular, ha orquestado mucha tapa manchega en versión contemporánea. La burguesía de la ciudad tiene santo y seña en ese local de prestancia moderna. Siempre hay sorpresas en cualquier ciudad española con el asunto tabernario. De tal suerte, podemos afirmar que La Peseta es una de las grandes abacerías del país. Lleno de no hay billetes en cada una de sus funciones. Vermú, laterío, chacinas por doquier, croquetería con gracejo, y mucho vino al que solo se aplica el descorche. Y, por encima de todo, atiende como un titán todos los rincones Jacobo Carrasco, que tiene todo el duende. Uno de esos establecimientos que tiene esa gracilidad dulce de las vidas en miniaturas.

Y siguiendo con las sorpresas se encuentra el Bar Ángel. Literalmente un figón para quedarse a vivir. Hoy lo regenta el hijo de quien lo fundara en 1952. Se encuentra enfrente del mercado y tiene impregnado en el aire el trasiego de los asentadores. Cuenta Ángel que tiene sesenta y una primaveras, se encuentra en perfecta forma y ya se pone a trabajar a las 7:00 para empezar la faena. Este tabernero encantador que borda la cococha de bacalao con picante y la molleja de cerdo no quiere tener sucesión en el oficio, pues no quiere que sus hijos vayan por este derrotero. La calidez de este rincón de buena vida con su encimera de mármol no puede ser más manchego ni quijotesco si se pide una media de tiznao (bacalao en salazón coaligado con patata, pimiento rojo seco, dientes de ajos, cebolla y pimentón dulce). El bacalao como fetiche de esa cultura gastronómica de los arrieros.

Siempre topamos con las plazas mayores convertidas en festival para los guías turísticos. Afortunadamente hay un oasis de autenticidad gracias a La Vuelta. Este mesón de nivel, antes El Ventero, mantiene el tipo en estos tiempos de resopón y franquicia. Aunque tiene tres establecimientos diseminados por la localidad, el de la plaza Mayor es su bandera. Con servicio de la misma categoría que su ibérico bien cortado, buen bacalao, así como la pluma o la presa. En nuestra maleta viajera dejamos hueco para unas legendarias croquetas de gachas, que hay que jugar a la fortuna de que se preparen según el día. No muy lejos se encuentra en un callejón de mucho lío La Pajarería o el estilismo aplicado al encurtido, la conserva o la tapa fría.

El mundo se mueve y los bares son escaparate de lo que desde el viaje real o virtual abre la mente. A Paco Alberdi y Gema su mujer les gusta mucho la barra de Agar-Agar. Pescado y carne a la brasa en nueva vuelta de tuerca a los caminantes de bares. Como buenos ciudadrealeños igualmente recalan, como el quién es quién de la localidad, en Carmen Carmen, denominado restobar. Se esfumó la barra, pero en sus mesas altas, o en su pequeño patio, hay alternativas para no añorar la cocina de Quijote, como el tataki, la corvina, tirabeques o alcachofas, en compañía de buena bodega, y de tapitas de guiso o arroz. Compendia como pocas Ciudad Real, un lugar en que se puede vivir alegre y sin alharacas una existencia genuina.

Córdoba
la de las mil tabernas

■ **Casa El Pisto**, *pl. de San Miguel, 1, 14002.*

■ **Taberna Góngora**, *c. Conde de Torres Cabrera,4, 14001.*

■ **Bodega Guzmán**, *c. Judíos, 7, Centro, 14004.*

■ **Taberna La Montillana**, *c. San Álvaro, 5, Centro, 14003.*

■ **El Burlaero**, *ca. de La Hoguera 5, Centro, 14003.*

■ **Casa Palacio Bandolero**, *c. Torrijos, 6, Centro, 14003.*

■ **La Fuenseca**, *c. San Rufo, 20, Centro, 14001.*

■ **Bar Santa Marina**, *c. Mayor de Santa Marina, 1, Centro, 14001.*

■ **La Sacristía**, *c. Alarcón López, 3, Centro, 14001.*

■ **Taberna Rincón de las Beatillas**, *pl. de las Beatillas,1, Centro, 14001.*

■ **Casa Luis**, *pl. de San Lorenzo, 2, 14002.*

■ **Taberna el Gallo**, *c. Claudio Marcelo, 2, Centro, 14002.*

■ **La Bodega**, *c. Alhaken II, 6, 14008.*

■ **Taberna San Cristóbal**, *c. Juan Bautista Escudero, 10, A, 14004.*

Capítulo 15

Córdoba, el peso de la leyenda tabernaria

Hay ciudades como Roma en las que uno ejercita la memoria casi como una lección de urbanidad. Cuando de tabernas cordobesas se habla, hay tanta literatura que casi desborda a su propio mito. Y aparecen casas que son muy amadas para quien vagabundea sorteando el turismo y el zascandileo de las redes sociales, o lugares que se han convertido en forzosos para el viajero, caso del benemérito El Churrasco o Pepe de la Judería, enclavados ambos en el evidente barrio que constituye una de las vetas sentimentales de esta encrucijada de las culturas como de manera tópica se ha considerado a Córdoba. Pero a veces la leyenda se evapora y queda solo el bullicio y recuerdos de escasa consistencia. Y sin necesidad de recalar en tabernas con esa prosapia de décadas y de comistrones tan afamados que visten su libro de visitas, hay un auténtico enjambre de gozosos destinos. Es imposible encontrar una ciudad donde haya tanta cultura de la barra y donde cualquier andanza tabernaria es difícil de inventariar.

No comprender la importancia de la figura de Manolete, en ese poso que se expande por cualquier plaza de la ciudad, es ignorar uno de sus más importantes legados vivos. De hecho, cuando uno entra en El Pisto, cuya proclamación de intenciones ya fue reconocida como «taberna, ágora y sacristía de convivencia», tiene la querencia de acudir al rincón del Monstruo. Allí uno se acoda junto al Licenciado, se para el tiempo y tiene que empezar a paladear la reconstrucción de un espacio tabernista de mucha raza. Fundada en 1880, la familia que la regenta lleva medio siglo encargándose de trazar una línea directa con la gastronomía de fundamento. Toda la base del guiso tradicional lleva el sello de esa impresionante cocinera que ha sido Loli. Junto a su marido, Pepe López, han reinado en un templo que ha mantenido personalidad y fisonomía por encima de cualquier reforma siempre con sabor, como el antiguo patio ahora cerrado donde uno no quiere salir y quedarse a seguir disfrutando ironía en la conversación que reconforta en tiempos de vulgaridades y chismes. Ahora su hijo Rafael baja la muleta en el negocio con la misma majeza y compás. Las albóndigas que antiguamente se servían en vaso de caña con un toque de oloroso ya forman parte de nuestras alforjas emocionales imprescindibles. El pisto que da nombre a la casa, el rabo de toro, tan extendido por los mostradores y manteles cordobeses, son alguno de los alicientes, todo regado por un fino de Aguilar, sin duda uno de los mejores de la ciudad. Lugar de homenaje donde el caldo es gloria, y que da pasaporte a todo el que pasa por aquí.

El totémico poeta del culteranismo tiene calle por el centro, y allí se encontraba una taberna que se acogió a sagrado llamándose así. Y, aunque haya cambiado a escasos pasos de la originaria y a otra calle, mantiene nombre desde 1978, la esencia y el propio senequismo del tabernero, que no deja de ser otra de las tipologías propias de Córdoba. En la Taberna Góngora se mantienen como singularidad unos barriles de vino, que albergan un sugestivo fino de las Navas del Selpillar, cerca de Lucena, en rama y sin filtrar, y que suponen un auténtico latigazo del gusto. Mucho ambiente, el trajín de los que entran y salen de tabernarias maneras, acompañado de un bacalao clásico frito muy elegante, junto a los muy demandados boquerones al limón para que la andorga no sufra demérito entre la copa y el medio. Otra de las paradojas de este universo propio, pues el medio supone la copa rebosante, y la otra un poco más de la mitad.

Ya quedan pocas tabernas donde se mantenga la bota de vino a la que se va rociando a demanda del nivel de libación estacional de los parroquianos. Plateros o Los Mosquitos mantienen la llama, y sobre todo Guzmán. En la calle de los Judíos, en uno de esos derroteros que acaban en la plaza del Museo Taurino, hay un clásico despacho de vinos, regentado por tabernero del Atleti de Madrid. Su inmenso cartel de toros y un poyete a la entrada invitan a tirar el reloj para ir a ninguna parte. ¿Se necesitan más señas? Bodegón de cuadro costumbrista y un tabernero que, como mandan los cánones, no parece tener gatos, sino cristales. ¡Qué gozada!

Tejido tabernista, donde van surgiendo nuevas expresiones como La Montillana. Modernas hechuras para mantener también la expresión enológica que empieza a recobrar fuerza en esta ciudad. Antes fue despacho de vinos, denominado Vinícola Montillana, y décadas más tarde, el 5 de enero de 2009, el dueño del local quiso rendir homenaje con esta aventura a aquel histórico espacio. Además, se busca compendiar las recetas de cada uno de los pueblos de la provincia. Setenta y siete pueblos, setenta y siete semanas, de las cuales llevan cuarenta y dos ya ejecutadas como la reciente secuencia de Espejo. Cocina de siempre revisada, puro arte. Gracias a Antonio, que tiene un compromiso radical con lo cordobés, se come de lujo en ración y tapa. Un estupendo ejemplo es el canelón de pajarilla o el chorizo de Espejo que toca en este momento, o esa pluma con salsa de hongos, o todo lo que en esa inabordable barra y mesas se puede disfrutar. Y si además se hace con un fino *pasao* de La Inglesa, ¿quién da más? Y, si no, aunque sea uno de los restaurantes mejores mercados de este y otros pagos, tenemos barra de acogida al fondo en el Mesón El Olmo, donde la permanente sonrisa de Miguel siempre tiene una copa de vino y un plato para los exiliados a deshora de otros bares.

Hay lugares únicos, y seguramente el más castizo se llama Peña Casa Miguel. Se entra como en un clandestino, aunque lleve abierto desde 1888. Se encuentra uno a un amigo de andanzas madrileñas como Bernardo con su perro. Juan Manuel Pérez, quinta generación de taberneros, abre un rato por la mañana, y por las tardes desde las ocho hasta que acaba *Pasapalabra*, ese programa televisivo, en torno a las 21:30. Todas las botellas de brandy tienen un polvo que parece acumular las edades de la historia. No hay igual en toda España donde ver los periódicos almacenados en un esquinazo cerca de las barricas que contienen aquello que es vida propia. Con sorna dice el tabernero que al patio no se pasa porque es para socios, aunque uno nunca sepa si es guasa o realidad, porque no ve ni uno. Tomar un botellín o un vino es lo más impactante en esta ermita de la buena vida.

Y a un segundo de la arteria principal y comercial llamada Cruz Conde. Los secretos, como ya sabía Poe en *La carta robada*, a la vista. En la plaza Chirinos rondan los sujetos que aureolan de romanticismo al viajero. Y en estas escribe este amante de la vida detenida con la paradoja de haber sido uno de últimos adoradores de este templo. Solo unos días más tarde de componer este capítulo, cerró definitivamente su historia. La que había sido salvada por una peña de comerciantes sirvió su último medio de vino a la nostalgia. Córdoba es una metáfora de todo lo que este viejo país ha tenido y, seguramente, no deba perder. Tan raro como las conversaciones con uno de Bilbao, o con uno de Córdoba con todos los acentos.

Castizo y taurino es El Burlaero. Desde 1982 convertido en un cenáculo del arte de Cúchares. José Luis Blesa, amigo de todo el toreo, currista confeso, tiene en un callejón un insólito lugar donde, como es evidente, se disfruta de rabo de toro. A pesar de que no haya trascurrido un siglo, parece tan antiguo como las sempiternas guayaberas que incluso en invierno gasta este personaje. Por allí pasan los toreros y sobre todo novilleros como Enrique Herreros en busca de fortuna. Todavía quedan vestigios en España fuera de lo establecido, y que tienen la avidez del que quiere beberse a tragos el paso del tiempo. Y, si no, a la vera de la Mezquita, una taberna, cuyo nombre sintetiza los siglos previos al XX. Bandolero no puede reflejar de mejor manera la añoranza del trabuco, la manta en la geografía del bar español. Su barra es larga y de cobertura para tomar una copa de vino a modo, y un plato de jamón con todas las letras para seguir de ronda. Y sin necesidad de asaltar a ningún incauto.

Y en estas se encuentra el paseante en tabernas con una pareja de personajes, que si no fuera por la profesión y la edad pudieran ser un perfecto trasunto de Rinconete y Cortadillo. Un boticario, Rodrigo Fernández y un registrador mercantil, Rafael Castiñeira, resumen ese carisma inmarcesible de los que comparten vida y chanza con todo el que ama el bar. Entre el ingenio y la dulce picaresca, con la broma rápida y la generosidad larga. Y de su brazo y maestría uno acaba en La Fuenseca. Emplear el lugar común de una taberna flamenca aquí es una simple descripción. Surge el duende en cualquier momento del día o de la noche. Reza un baldosín: «Mal por mal, más vale la taberna que el hospital». Se canta para espantar males y presagios. Y en son flamenco, ya a las 12:00 de cualquier día hay guitarristas o palmeros que vienen de la función, porque a muchos les cuesta los amaneceres. Oficia un camarero que vende camisas flamencas hechas por él mismo y comienza la junta del arte. Todo a compás y sobre el mostrador empiezan a buscar la pureza los que cantan Andalucía.

No muy lejos de allí, está el Bar Santa Marina, junto a la plaza donde al califa muerto en Linares se le erigió una estatua. Muy cerca de la magnífica iglesia del mismo nombre, integrada en esa ruta de iglesias fernandinas que van salpicando la ciudad y que marcan el antes y el después de la llegada de Fernando III El Santo a esta ciudad de amalgama. También tiene sabor flamenco, con sus veladas de los lunes e, incluso, dentro de los platos que Paco Navarro va creando con toda simpatía. Así, «el Manolete», o ese bocado suculento de base de patata con huevos fritos, crema de queso y perlas de ajo negro. Por no olvidar las croquetas variadas, las habas camperas con su huevo o unas alcachofas en leve tempura sobre salsa de piquillo de mucha verdad. Tanto como la de los viajeros que siempre circulan por Córdoba, caso de una veintena de navarros de Tudela, que aman eternamente lo cordobés. Cerca, La Sacristía. Que, como su propia nomenclatura significa, es un canto al mundo cofrade en una pantalla donde se deslizan imágenes procesionales. La barra es magnífica, con toneladas de sabor y una de las mejores gildas que sorprendentemente uno pueda disfrutar por las Españas. En un callejón de silencios y sol para estar con un manojo de ilusiones.

Y de manera andariega, dejando a un lado el sugerente Palacio de Viana se puede llegar a la taberna Rincón de las Beatillas, otra puñalada de autenticidad. El vino, el rabo de toro, la cartelería y la decoración castiza parecen un decorado de un tiempo huido frente a la barra en la que avistar mucho bebedor de los que parecen activistas de la soledad de la vida. Hay que beberse Córdoba los meses de invierno o del otoño tardío. Los mejores sin duda para encontrar parroquia en cuyos diálogos sordos hay más intensidad que muchas creaciones literarias. Dicen que Mariano y Pepe Castellón vienen por aquí. El patio tiene tantos adjetivos que incluso se considera artesano. Todo se compendia en aquello que seguramente se cuente tras una copa de vino, donde se miran los fantasmas de cada uno, y se comente en casa que de dónde se va a venir…, de charlar. Y en otro varetazo, en la plaza de San Lorenzo, Casa Luis. Aspecto modesto y nada pomposo para una barra de genuino tronío por cómo se bebe y cómo se come el salmorejo, la fritura, los callos o las manitas, carne con tomate, o sus inmensas croquetas de bacalao. Encarnación López puso nombre a este figón maravilloso en recuerdo a su desaparecido marido. Lo entrañable y lo auténtico.

En Córdoba, todo parece cambiar, pero al final todo permanece. Incluso La Taberna del Gallo, a pesar de haber cambiado de acera enfrente del local de origen, sigue teniendo unos calamares celebérrimos y un vino propio. Además del fino, amontillado u oloroso, otro se nombra como amargoso. Vino claro que expresa mejor que otra cosa las paradojas del sentimiento y de la propia ciudad, y que simboliza la recuperación de la buena costumbre de beber vino de Montilla-Moriles. Aunque alguno se encuentre en esa penitencia que Toulouse-Lautrec pintaría callado frente a la copa de fino. Y si hay ganas, con un impecable lechón ibérico frito, el que se pasa dos veces, y así nos deja el doble gusto de fondo. Y si de bocados gustosos hablamos está Anyfer. Taberna muy conocida por los autóctonos. Que nadie busque simbologías extrañas, sino simple apócope de los nombres de los dueños. Y allí es cuestión de entrega a los vinos tranquilos y a los pellizquitos gastronómicos desde la chacina a la pijota, el atún o lo que encarte según bolsillo, apetito y temporada.

Siguiendo a nuestros Rinconete y Cortadillo, tal vez debemos señalar nuestros dos tabernáculos de cabecera. Y sin olvidar en nuestro sentimiento al gran Ángel del Churrasco, y al también desaparecido Juan Peña y sus memorables *esparragaos*. Por un lado, La Bodega, donde suele oficiar el Licenciado Jiménez Luque y toda su camarilla, que incluye a uno de los estanqueros más pícaros y salados de nuestro país, como es Manuel Fernández Vicario, o el impagable Antonio Elías, sin olvidar a Rafael Ruiz, Manolete para este amanuense tabernista. Magnífica y poblada barra, junto a una acogedora hilera de tinajas y de tablones donde acodar los días, gracias al vino, chacinas y una buena anchoa. Infalible para que te consideren alguien en esta ciudad. Y recogiendo todas las esencias de lo contado, y no muy lejos del Coso de los Califas, se encuentra la San Cristóbal, verdadero tubo de felicidades gastronómicas y de genuina manera cordobesa de entender casi todo. Lo bien que se come, se bebe, entre berenjenas, araña o bacalao, todo ello muy bien frito, flamenquines o el fundacional salmorejo. Su idiosincrasia nos garantiza nunca olvidar este imaginario tabernero. *Sipote.*

Cuenca
Territorio
La Ponderosa

- **LOS ARCOS**, *c. Severo Catalina, 1. 16001.*
- **MANGANA**, *pl. Mayor, 3. 16001.*
- **PIOLA**, *c. San Pedro,12. 16001.*
- **EL SECRETO DE LA CATEDRAL**, *c. Obispo Valero. 16001.*
- **LA PONDEROSA**, *c. San Francisco, 20.16001.*
- **BAR MORGAN**, *av. República Argentina, 5. 16002.*
- **MESÓN EL BODEGÓN**, *c. Cerro San Cristóbal, A1,16004.*
- **MESÓN DARLING**, *c. Las Torres, 7. 16001.*
- **LAS BRASAS**, *c. Alfonso VIII, 105. 16001.*
- **BODEGUITA CAPUZ**, *c. Alonso de Ojeda, 22. 16001.*
- **EL TORREÓN**, *c. Lerga, 23. 16001.*

Capítulo 16

En la España vacía

Hay algunos que se van a Nepal a reflexionar, que te cuentan que hay una casita en Finlandia donde vencer el sentido de uno mismo y dedicarse a mirar el cielo cuando asoma. Muchos de estos buscadores de la pureza no saben que se puede ir a Cuenca en enero y encontrar soledades y fríos ideales para todas esas cuestiones del espíritu. La ciudad de las casas colgadas es hoy un auténtico espejo de la España de pueblos de pocos habitantes, y que ya no acuden como señala la tendera Maribel Carrasco Hervás a estudiar a los conventos o a los institutos. Esta entrañable narradora de la historia conquense vende periódicos en papel que ella misma hojea todos los días, y la típica mercancía del pequeño bazar, en un rinconcito junto a la plaza Mayor debajo de su propia casa. Y nos habla de tabernas, muchas de ellas desaparecidas, que han ido marcando los ritos cotidianos de Cuenca.

En ese entorno junto a la subyugante Catedral de Cuenca, joya de transiciones arquitectónicas, quedan una retahíla de bares que viven entre la defensa de lo tradicional y las nuevas titularidades que le dan una nueva prestancia a los locales. Hay una vermutería moderna llamada Pícaro donde antes estuvo El Horno que suministraba a los lugareños, o cuando el pan era tan importante que había otro Horno de las Campanas, donde se les daba a los pobres de pedir. O la taberna de la calle Clavel, tal vez la más antigua de la ciudad, junto a otros vestigios que van tejiendo un conjunto de mostradores sobre el tipismo gastronómico y la dispensa a las gentes de casa. Los Arcos han sobrevivido a las necesidades del turismo de diario, la corrección de la tapa, el caldo y esos clásicos morteruelo, ajoarriero de bacalao, zarajos de cordero lechal, que prácticamente son forzosos en cualquier establecimiento conquense. Es el caso también de Mangana, o de un renovador Giraldo, hotel, restaurante y también gastrobar Piola, antes convento y lugar donde nos cuenta ¡Maribel, qué nivel! venían a la capital a alojarse las chicas de los pueblos para su formación. En un pequeño barcito llamado El Secreto de la Catedral, uno se puede encontrar por vez primera con un icono como es el vermut de Cuenca, en verdad una versión muy popularizada al gusto de lo local hecha por casa madrileña.

Luis Bachiller es un factótum de esta tierra amante de las cosas buenas de la vida, que incluye su pasión por el ciclismo en el que destacó. Para este encantador defensor de Cuenca, como para tantos viajeros, todo empieza y acaba en La Ponderosa, aunque cree que hay más vida. La barra de museo que se abría en 1973 ha sido tan cantada que alguno podría tener la tentación de pensar que es todo un cuento chino o una exageración de los amigos que tiene nuestro querido Ángel Millán. Sería en todo caso también muy bello que fuera un ditirambo que compartimos los que estamos en esa religión, que se llama comer y beber en La Ponderosa.

Era Angelito un chavea de quince años, cuando con su hermano Rafa, que siempre recordamos por su casticismo avasallador, montaron este insólito taller de felicidades. No había banquetas donde sentarse, no se servía café y se podía ir disfrutando de auténticos bocados de la cocina más clásica de ese territorio a la que se fue dotando siempre de un nivel de excelencia único. Y aparecieron los jamones, colgados y cortados al momento, y los mariscos viajeros, o la gran merluza, que siempre ha presidido la carta y sus extraordinarias cocochas. Y así, un conjunto de pellizcos que han causado verdaderos adeptos a la causa. Gracias a ese orgullo de taberneros, como cuando se le comenta a Ángel el magnífico ibérico que tiene seleccionado y te espeta: «¿Qué pensabas?…, estamos en La Ponderosa».

Ha pasado el tiempo, Rafa nos dejó, aunque nunca dejamos de echarle de menos, al propio tiempo que mi maestro Lorenzo Díaz, con el que íbamos a Cuenca y charlábamos en Fenavin, la feria internacional del vino en Ciudad Real, con los Millán de picardías, y chascarrillos del comercio y el bebercio. Pero sigue vendiéndose Vega Sicilia como si no hubiera mañana, el tomate es de escaparate y está más pujante que nunca, con o sin el bonito casero, la molleja, el torrezno de papada, los caracoles a la plancha, los huevos con pimentón, o en cualquier revuelto, a ser posible con todas las delicias micológicas que siempre han existido en una cocinita que tiene la capacidad de la creación de los sueños para el mundo de los sentidos. Ahora hay algunos taburetes, porque cuenta Ángel: «Cuando llegó la pandemia y estuve nueve meses cerrado, tuve que poner unas cuantas mesas y, al quitarlas, dejé algunos asientos para los clientes que llevan toda la vida aquí y pensé: "Voy a darles algo de placer"». Ese que sentimos cuando nos tomamos sin la destreza del tabernero, ese inefable porrón de vino blanco con agua carbonatada. O hablamos con empresarios tan castizos como Valero y Pepe Ibáñez de las cosas que nos ocupan a los tabernarios. Dice este último que siempre recuerda cuando corría el champán y andaba por allí Maricarmen y sus muñecos. Historias de la vida feliz que no desaparecen en una casa que solo abre de lunes a jueves en dos servicios y pega cerrojazo el viernes a mediodía. «Cuando la gente gasta», se sonríe Angelito.

Sostiene Luis, y apoya la moción el no menos encantador Edu Medina López, rumboso donde los haya y enamorado de su casa en la paraguaya Ciudad del Este, a la que no para de invitarnos, que hay un plan B llamado Bar Morgan. Es imposible llevar la contraria ante una tabernita de fantasía. A partir de su tipología y su aroma artístico y por la calidad humana y en el oficio de Andrés y su desaparecido hermano Jesús. En su buena barra, con escasa media docena de taburetes, se homenajea al cerdo en todos sus aspectos, con el jamón, su rabo de frito, y se despachan vinos de mucho interés. Y la ostra Gillardeau, buena gamba cocida, tortilla de bacalao, chorizos de la tierra troceados («sardinitas», como las ha bautizado el ingenioso Bachiller), para rematar con el carajillo tostado por Andrés con buen ron o coñac.

Completan el paisaje tabancos como El Bodegón, otro sitio de hechura tradicional, más de sesenta años abierto y se dispensa buenos platos de orza, tanto de chorizo o costilla, los clásicos inefables, como un rico carajo y una de las mejores orejas de la plaza.

Habla una señora en la barra hablando sobre la osteoporosis, y uno reflexiona sobre la vida real, esa que mancha y no se cuenta en las guías gastronómicas al uso. Pero sí en los bares donde la gente solo aspira a echar un buen rato. Otro mesoncito es Darling, con barra de concurrencia autóctona y con esa afición que se siente en las esperas de los almuerzos y las cenas. Tormo es otro mesón sin tapujos, y a los clásicos se unen migas o gachas para esa fiesta antropológica. Al igual que Las Bravas, donde se justifica su nombre con pecios cárnicos del venado, vaca o lechal, y codornices en adobo casero. Sin desconocer la vitalidad de un muy valorado por el conquense como es Capuz.

El infalible Luis Bachiller, de ahí su apellido que antiguamente suponía sabiduría, concluye que toda peripecia debe acabar en El Torreón, donde reina Carmen. Magníficas vistas de toda la ciudad, desde los Paúles al parador, y en la terraza platos ya de emblema como la oreja socarrada, la parpatana de atún, verdadera estrella, buena ensaladilla rusa, rico lomo, y la bodega a cargo de su primogénito hijo Julio, con guiños de todo territorio, incluidos generosos jerezanos. Por Cuenca, La Ponderosa y algo más. O las dichas secretas y hospitalarias de una ciudad con alma.

#VIVINC MOLT
CALLOS
CROQUETES
BRAVES
SEITONS
TRUITES
ANXOVES
OLIVES
PILOTILLES

Girona
en su casco histórico

KÖNIG 2, *pl. de la Independencia, 2, 17001.*

XIBARRI, *pl. de la Independecia, 14, 17001.*

RESTAURANT EL CERCLE, *c. dels Arcs, 5, Ciutat velle, 08002.*

EL CAFÉ, *c. dels Ciutadans, 1, 17004.*

ZAMPANZAR, *c. de la Cort Reial, 10-12, 17004.*

LA TABARRA GIRONA, *c. de la Força, 4, 17004.*

CAFÉ L'ARC, *c. de l'Hospital, 2, 17220.*

BAR SANT FÉLIX, *pl. de Sant Feliu, 7, 17004.*

EL CARRITO BARRI VELL VELL, *c. de la Barca, 10, 17004.*

RIVER, *c. de la Barca, 2b, 17004.*

BAR CUÉLLAR, *c. Font, 13, 17004.*

SUNSET JAZZ CLUB, *c. d'En Jaume Pons Martí, 12, 17004.*

Capítulo 17

Girona y su mundo íntimo

No vamos a ser más papista que el papa y proclamar que la capital gerundense es uno de los principales destinos para el coleccionista de bares. Cataluña en general, y Girona en particular, con la evidente excepción barcelonesa, es territorio donde hay bares, cafeterías y restaurantes, pero no hay mucho espíritu jaranero. La costumbre mesurada de quedar con la gente e ir a tomar algo se expresa en algunos bonitos figones, pero en sus cantidades justas. El cambio de hábito es tal vez más acusado en una ciudad hoy considerada destino mundial para los ciclistas, y tradicionalmente en los mejores índices nacionales de ese concepto polisémico denominado calidad de vida. A ello se une, no puede ocultarse, que este bello destino se encuentra muy condicionado por circunstancias políticas, en la primera línea de fuego de reivindicaciones nacionalistas radicales.

Hay una preciosa placita donde se reúnen los naturales llamada Independencia. Ojo, que alguno no se precipite ni confunda, pues alude a la de los albores del siglo XIX contra los franceses. Allí se encuentra Konig Frankfurter con su medio siglo de vida. Dicen que tiene la patente de las patatas bravas, lo cual es asunto sujeto a revisión, porque son tantos los locales que se lo atribuyen que todo hay que ponerlo en solfa. La realidad es la afición que tiene el catalán a ese sencillo plato que corona salsa alegre. Este garito autóctono ha creado fortuna y se ha esparcido por toda Cataluña. El genuino es el de esta barra larga con banquetas, donde han protocolizado un servicio ágil, un precio muy popular y un atractivo vermut casero.

En la barra de Xibarri, enclavado en la misma plaza, se monta tertulia en la que Joan Ribas, uno de los más activos de la ciudad, cuenta la transformación que ha experimentado Girona desde finales de los años noventa. El casco histórico estaba asolado por el lumpen y el barrio chino, y gracias a los fondos europeos adquirió una nueva fisonomía recuperando el esplendor de las casonas que allí existían. El bar donde se crea ese ateneíllo significa jolgorio en castellano, aunque en verdad es un establecimiento correcto, y con la misma placidez de comida y servicio que muchos otros congéneres.

Del brazo de Joan y otros amigos abogados, se puede comenzar la senda por un seductor trenzado de calles al otro lado de la Rambla. El Cercle está en el arranque de una calle legendaria llamada Els Torrats (beodos en castellano) donde había tinglados importantes y que ha sido objeto de canción por la banda local Sopa de Cabra. Este bar tiene buena vida, con barra de trajín y una pizarra castiza y comistrona. Mucho público de vecindad en el establecimiento de propiedad de uno de los personajes centrales del día y la noche, Toti. Cuentan que es un festero y hombre de cultura sin igual.

Jugando al equívoco, uno de los bares con más bullanga de esta localidad tranquila es paradójicamente titulado como El Café. En esa tabernita no se va a tomar ese líquido negro y caliente, sino el *vi negre* (vino tinto en catalán). En la barra se exhiben numerosas bandejas de pinchos a los que cazar con la vista golosa de banderilla en banderilla. Bajo la pizarrita de vinos, toma los suyos Iñaki Prades, un vasco que ha sido gerifalte de los empresarios locales y que ratifica que este es el auténtico sitio de la tapa gerundense. Le sigue la cuerda Joan que completa el parlamento diciendo: «El oriundo no es mucho de salir, pero si lo hace viene por aquí». Hoy todo se sabe y por las mesitas también buscan hueco muchos viajeros o tripulaciones del siempre concurrido aeropuerto cercano.

Lío del montepío hay en Zampanzar. Cuando se cruza el dintel suena música de Kortatu. Uno escuchando *rock* radical vasco no sabe si se ha equivocado de lugar, a lo que ayuda algún cartel euskaldún. El mostrador es de madera y podríamos estar en Rentería, pero luego nos atiende Jordi, uno de los dueños, y nos empieza a sacar delicias más bien autóctonas como la carrillera de *foie*, también con sobrasada, y una rica berenjena con queso y jamón. Es aconsejable no dejarse llevar para los cartógrafos de los bares por los señuelos identitarios. Este bar tiene la chispa de un hostelero con gracia.

En pleno barrio judío, donde se van subiendo peldaños de modo alegórico, está La Tabarra del Mimolet. Una vez más su nombre no hace honor a esa versión hostelera. Bajo la invocación tabernaria hoy se pervierten muchos términos y se olvida que el mostrador y el despacho de vinos justifican su creación. Hay tipología de restaurante, aunque en las mesitas altas se pueden pellizcar tapas creativas caso del *steak tartar* con toques orientales, y para el que quiera cualquier bocado, soplete al gusto. En la escalada se llega a la catedral, a los pies de la cual se encuentra L'Arc, reducto de bohemios y los más heterodoxos de la ciudad. Ha tenido éxito el lema publicitario que dice que es el café del mundo que tiene una catedral en el patio.

Si emociona la contemplación catedralicia, al vagamundos le conmueve la mirada íntima y sin gente que puede gozarse de la Basílica de Sant Feliu. Sobre todo desde la plaza donde se encuentra la casa de Rafael Masó, arquitecto capital para Gerona, y las historias de recuerdo a su amada. Siempre resulta un reto contar de verdad y sin prejuicios la porción de la memoria pasada. Allí mismo se encuentra el bar canalla del centro gerundense. Bar Sant Felix, de evidente referencia a la basílica en mezcla de lenguas a su aire, era el antro donde acudían las que oficiaban en el barrio rojo ya desaparecido. Y esa vida que palpita y derrota sigue flotando de modo libre. Hay una sinfonía de *rock* que no deja de sonar, los que por allí pasan no ocultan el aspecto perdulario, y nos tomamos el trago leyendo: «Si para el amor no hay edad, para la cerveza no hay horario».

Cerca del río que divide las andanzas de unos y otros, existe una barrita argentina llamada El Carrito. Como si estuviéramos en el barrio de la Boca bonaerense, uno se apoya en el mostrador para comer empanadas de aquellos lares o las milanesas especiales para fantasear con los viajes de otros tiempos. Y a la vuelta un bar más roquero llamado River. Su dueño Amadeu busca bocados ricos y vinos interesantes en esta vermutería, bistró y café. Buen ambiente, público de mezclas en el que destaca una noche un cónclave de damas que además son jóvenes fiscales.

En otro orden de cosas tiene mucho predicamento el Bar Cuéllar Gerona en el barrio de Vila-Roja. Gracias a su cocina casera y trato familiar, y últimamente célebre por su aspecto combativo españolista, y por dar hueco a presentaciones de libros de contenido constitucional. El tabernandulero recoge todo y disfruta de la diversidad.

El epílogo tabernista debe descansar en Sunset Jazz Club. Una cueva de *jazz* de innegable sabor a los templos clásicos como cenáculo por donde pasan los grandes del género. Acodado en la barra tomando limpios cócteles, se comparte la discreta felicidad que tienen los de Girona y el amor por su tierra.

Granada
Mucho vino

■ **BAR FM**, *av. De Juan Pablo II,54, Beiro, 18013.*

■ **TABERNA LA TANA**, *pcta. del Agua, 3, Centro, 18009.*

■ **CASA DE VINOS LA BRUJIDERA**, *c. Monjas del Carmen, 2, Centro, 18009.*

■ **TABERNA EL MENTIDERO**, *c. Piedra Santa, 15, Centro, 18009.*

■ **LA PUERTA DEL CARMEN**, *pl. del Carmen, 1, Centro, 18009.*

■ **BAR SAINT GERMAIN**, *c. Postigo Velutti, 4, Centro, 18001.*

■ **LA TRASTIENDA**, *pl. de los Cuchilleros, 11, Centro, 18009.*

■ **TABERNA CASA ENRIQUE**, *c. Acera del Darro, 8, Centro, 18005.*

■ **LOS CARACOLES**, *pl. Aliatar, 4, Albaicín, 18010.*

■ **LOS MASCARONES**, *c. Pagés, 20, Albaicín, 18010.*

■ **KIKI VINOS Y OSTRAS**, *pl. Cementerio de San Nicolás, Albaicín, 18010.*

■ **CASA TORCUATO**, *c. Pagés, 31, Albaicín, 18010.*

■ **MESÓN LUIS**, *c. Pedro Antonio de Alarcón, 41, Ronda, 18002.*

■ **LA BOTILLERÍA**, *c. Varela, 10, Centro, 18009.*

■ **BAR EL RINCONCILLO**, *c. Pedro Antonio de Alarcón, 30, Ronda, 18002.*

■ **BAR LOS DIAMANTES II**, *pl. de los Campos, 1, Centro, 18009.*

Capítulo 18

Graná, ciudad de bares

La ciudad de la Alhambra tiene unas entrañas baristas como pocas. Mucha tradición universitaria, encrucijada de gentes que suben a la sierra y bajan a las costas y con poderoso séquito cultural. Y cuando hay vida, hay bares. De hecho, existen numerosos establecimientos llenos hasta la bandera al calor de la tapa que uno no sabe si es regalo, reclamo, pero que van adensando el mapa de barras y manteles. En un contexto histórico de privilegio y con unas pasarelas hacia el Albaicín o el Sacromonte que constituyen verdaderas guías poéticas para buscarse o perderse.

Cualquier enteradillo que hoy prolifera en la gastronomía podría hablar del Bar FM como el estandarte de la capital nazarí. Esa suerte de Hemingway sevillano y conservador que es Carlos Herrera lo entronizó para la posteridad. Pero nuestro querido Carlos realmente hizo una reivindicación justa de un bar que, a pesar de ese nombre fundacional, hoy tiene vestimenta más propia de restaurante. Antes su verdadero impulsor había sido Raimundo García del Moral, un catedrático de Medicina que descubrió la joya.

Su nomenclatura no tiene que ver con la radio antigua o la frecuencia modulada, sino con el propio nombre de su titular, Francisco Martín. Son tan célebres su quisquilla de motril, la cigala a la plancha, la espardeña, sus frituras y tomate sin olvidar la ensaladilla rusa que hay peregrinos de todo el mundo que lo tienen guardado en su agenda. La mujer de Paco, Rosa Macías, en la cocina compone el tándem de ese bar único, al que ya asegura descendencia con la sobrina de aquella. La barriada a las afueras de Granada en la que se encuentra rememora los orígenes de un establecimiento que ha pasado de vender bocadillos a coquetear con Michelin. Simboliza como pocos el FM la mutación gastronómica del bar y de la presión que el mundo fudi ejerce en detrimento de la barra castiza.

Otro dispensario de alegrías granaínas, aunque en esta ciudad sea característica *la mala follá* con la que uno tiene que convivir necesariamente, es Taberna La Tana. Pocos lugares en España puede haber con tal cantidad de vinos para disfrutar en una barra gracias a la vocación y entusiasmo de nuestro querido Jesús González. Hace no muchos meses la Academia Internacional de Vinos le ha considerado de tal manera como Mejor Bar de Vinos de España. La zarabanda enológica que puede disfrutarse gracias a este loco maravilloso que recorre los rincones de bodegas y bodegueros para crear parroquias y seguidores tiene un desarrollo de tapeo de los que no agotan. En el barrio del Realejo, en pleno centro de Graná, hay que darse fiesta gracias al tomate aliñao, el esturión confitado, la alcachofa, la tortilla de papas o lo que se va despachando con ritmo en este local marcado a fuego para todos los *gourmets*.

Seguramente el gran influjo de Jesús en la ciudad en compañía del encantador Julián al frente de la tienda de vinos «Sorbito a Sorbito», ha ido mejorando el bar granaíno en favor del vino frente al monopolio cervecero en las localidades andaluzas, seguramente por aquello de *la caló*. Podemos encontrar todo un enjambre de vinos donde la importancia que se le otorga al mismo constituye aliciente esencial. Así, La Brujidera es un acogedor y recoleto local con mucha madera donde disfrutar de una estupenda oferta de vinos, también por copas. La pizarra en tablitas invita dentro de la calidez que tiene este chiscón, para que nos anime la amabilidad insólita de los camareros para recorrer la Península a golpe de cristal. Y, aunque parezca cuestión menor, la tapa es de nivel, y más aún la música, sin duda una de las mejores que uno haya escuchado en este país, para poder concentrarse en el vino y su reflexión, y no tener que siempre aguantar a los pelmas que habitan en los bares.

Quien no tiene nada pelma y sí mucha gracia es el dueño de El Mentidero. Uno de los taberneros más salados que uno recuerda, heredero del personaje que es Chico Fernández, a quien conoce medio mundo. Ese guaperas, campeón de España de *windsurf,* divagó desde su Algeciras natal hasta este territorio de promisión barrista. Hay calles enteras como Navas que permiten la ronda. Y El Mentidero, evidente homenaje a la plaza gaditana del mismo nombre; hay mucha zambra, y buena manduca y mejor bebercio. Recuerda el hijo de Chico, Guillermo, que su padre siempre dice: «Cuanto más grande sea el abrevadero, más vacas beben». Por aquello de la barra, aunque hoy con este mundo cambiante de los hábitos, esta casa va derivando a la mesa alta y la vocación gastro. Simpática oferta de vinos, una gran ensaladilla con huevos o las míticas alcachofas con *foie,* según la receta de Jesús Melgar, aquel friqui que ha estado detrás de la leyenda del Loco de la Colina.

La Puerta del Carmen es a su aire un local distinto. Muy estetizante, incluso abigarrado y en versión decimonónica, tiene una profunda vinoteca donde darse placer. Con una copa de champú uno olvida la geografía gracias al caviar o las ostras. El bar para viajar con los sentidos y la imaginación. Un alto en cualquier camino donde poder plantar bandera gracias al caché. Por no hablar del sugerente Bar Saint Germain. Muy cerquita de la Gran Vía de la ciudad, lleva veinte años considerado como uno de los mejores secretos para los autóctonos. Profundísima carta de vinos, con una especial atención al internacional. Otros que desmienten el tópico, pues son encantadores los que lo regentan, atienden este coqueto rincón con aroma francés y literario. Se puede comer rico con un tapeo bastante largo para las dimensiones del local con aires de bistró: quesos, ensaladas y tomates, embutidos, salazones, paté o conservas, y unos excelentes callos como tapa. Seguir navegando con gracia y personalidad.

Con ese mismo espíritu informalista merece visita a La Trastienda, un muy pequeño local de minúscula barra que lleva oficiando gracias a la buena oferta líquida y a sus pellizquitos de alegría del estómago como las chacinas o el inevitable tomate. Y como expresión del bar que muta y que se confunde con el restaurante y que se acoge a una de las nomenclaturas que nos induce sospecha como gastrobar, se encuentra Sibarius. También merece desvío por su larga carta de vinos y la fusión de cocina en pleno centro de Granada, destacando lo *nikkei*. Hasta los castizos necesitamos de vez en cuando un reposo entre tapa y tapa y chascarrillo tabernario.

Como es evidente, Granada tiene su literatura clásica. La que comienza con la maravillosa Taberna Casa Enrique conocida como «el Elefante». Abrió sus puertas en 1870 y es una auténtica leyenda que ha ido pasando por generaciones del propio Enrique Martínez Baena, hijo y nieto tabernero, que hace solo dos años ha trasmitido a una nueva propiedad. No existe un local más cargado en nuestra geografía barrista, pues a todos los vestigios del vino como son sus toneles, botellas, decantadores, se unen relojes, cuadros y todo tipo de fetiches de una vida intensa y de toda la nómina inmensa de parroquianos que por ahí han pasado. Nuestro querido Tito Bernardo tenía allí su trastienda. La ciudad no puede concebirse sin esta antigua casa de postas, que es llamada por su sobrenombre por los granadinos por «las trompas de elefante» que se cogía el dueño, principal cliente de su propio bar. Famosos y escritores han puesto su sello a una casa cuya historia está muy contada, por ser la más antigua de la ciudad y que seguramente esté en la génesis del tapeo característico gracias a las chacinas, a la sobrasada o al *foie*, y a esa cultura que todavía sigue viva con los titulares presentes.

Derrotero en derrotero tasquista hay que parar en el Albaicín, y buscar el bar Los Caracoles. Bar con terraza en un patio para darse una fiesta con el producto estrella de la casa. El que debe comerse sin cubierto ni palillos. Pues como decía un castizo jerezano, Rafael Rivero, «el caracol se come como un beso de vieja». Arte puro en barra. La vida cercana que, aunque se trate de la capital granaína, provoca la añoranza del pueblo. Esas ganas de estar en un bar para echar de menos cuando nos vamos aquel tejido hermoso.

Otro lugar inefable son Los Mascarones, con sesenta años de vida en una saga que continúa el hijo del fundador. Allí uno se encuentra con la verdadera parroquia albaicinera, entra la que se encuentra el combativo juez Emilio Calatayud, personaje de la casa. La denominación del bar obedece a las máscaras de la fachada de la casa contigua del siglo XVII del poeta Pedro Soto de Rojas. Magníficas tapas y cocina cacera sin tapujos para quedarse a vivir. Y por aquellas andanzas hay que recalar en El Kiki, tres décadas de gente del barrio, en una plaza al lado del celebrado mirador de San Nicolás. Esencias que se manifiestan en el buen atún que allí se despacha. También hay buen tapeo en Casa Torcuato, con mucha gracia de camareros y del picoteo que es allí religión. Se fríe el pescado de lujo, y el pisto o la miga apuntan alto.

Hay en ese mapa tabernista muchas alternativas como el Mesón Luis, donde destaca la personalidad del titular y el ritmo de pescado y marisquillo. O La Botillería y su vertiente cárnica, junto el entrañable El Rinconcillo, de tapa clásica, y el muy popular Bar los Diamantes II, por donde pasan estudiantes profesionales y viajantes en Cortes. No se agota una ciudad en unas líneas, pero sirve para reconocer que lo mejor es siempre salir de casa sin hora, y soñar como hizo Washington Irving.

BAR CAS

Guadalajara
La sorpresa alcarreña

■ **Mesón Casa Redondo**, *c. de la Virgen de la Soledad, 26, 19003.*

■ **Yoki**, *c. Condesa de la Vega del Pozo, 12, 19001.*

■ **Los Monteros**, *av. de Castilla, 18, 19002.*

■ **Bar Casa Claudio**, *pl. Sta. María, 3, 19005.*

■ **Mesón Alcarreño**, *tr.ª San Miguel, 1, 19001.*

■ **Taberna Porta Gayola**, *pl. San Esteban, 5, 19001.*

■ **Bar Club**, *c. Cristo de Rivas, 2, 19001.*

■ **Bar Río**, *c. Miguel Fluiters, 33, 19001.*

Capítulo 19

Guadalajara en la encrucijada

Hay un paseo interior por una Guadalajara de calles seguramente imposibles, a las que no gustan los coches y que tiene el recuerdo de un pueblo al que se aferra. Los constructores se han empecinado en alterar esa fisonomía antigua y rara de los que solo quieren tocar la puerta del vecino. Tan lejos y tan cerca de Madrid, la capital alcarreña da credenciales de paso a algún autóctono seguramente de adopción, y a los escribanos de la calle perdida. Un atardecer cerca de las plazas consistoriales y de la puerta cerrada de la Casa Claudio tiene una poesía insólita para los zascandiles de la nada que solo contemplaron una cerámica el día de su comunión. Secreto escondido, lugar medio revenido, Guadalajara es un golpetazo a la vulgaridad de los que recorren las carreteras y no reconocen que alguna vez fueron pueblo.

Ignacio Andarías es abogado y tiene despacho principal en Guadalajara. Tampoco es tan relevante si no se sabe que este creyente socialista de verdad y sin catecismo tiene pasaporte en cada una de las estaciones de la penitencia caracense. Y nos abre la gloria del Mesón Casa Redondo, uno de nuestros tabernáculos mundiales. Es una locura que abriera en 1980 cuando azotaban los vientos de la movida para huir de la modernidad y dejarse llevar por la fisonomía castellana de la madera y del ladrillo. Su inventor, Miguel, ha sido campeón de mus de los que son aplaudidos por la psicología parda. Continúa su hijo el arte, aunque tenga nombre más a modo como Miki, pero solo por tomar la tortilla de pamplinas merece la causa. Y luego las pizarras, absolutamente seductoras de la carrillera, el tomate, las chuletas de lechal en vitrina y con palo, o los caracoles, lengua embuchada, y un sinfín de las delicias del recetario antiguo. Y el guisillo con tapa de verdinas o patatas con costillas en cazuela. Hay cuadrillas que pueblan la barra y que hacen importante el aperitivo o almuerzo alargado, y en medio de esa bulla uno se fija en una vitrina que no tiene gamba, sino el vestido del torero aragonés Jesús Millán, amigo de la casa, muy cerca de la cabeza del burel que despenó aquella tarde con dicho traje. Todo tiene un recuerdo imborrable, una barra que salta por encima de los estereotipos citadinos y se hace huérfana de nuestro corazón.

Junto a la plaza de toros, hoy tan nostálgica como todo lo que tiene que ver con las peñas fuera de feria, se encuentra una cafetería que tiene resuello largo. Cuentan que, sobre la génesis del bizcocho borracho, uno de los emblemas de la ciudad, anduvieron cerca los creadores de Cafetería Hernando. Empapar el hojaldre y endulzar aún más la repostería de la memoria seguramente sea la propiedad intelectual de una casa abierta en el 1970, en las llamadas de «los millonarios», porque los pisos costaban un millón de pesetas. Las generaciones han recogido el legajo viejo que data de una pastelería antigua de 1886. Las delicias del azúcar se compensan con unas ricas patatas con bonito para que exploten una inédita barra de los públicos del domingo.

Una familia llamada Ruiz Iglesias, y bien orgullosa que está de sus apellidos y de sus logros, recreó la cultura de la concha en 1996. El modesto mejillón, que es seguramente uno de las columnas de la gastronomía popular del país, incitó a esos aguerridos taberneros para poner en Guadalajara casa con el nombre de Mejillonería. Luego siempre al pie del cañón, lo que incluye barra para los trashumantes, con el arroz y bogavante para el constructor viejo, el cocido entero en puchero, las carnes a la brasa de la infancia y pescados frescos de verdad. Sin que nos sepulte la retórica ni el entusiasmo, pedimos unos discretos mejillones al infierno con la salsa de marisco picante, para que se nos olvide que estamos vivos y en el centro de los episodios históricos de Felipe II y su boda en el Palacio del Infantado.

Eugenio de Gregorio oficia en Yoqui, así llamado en su momento porque quien lo fundó quería reconocer a un *jockey* del hipódromo. Hoy se come una de las mejores perdices y codornices escabechadas del país, y cabrito asado los fines de semana. Una de las mejores casas de Guadalajara abierta 1988 donde la barra cada vez tiene menos protagonismo. Eugenio apostilla: «Se ha perdido el vermú, se salva Madrí y poco más». No comprende que una ciudad de 93 000 habitantes le dé la espalda a la hostelería. Hay dos muñecos de bruja en la entrada que parecen asentir.

Callejeando con Paquito Alegre llegamos a Bar Casa Claudio, abierta en 1940 y que mantiene esencia tasquera. Junto a la Parroquia de Santa María y cerca de los palacios de los Guzmanes es uno de los últimos mohicanos de una seria de tabernas ya desaparecidas como La Paulina o La Palma. Se servía chato de vino y los guisillos que posteriormente a partir de los ochenta se preparaban como la tortilla de patatas o las alitas de pollo. Todo evoluciona y ya no parecen un bar de barrio en beneficio de un ambiente más desenfadado y menos castizo.

Otro tascón cercano es el Mesón Alcarreño. Sitio de resistencia en un entorno típicamente castellano y de la zona. Migas los sábados y gachas los domingos son el reclamo para los amantes del aperitivo con tapa. Los bares de la ciudad compiten para servir tapa de fundamento en clara competencia declarada con las que sirven en Alcalá de Henares.

Entre la ciudad complutense y alcarreña hay un pique tabernario. La Taberna Porta Gayola se encuentra en ese centro un tanto recóndito de la ciudad, pero donde existe muchísima vida; en esa barra fritanguera se sirve huevo roto, calamar, carne al ajillo, croqueta o la señera oreja, uno de los bocados predilectos del autóctono. Taberna con mucha gracia en su versión de las últimas décadas, ya que antes fue La Abeja de Oro, en directa alusión al mundo colmenero de la tierra.

Bar Club es otro tabernáculo más que típico. Verdadera galería de hospicianos cualquier día. No solo se toman los cubatas de las tardes sin prisa, sino también las llamadas «pelotas» o albóndigas. Por su parte, Bar Río pugna por ser el más antiguo de la ciudad. Tiene sabor, José es un artista, y despachan un gran pincho de tortilla de patatas. Y si de antigüedad hablamos hay un negocio hostelero ahora llamado El Ventorrero que se encastra en El Ventorro abierto en 1882. Nuevas versiones de aquellas ventas y el eco de la barra perdida. El estupendo hostelero que es Miguel Ángel añora ese tesoro. Por su parte, Los Monteros evoca la pasión cinegética de Juan Manuel que tenía reala y amaba la montería. Apertura del localito en 1980, hoy continuado por su hijo Pablo. Antes servían conejo de monte y hoy únicamente venado a la plancha. Y, por supuesto, oreja, faltaría más. Bonita forma de comer casquería y pasear por una ciudad verde. La de parques y plazuelas.

Vinoteca
P-84
vinoteca
Vinos y Licores

Huelva
Gracia choquera

■ MERCADO DEL CARMEN, *av. Italia, 2, 21001.*
■ CASA A'POLIÑA CALVIÑO, *c. Tendaleras 9, 21001.*
■ CAFÉ BAR AGMANIR, *c. Arquitecto Pérez Carasa, 9, 21001.*
■ LA FONDA DE MARÍA MANDAO, *c. Vázquez López, 11, 21001.*
■ DON PEPE, *c. Vázquez López, 21, 21001.*
■ ABACERÍA LA ABUNDANCIA, *c. Vázquez López, 48, 21001.*
■ PORTICHUELO, *c. Vázquez López, 15, 21001.*
■ MACHA, *c. Vázquez López, 22, 21001.*
■ AZABACHE, *c. Vázquez López, 22, 21001.*
■ BAR RESTAURANTE JUAN JOSÉ, *c. Villa Mundaka, 1, 21004.*

Capítulo 20

Huelva, el gran destino secreto

Huelva es la capital de la Costa de la Luz, y será por metáfora o tendencia irrefrenable, pero los onubenses viven en la calle, y llenan con frecuencia sus bares y terrazas. Mucha vida y mucho alterne que se decía antiguamente. Y en un entorno de bonhomía y de pocas prisas. Bajo el manto de otros destinos cacareados, quien toma estado y amistad allí nunca se desliga emocionalmente. Tampoco de sus bares. Y todo empieza por el principio de las cosas, como debe ser. Así, cuando uno visita una capital con intención «barrista» siempre es recomendable hacerlo en el entorno de su mercado de abastos. El de la ciudad es llamado Mercado del Carmen, bullicioso y con fundada fama de muy buena calidad. No solo es un buen punto de partida para conocer los bares de la ciudad, sino que allí mismo se puede empezar la degustación de los grandiosos productos locales sobre un barril en las propias calles de esa lonja e, incluso, empezar a encontrarse con los dueños de los bares que luego contaremos. Perfecta introducción, ya que en un mismo espacio vislumbramos las suculentas viandas y podemos ir conociendo a los artífices, que, fuera de su lugar de oficio, siempre resultan más auténticos.

Cuando hablamos de emblemas de la gastronomía de la capital choquera, quizá la más antigua de occidente, sus productos estandarte son claros. Más allá de sus cuatro principales como son el jamón, la gamba, el choco y la fresa, puntúan mucho todo producto del cerdo ibérico, casi cualquier marisco, un arsenal de pescados y una buena huerta. Su provincia encierra una de las despensas más atractivas del país.

Saliendo del mercado nos dirigimos al bar más antiguo de Huelva y en cuya barra sigue habiendo conversaciones de lo más auténticas al runrún de los fogones que se atisban en la trasera del mostrador. Casa A'poliña (Calviño para los lugareños, apellido de esta querida familia que lo regenta desde su fundación) es un caserón antiguo en el que el tiempo se ha detenido para deleite del visitante. Mantiene esos guisos de toda la vida a fuego lento junto a los productos que el mercado traiga esa jornada. Todo arropado de un aura de cariño familiar y ambiente hogareño. Además de su gran choco frito, emblema de este destino secreto de felicidad, es imposible sustraerse a un pez espada con tomate soberbio, un majestuoso rape al champán (por encargo) y unos platos de cuchara que no dejan a uno indiferente.

Tras dejar la zona del mercado y a unos cinco minutos de agradable paseo, antes de adentrarnos en la calle Vázquez López, que se ha convertido en la señera de la gastronomía local por su densidad de bares y restaurantes de gran nivel, resulta casi obligatoria una parada en uno de los locales de culto a la barra más míticos de Huelva, Café Bar Agmanir. Con más de sesenta años de historia a sus espaldas y en uno de los cruces de calles peatonales populosos de la ciudad se encuentra este mágico lugar donde aún se conserva su barra original de acero, y un surtido de tapas, raciones y montaditos que harán las delicias de cualquier visitante. Rafael Núñez, quien comenzara como camarero, hoy es ya propietario tras sus cuarenta y ocho años en este afamado lugar que es punto turístico de parada obligada para los autóctonos y los iniciados forasteros. El montadito de aguja con mayonesa o de presa con jamón, la tapa de gambas al ajillo o de albóndigas de choco, cualquier pescado frito y las míticas habas «enzapatás» en su temporada serán memoria de los sentidos con seguridad del visitante.

Tras esta estación de penitencia casi obligatoria, el vagamundo del bar debe adentrarse en la que se ha convertido sin duda en la calle gastronómica referente de la capital onubense. Siendo una calle bastante corta, en sus poco más de trescientos metros nos encontramos con al menos ocho establecimientos, de los cuales tres son el gran tridente de la gastronomía local. Todos ellos, aun siendo brillantes restaurantes, conservan su parte de bar de barra y mesa alta bien presente en sus propuestas. Pero antes de gozar en estos tres colosos, es necesario hacer una pequeña mención de otros tres locales de esta afamada calle que bien merecen ser probados.

Así, por orden de ubicación en recorrido de bajada desde la céntrica plaza de las Monjas, en primer lugar, es recomendable una parada en la Fonda de Maria Mandao. Es un agradable local de buena barra y magnífica terraza, en el que podemos encontrar un estupendo tapeo de una cocina con buen fondo y alguna propuesta algo más novedosa en la que siempre se cuida el producto. De la mano de Perico y Maribel, ella al mando de los fogones, cualquiera de sus propuestas nos hará disfrutar, pero, por citar alguna, sus croquetas, la hamburguesita de langostinos o alguno de los guisos que proponga la cocinera. En la misma acera, un poco más abajo se encuentra Don Pepe, un minúsculo bar en el que prácticamente todo es terraza, pero una cerveza helada con un soberbio pescado frito y un estupendo marisco es una gozada. Pedir unos boquerones fritos o una tortillita de camarones casera con un buen tomate aliñado es un lujo que bien merece un alto en la ronda. Moisés y Yolanda son el alma de este pequeño local, pero grande en el disfrute que te ofrece. Casi al final de la calle, en la acera derecha según bajamos, se encuentra La Abundancia, que recupera el nombre de un mítico restaurante onubense que ocupaba casi el mismo lugar. Cocina casera de buenos guisos y gran producto local bien manejado. Cuenta con una amplia carta en la que su dueño Samuel sabrá guiarte con arte y conseguirá no dejarte indiferente. Muy buenos guisos, buenas frituras y buena plancha. De manera directa se disfruta comiendo y se respira Huelva en todos sus platos: tomate con caballitas ahumadas, choco frito entero, revoltillos guisados, carrilleras...; su amplia y rica carta hace difícil elegir entre sus muchas y atractivas propuestas.

En ese mismo derrotero se encuentra la santísima trinidad de la buena vida de Huelva. Los tres conservan la parte de bar y ese espíritu de contacto con el cliente muy presente. Y por allí divaga con su bonhomía el auténtico alcalde gastronómico de la capital como es el inefable Niño de Huelva, Luis Marquínez. Su embajada y su conocimiento de los entresijos de los bares es lujo y amistad. De su brazo y chascarrillo debe comenzarse en sentido de bajada desde la plaza, y de esta forma se llega a la plaza Alcalde Coto Mora, la del Gran Teatro de Huelva, donde justo a los pies de este se sitúa El Portichuelo, que, siendo esta su tercera ubicación en un radio de ciento cincuenta metros, aquí ha encontrado el lugar perfecto donde desplegar todos sus encantos. Con una terraza espectacular donde dejarse ver y disfrutar a la vez es casi religión local, en su interior dispone, previo al comedor, de una zona de bar de las que nos gustan a los tabernarios, con trajín y entretenida. Mesas altas y buena barra donde apoyar el codo mientras conversamos con cualquiera que allí se encuentre disfrutando del buen comer. Ya con tres generaciones a la vez al frente del local, Manolo sigue siendo el gran patriarca que dirige el barco, aunque ya con el timón a los mandos de su hijo Iván, que tiene a su vez buen apoyo como contramaestre en Iván nieto. Este lugar es sinónimo de felicidad, ya que uno entra y como se descuide no sabe a qué hora va a salir, ni cómo… Su gastronomía es la de la provincia llevada a la excelencia del producto, merced a chacinas, mariscos, pescados y carnes de alta calidad y bien tratadas, con una especial atención a la casquería que hace las delicias de los que la amamos. Su tomate es famoso en la zona, sus gambas pasan por ser las mejores de la ciudad, el revuelto de la casa es obligatorio, la oreja en salsa es sublime y la presa ibérica entera se antoja necesaria, si puede ser con unas patatas con huevos fritos por encima y un poquito de jamón.

Bajando la calle y poco más abajo en la parte derecha se encuentra El Macha, donde Antonio, convertido sin duda en uno de los hosteleros de bandera de la ciudad a pesar de su juventud, nos estará esperando siempre con una sonrisa y un abrazo y un par de jamones gloriosos que presiden la barra, como no podía ser de otra forma y a los que no se puede hacer desprecio. Otro auténtico templo de la vida en color y de la gastronomía local, aunque aquí siempre se incorpora alguna propuesta diferente. Amplia zona de bar y soberbio comedor con reservado conforman este magnífico lugar. Además del ineludible jamón, bordan la merluza rebozada, cilindro de atún rojo que bien vale su fama, huevos rotos con cigalas, chipirones a la plancha con cebollita, cualquiera de sus carnes a la brasa o sus soberbios pescados.

Y justo a continuación, el Azabache, quizá el más concurrido y de afamada barra, pues no en vano se puede considerar entre las diez mejores del país sin duda. Juan e Isabel conforman un tándem mágico que han sabido encontrar en la regularidad y la búsqueda de la perfección su hilo conductor. Con un servicio excelso y unos productos de altísimo nivel, aquí nunca se falla. Es difícil encontrar sitio en este ateneo, hay que ir pronto, apuntarse y esperar un poco, ya que siempre llega hueco. Son muchos los bocados ineludibles, pero cuento lo que uno más repite, más allá de sus chacinas, mariscos, pescados (enteros fritos son un espectáculo), carnes y guisos. A salivar… Ensaladilla de gambas increíble, hígado de ibérico aliñado, gambas rebozadas, huevos de choco a la plancha, atún con tomate delicioso y siempre dejarse llevar por las sugerencias de Juan en los fogones. De verdad, una suerte poder disfrutarlo.

Tras dejar la zona del centro, además de muchos maravillosos locales que seguro omitimos de modo volandero en este camino, hay otro destino legendario, el Juan José. Bar mítico que ha ido ampliando sus instalaciones y hoy comparte el concepto con el de restaurante de postín. Local de tradición familiar hoy en manos de los maravillosos hermanos Agustín y Cristóbal, es de peregrinación absoluta en la ciudad y, de hecho, todo el mundo lo conoce. Tiene una carta amplia y lujosa, donde reina como no podía ser menos el producto local, aunque resulta curioso que son dos tapas las que han marcado la historia de este lugar: su famosísima, premiada y reconocida tortilla de patatas (fama merecida porque está soberbia), que se encuentra siempre entre las mejores de España, y su carne mechada. Estas dos tapas están en el recuerdo de casi todos los onubenses como parte de su educación a la vida, hasta el punto de que hay quien pide la tortilla con la salsa de la carne.

Perderse por esta recoleta ciudad de mirada larga y refugio de tormentas existenciales es privilegio de los que desprecian el roneo de otros sitios, y aman la gran vida pequeña y de verdad. La puerta del Atlántico y de la alegría de sus bares. Y todo por derecho y a justiprecio. *No ni na.*

Huesca
Bares de alegría contenida

- **Bar Brasil**, *c. Coso Alto, 24, 22003.*
- **Bodega Bar Pirineos**, *c. Fraga, 16, 18, 22004.*
- **Mi Doner Kebab**, *pl. Lérida, 1, 22004.*
- **Lilas Pastia**, *c. del Parque, 3, 22002.*
- **Restaurante Tomatejamon**, *c. Padre Huesca, 20 22002.*
- **Restaurante Da Vinci**, *c. Padre Huesca, 13, 22002.*
- **Bar Comomelocomo**, *c. Padre Huesca, 5, 22002.*
- **Taberna del Bolo**, *av. Santo Grial, 4, 22003.*
- **Cervecería Pulpería La Plancha**, *c. de las Cortes, 4, 22002.*
- **D`Kañas**, *c. Ramiro el Monje, 18, 22001.*
- **Mi Bar**, *c. Coso Alto, 26, 22003.*

Capítulo 21

Huesca, la pausa del Pirineo

Los festeros profesionales tienen marcados en su agenda los días de San Lorenzo en Huesca. Explosión de mucha vitalidad, las peñas y una conmoción que agita a una ciudad normalmente plácida. En la que se respira y se vislumbra el Pirineo. Una tabernera de raza como es Alegría Blanc ha lanzado por decisión unánime de las autoridades municipales, tras más de medio siglo en el oficio, el cohete para el arranque de las pasionales fiestas laurentinas. Es forzoso verificar que esa dama de pequeña estatura y de corazón grande justifica su nombre y esa fuerza de la naturaleza que le lleva abrir cada mañana a las cinco y media. El Bar Brasil en el corazón de la ciudad es tan enteco como su propietaria y su marido Álvaro. Su encanto añejo de la clásica taberna está presente en cada uno de los espacios o gestos de ese rinconcito.

Dice Alegría detrás de la barra que añora mucho los guisos caseros que hoy ya no tienen salida, ya que socarronamente declara que «desde que llegó el Burger King, esto se ha acabado». Pero ahí sigue la pareja al pie del cañón con sus bandejas de pinchos, merecedores de cualquier medalla al mérito de la excelencia tabernaria. «Cada uno tenemos una misión», dice con una sonrisa Alegría, la que desde luego han encontrado para felicidad de los oscenses esta pareja de arponeros de la buena vida.

Y en el territorio de los bares mayúsculos está por luz propia Bodega Bar Pirineos. Cuando se tira de tópico y se habla del bar como confesionario o como diván del psicoanalista sin papeles, pero con oído fino, no se hace en muchas ocasiones justicia. En esa tremenda taberna con su barra esquinazo, los parroquianos no dejan de charlar con unos camareros que parecen uno más de la improvisada tertulia. Dos se meten con el alcalde, y le dice el cura detrás del mostrador: «No me creía que tenías tan mala boca». La tendrá para atizar a los políticos, pero no para comerse unos encurtidos absolutamente imperiales (ahí está la trilogía mágica de piparra, alcachofa y cebolla en vinagre de Módena). Los ahumados, como el soberbio de emperador, el festival de vinagrillos, laterío fino, curados y quesos. Barriles, vermú de nivel y una estupenda selección de vinos por copas donde se apuesta por las denominaciones aragonesas. Dice Fernando, el dueño, que siempre hay lío a la hora del vermú. Bendito lío el de ese ateneíllo fuera del centro de la ciudad, pero que a los vagamundos tabernarios nos tiene cautivados.

Seguramente seré lanzado a las hogueras de los puristas cuando lean que uno de los sitios más raros y privilegiados de Huesca es Mi Doner Kebab. Ese plato viajero alcanza magisterio en ese localito de peregrinación en Huesca. La intensidad y el sabor de la carne, la dulzura del trato de una casa que tiene más rajo que muchas tabernas de cante grande. Su aparente modestia, su atrezo cañí como la bandera de España debajo de la tele no ocultan que salir de bares no es otra cosa que buscar el reposo de los sentidos según convenga.

Ello sin olvidar el fondo gastronómico de una ciudad que posee muescas michelineras en casas tan reputadas como la denominada Taberna Lilas Pastia, del embajador de la trufa y estupendo cocinero Carmelo Bosque. Como se sabe, aquel es el nombre tabernario que servía a Carmen y demás integrantes de la ópera de Bizet. Se ha reformado el magnífico destino coquinario y hoy tiene bar de tapas selectas en su entrada, donde asomarse a ese recetario y beber como príncipes. O la antigua barrita, hoy ya interesante restaurante de reserva y menú degustación, Tatau, que perdió en este camino el adjetivo bistró y la hechura de bar, por más que proclamen su mensaje y la mesa alta.

Otra sagaz y menuda tabernera es Concha, responsable de Tomatejamón. Mucho dinamismo en la recreación de la tapa como la de atún marinado, unos buenos caracoles de los que se comen como un beso, migas con huevo, callos; lo que viene siendo el tipismo barrista al que se incorpora el bocado inevitable de muchos sitios aragoneses y que gusta poco a los cardiólogos, como es la anchoa en salmuera. Apostilla Concha que «afortunadamente las franquicias no han arrasado con los bares». Seguramente porque hay propietarias como ella que siguen regentando y dando la cara en el servicio del día a día. Y se nota porque no se escatima en atención ni en las raciones de este barecito entrañable.

Va de damas cuando la camarera de Da Vinci, Emma, dice que «la Merckel tendría que imponer orden en este caos». La recordada política alemana no parecería pegar mucho en una barra que tiene un auténtico muestrario de tapas. Y como ya nos resulta lógico, después de varios titulares, también hay dueña actual y se llama Peter. El local tiene más años que la tos, aunque posee aire desenfadado. Así, como homenaje al penalti, «el zurito de Huesca y el alto Aragón», se recomienda acompañarlo de una tapita de queso de cabra muy reconocida con su generosa dosis de mermelada de frambuesa. Y como si fueran unas escenas de los Blues Brothers, a todo ritmo en la taberna Comomelocomo, de la misma propiedad que el anterior. Uno de esos laboratorios de vida alegre y mejor rollo. Vino, tapa, cerveza, y sirve Timjani, un genio de las barras que procede del Rif marroquí. La estrella de la casa es un festival de *risottos,* sin olvidar el solomillito con queso.

Baruteando por territorio oscense, debe anotarse un cálido bar de barrio como es la Taberna del Bolo, sitio dee desayuno del oficinista, con un pincho de tortilla en diversas versiones, y que es un excelente rincón para ir pasando los ratos junto a uno de los parques más bonitos del país que se llama Miguel Servet, donde se encuentra el monumento Las Pajaritas de Ramón Acín. Fuera del entramado de los bares del centro, también se encuentra Sal y Pimienta, con público acomodado y ejercicios de un punto creativo para la tapa.

La Plancha es una cervecería pulpería, porque ya se sabe el predicamento que tienen los garitos con aire gallego. Las redes de pesca colocadas como elemento decorativo. Reconforta tomarse un vino turbio y sentirse por un momento mirando al Atlántico desde los Pirineos. Se combinan el lacón con pimientos y la zamburiña con la autóctona longaniza de Graus. Sin descuidar el hoy tan de moda cachopo, que remeda los empanados del *picnic* de la infancia, en esta ocasión sobre el ciervo. Otro bar de tapas con el inequívoco reclamo cervecero es D'cañas. Y de vuelta a la calle del Coso, verdadera pasarela de la gente de la ciudad, se encuentra Mi Bar. Un siglo a sus espaldas que hoy tiene cara juvenil con la interesante reforma experimentada. Los sobrinos nietos de quien lo fundara, tercera generación hostelera, le han dado el aire híbrido y una dirección de mucho mérito en esta capital de muchos bares personales. En el paso del Pirineo, Huesca compendia un sincero talante de vida natural. Y sus bares de alegría contenida salvo el desborde de San Lorenzo dan fe de ello.

Jaén
de moda

- **Taberna Casa Gorrión**, *c. Arco de Consuelo, 7, 23004.*
- **Café Bar Montaña**, *c. Cerón 2, 23004.*
- **Tasca Los Amigos**, *c. Bernardo López, 10, 23004.*
- **La Manchega**, *c. Bernardo López, 8, 23004.*
- **Bar La Barra**, *c. Cerón, 7, 23004.*
- **Restaurante Bar82**, *c. Arco del Consuelo, 2, 23004.*
- **Taberna El Hortelano**, *c. Teodoro Calvache, 25, 23001.*
- **Taberna 4 Esquinas**, *c. Teodoro Calvache, 12, 23001.*
- **Casa Domingo**, *c. Melchor Cabo medina, s/n, 23001.*
- **Bar Fígaro**, *c. Pescadería, 1, 23001.*
- **Bar Maruka Limón**, *c. Reja de Capilla, 8, 23001.*
- **Bar París**, *c. Hurtado, 25, 23001.*
- **Marisquería Pato Rojo desde 1974**, *c. Bernabé Soriano, 10, 23001.*
- **Casa Pepe**, *ctra. Jabalcuz, 45. 23002.*

Capítulo 22

El paraíso interior
de los bares

En ocasiones las campañas de publicidad aciertan con los conceptos. Para la cuestión gastronómica Jaén es un auténtico paraíso del interior andaluz. En un lugar lleno de buena gente y alejada del flamante turismo de otras partes de Andalucía, está creando identidad y una rotundidad culinaria que para muchos constituye la gran sorpresa del último lustro. Aunque la capital del santo reino no goce de *glamour,* sus nudos de comunicaciones no sean los mejores del mundo y sus habitantes carezcan presuntamente de la chispa de andaluz meridional, su entramado tabernista es de nivelazo.

El jienense vive en esa zona mágica que amojona Despeñaperros, rodeado de un mar de olivos. En la ciudad hoy se vive del reclamo de cuatro restaurantes con el macarrón michelinero. Y como suele ser habitual, eso es la punta de icebergs del hecho cultural de la buena vida de sus ciudadanos.

El tapeo es religión en cualquier destino andaluz. El maestro de los taberneros, que es el sevillano Enrique Becerra, especula con que la costumbre de la tapa nació, faltaría más, de puro chauvinismo hispalense, en la calle Sierpes para proteger la copa de vino de los señoritos. La tapa en Jaén seguramente tenga un origen menos literario y de roneo, pero se ha convertido en un hábito esencial para ir como un zascandil por los tabernazos en los que siempre se ofrece tapa gratis, a veces de mucha enjundia y sabor para no requerir una comida oficial. Comer y beber de pie, y sin tener que ser mordido por los cocodrilos en los bolsillos, es en sí mismo un arte que practican los de Jaén con total soltura. Uno de los propagandistas mayores de la ciudad, casi un alcalde, es Darío Díez Abellán, el Gitano Persa, no deja de ensalzar las virtudes de lo que para muchos es hoy la San Sebastián del sur. Y en gran medida por el registro de tantas y variadas tabernas.

El conjunto de calles, morunas, estrechas y añejas que circundan la excepcional catedral renacentista están horadadas por cobijos tabernarios. Lleva a gala el título de más antigua de Jaén, fundada en 1888, la Taberna Casa Gorrión. El jamón en su estandarte y de modo museístico, pues existe la leyenda de ese jamón que no se consume y solo se exhibe, al parecer porque se conserva como recuerdo de una seductora princesa rusa que puso sus posaderas en él y ganó el amor de un mesonero que lo conservó como reliquia. Se apunta el precio de la barra de madera con tiza, se piden con pasión sus quesos añejos o la tapa de tocino. Y nuestro Darío nos cita con erudición que ha sido predilecto del escritor Juan Eslava Galán, gloria de la tierra.

Cuentan con orgullo los titulares del Bar Montana que elaboran no menos de siete kilos de criadilla diariamente. Su bocado estelar son estos despojos de choto rebozados. Su vida larga desde 1958 le ha convertido en un clasicón, recoleto y con sabor. Sus muchas horas de despacho permiten incluso unos añejos picatostes con miel para los desayunos que no conocen la dictadura de lo *healthy*. Sin olvidar la recordada Tasca Los Amigos y «los bocadillos» también llamados líos; que son relleno de anchoas con corazones de alcachofas y mahonesa, los que hoy pueden encontrarse en La Manchega que se fundara en 1886.

Un bar y un destino. La Barra y la morcilla. Es conocida la historia de ese garito según la cual solo se levanta el cierre cuando está preparado el guiso de sangre y cebolla. Como si fuera la cola del paro en Cádiz, los jienenses esperan para apretarse el montadito de morcilla. El que suelen acompañar con un tinto de Jumilla, gaseosa de limón, licor de melocotón, angustura, uva y hielo, al que llaman, capricho de la cultura viajada, «Rossini».

Otros optan por las migas con avíos, en clara demostración de los caminos que suben y bajan de la Mancha. 1982 fue el año del mundial del Naranjito. La selección española de futbol no hizo buen papel, Felipe llegó al poder y se abrió el Bar82. Sus frituras de pescados tienen categoría.

En El Hortelano, que es un pequeño tubo de felicidad de barra, uno se toma con Juanito Marchena, mientras habla de gitanos y gachós, la tapa jaenera. O ese bocado apetitoso de pan con aceite, bacalao y rabanito. Como el atún encebollado, los callos con garbanzos o también una patata casera y larga con un poderoso alioli, al tiempo que trasiega una inevitable cerveza, pues no en vano aquí gobierna la afición al lúpulo.

Esa misma, preferentemente la autóctona Alcázar, es otro santo y seña de la Taberna 4 Esquinas. Como otras de sus congéneres marcan muchas décadas de vida desde 1948. Defienden los que saben las migas, las patatas bravas gorditas, junto a los flamenquines. Encrucijada de los caminos que también llevan a Córdoba.

En la misma barriada de San Ildefonso, se encuentra Casa Domingo. Lugar de abarrote, destaca por su «carne a la suegra». Vaya nombrecito de rancio aroma a la institución ineludible que existe en las familias. Con ella se homenajeaba a la del tabernero, aunque nos cuentan que por avatares ya no existe tal relación familiar. Además, cebolletas fritas, crestas de pollo y patatas con huevo, sin olvidar la ensaladilla coronada por un huevo a la plancha.

Hay un chisconcito en la plaza del Pósito llamado Bar Fígaro, que es síntesis perfecta de todo lo que puede comerse en un bar de enciclopedia. Desde la coliflor en vinagre, las empanadillas de atún y tomate, delicias de la mar a los riñones de choto o mollejas. Y tapeo de beneficencia con la cerveza. Gloria oficia en insólito ateneíllo flamenco, de pura raza. Maruka Limón. Mucha zambra y salero para beber, comer y disfrutar del benemérito salchichón de Sendra. Esta chacina de Vic es consumida incansablemente por los que chalanean por los bares de Jaén.

Es famoso por el «recluta», pan frito con generoso aceite, rodaja de tomate y aceite El Bar París. Otro monumento donde se encuentra probablemente la barra más larga de España. De aperitivo, almendras tostadas y empanadillas. También se piden mucho sus icónicas rosetas, que no son las del cine o palomitas, y los golosos optamos por los sesos al pilpil.

El factótum del aceite en el que se está convirtiendo José María Chica, a pesar de su juventud, recomienda El Pato Rojo. Marisquería de naturaleza popular de las que tienen poco parangón por todo el territorio nacional. Buena bulla para comer peladillas dignas y unos «pechitos de cangrejos». Con este andarín tabernandulero vamos a uno de nuestros favoritos de todo el mapa. Su convencional nombre, Casa Pepe, podría representar uno de tantos negocios anodinos que con el sello de la casa de comidas de toda la vida o la saga familiar se suceden por nuestra geografía sin pena ni gloria.

Muy al contrario, la excepcional hechura de este bar restaurante tiene pocos parangones por toda España. Hay pocos locales con tanta limpieza exterior y en el concepto. Con tanto saber y majeza a la hora de encandilar al comensal. Desde que uno atraviesa el dintel de esa casa, dan ganas de tirar el reloj a la basura y pedirse todo lo que los apetitos y la cartera soporte.

Un encantador José oficia detrás de la barra para ir despachando todo lo que en cocina preparan su hermano Jesús y su enrazada madre Manuela. Esta, tras una temprana viudez de su marido Pepe, que había fundado el local, asumió hace treinta años el timón de una gastronomía de verdadera devoción al producto y a la dulzura en su tratamiento.

Entusiasma un «esparragao» fino, donde la espinaca rebosa de sabor y los pespuntes del aceite, vinagre y el comino son destellos. O el impresionante revuelto con la autóctona colleja, tan puro que incluso podría obviar los pellizquitos de jamón. Las setas de cardo de la jienense Valdepeñas, que se consigue en fugaces periodos de no más de diez días, son levemente tocadas para que luego inunden memoria e imaginación en la boca.

Todo es alegría, desde una ensaladilla con toda las de la ley, merced a una mayonesa auténticamente imperial y envolvente, bocaditos sobre pan de angula y rica papada, por no olvidar memorables pescadillas desespinadas, solo asustadas al fuego, y que constituyen un bocado inédito para muchos. Hay homenaje, junto a unas manitas de mucho pregón o la presa, al cabrito local que no deja de ser estandarte gastronómico de todo ese entorno. El reclamo de sus chuletillas merece retorno. Y una *delicatessen*, como los sesos denominados por estos pagos al pilpil, en realidad un impecable ajillo, y ese rico manjar de casquería ejecutado de modo brillante. En Jaén todo es alegría en sus bares y los bigotes gatunos se nos mojan solo de pensar en ellos.

SALIDA
FARMACIA

Las Palmas
El bar de entreacto

- **Vinófilos Santa Cruz**, *c. Adán Martín menis, 5, Torre II, Local 1, 38003.*
- **Midway Surf Stuff**, *c. del Castillo, 71, 38002.*
- **Restaurante La travesía de Triana**, *c. Lagunetas, 11, 35011.*
- **Restaurante Bodegón Lagunetas**, *c. Constantino, 16, 35002.*
- **La Coqueta de Cano**, *c. Cano, 30, 35002.*
- **La Bodeguita de La Pepa**, *c. Constantino, 7, 35002.*
- **Manuela Jimena Bar**, *c. Pelota, 14, 35001.*
- **Restaurante El Pote**, *c. Juan Manuel Durán González, 41, 35007.*
- **Restaurante Ribera del Río Miño**, *c. Olof Palme, 21, 35010.*
- **Bodegón Pachichi**, *c. de los Martínez de Escobar, 51, 35007.*
- **Bodega Extremeña**, *c. José Franchy Roca, 74, 35007.*
- **Bar Imperial**, *av. de la Asunción, 1, 38006.*

Capítulo 23

Defendiendo el vino en Las Palmas

Para los que entienden del mollate, uno de los mejores territorios del vino contemporáneo se encuentra en Canarias. El archipiélago en el Atlántico y sus orografías volcánicas configuran una colección de ejemplares de personalidad y evocación. En Las Palmas tenemos los enópatas local de hermanamiento. Vinófilos es una de las mejores bodegas tienda dedicada al producto dionisíaco de toda España. Mario y Dani son dos genuinos locos del vino, y espigan más de dos mil etiquetas diferentes para que el iniciado descorche botella o se deje regalar por la precisa selección por copas. Esas fronteras blancas que son siempre las islas viven en cada una de las copas de paisaje que encontramos en esta nuestra casa. Los bocaditos de factura sencilla como la estupenda anchoa muy desalada, o el lujoso queso canario, incitan a pedir alojamiento en la barra o mesitas. Hace poco Mario andaba por Jerez y disfrutaba como un niño de su inquieta curiosidad por la cultura que ama. Sabor canario para desmentir tópicos.

Juan Avello, decano de los jueces de la plaza, ama el pincho de tortilla de patatas recién hecha y sin cebolla que preparan en Midway. Los dueños, Ramón Berciano y Miri, son amigos de Juan y también godos de origen. Comiendo el icono de nuestra gastronomía en este escueto bar, tenemos la veleidad de reflexionar sobre las tierras de acogida y las mezclas de gentes. El pensamiento se evapora jocosamente al preguntar a Ramón cuántas tortillas preparan al día. «¿Cuántas? La hostia». Por esos andurriales se encuentra La Travesía de Triana, de raíz autóctona. Barra de mucho gentío volcado hacia la cerveza donde afirman que «está todo rico», para encontrarnos siguiendo la divagación sobre las idas y vueltas con el salmantino Juan Carlos Para, amigos de tantas batallas y que se declara «un clásico de la isla». Muy apetecible para los que comistronean en este localito apreciado por los de Las Palmas.

La defensa del vino canario a veces nos hace dudar, porque hay bonitas tabernas con gracia en la manduca, pero agnosticismo sobre los que nos entusiasma líquidamente. Es el caso de Tasca Marillano o La Gamba. Aunque participe del mismo drama del vino, apetece mucho el casticismo canarión de Lagunetas: ropa vieja, ensaladillas, pata de cerdo y una renombrada carne de cabra, aunque el trajinante debe sortear que está más dura que sus pecados y picante como la penitencia. En la calle Cano está La Coqueta. Donde paran los naturales y sigue la pugna cervecera. La Pepa era el tranvía y ha dado nombre a un local así llamado en Triana, y a la tradicional Bodeguita de la Pepa, donde apetece mucho la ropa vieja de pulpo. Hoy tiene legión de partidarios la interpretación renovada del bar de casticismo peninsular. Las miradas recíprocas de los canariones y los godos tejen muchas imaginaciones hosteleras. Manuela Jimena se llama la criatura que se acoge a los indicios racionales de la tabernidad castiza, como es el rojo de la fachada o la barra de mármol. Saben leer el instinto de los nuevos frecuentadores del bar, y manejan con solvencia la trufa por poner un caso, para una apuesta gastronómica que resplandece frente al antiguo y sobrio despacho de vinos. Aquí solo los procedentes de Tenerife, esnif. En pos del caché.

Entre los entreactos barristas que van de Triana a Vegueta siempre hay la querencia de volver a Vinófilos para recobrar la fe. Afortunadamente está en un callejón la barra de El Pote. Auténtico tronío del mostrador. Este monumento al bar fue abierto por un gallego y un madrileño, como enésima recreación de los que viajan a las islas afortunadas para abrir el mundo y la mente. Luego ha sido asumido por canarios, y es perfecta muestra de lo sincréticos que son los insulares que compendian todo lo que venga y hacen suyos. Cincuenta y dos años de apertura para una demoledora ensaladilla rusa, resultado de la cebolla hechita, la papa, la zanahoria, el huevo, el atún y majestuosa mayonesa. Memorable. Como la sardina pequeña y deliciosa, o la morcilla de arroz con *chutney* de mango, cecina frita y queso curado. Los ágiles camareros te dicen de primeras dadas, «aquí, de casa».

Ribera del Río Miño es el destino predilecto de la burguesía isleña. Los que tienen jurdeles o quieren aparentar de ello, que es práctica extendida por toda la geografía nacional, buscan mesa en esa casa de evidente raíz gallega. Una muesca más en los mares de ida y vuelta. También tiene barra fastuosa de las de reserva. Para comer de manera principesca sobre el tablero. Allí el camarero parece un náufrago en una isla llena de ávidos bucaneros del marisco y la cerveza esparcida a modo. El dueño encargado de la nao, Tero, posee el carisma de acogida que salva vidas en el disfrute hoy mediocrón del siglo XXI, ese que desconfía de los que se plantan en el bar a verlas venir. Y te coloca en un escaño para poder avizorar el rumor marino y la sabiduría de cabotaje. Y lanzamos la caña hacia la empanada, los bigotes o las navajas aquí elaboradas con ajillos excéntricos. El tabernario necesita banquetas de nivel para resarcirse de las peripecias de las vidas.

Si tuviéramos que buscar un sinónimo de bar en Gran Canaria este sería Bodegón Pachichi. La bulla en estado puro con público de varios cruces. De un arcón sacan la cerveza en este lío, y si hacemos hueco detrás de la fila hay que pedir almogrote. Este plato tradicional desafía la serenidad de los médicos gracias al queso añejo y al mojo. Las papas, los embutidos y la vida que se derrama.

Alcuéscar es un pueblo situado entre Cáceres y Mérida. Unos naturales de aquel lugar vinieron a Las Palmas a buscarse la vida y más tarde en compañía de un vallisoletano abrieron Bodega Extremeña. Chacinería de fantasía y con una capacidad de seducción barrista inigualable. Otro bar de tropel donde tomar un icono de los campos de la dehesa como la patatera. Esa rusticidad gastronómica que causa furor entre los canarios que acuden a un local siempre lleno. Con toda la guasa Ángel dice no entenderlo, porque «este es un bar de poca monta como nosotros». La grandeza está en los detalles de esos tascones que alfombran la cotidiana lucha por la vida. La misma del Bar Imperial donde se juega el dominó y el alma se encierra en la comida casera. Desde 1961 el bocadillo de pollo con el barraquito o ese carajillo con leche condensada y licor. Cualquier paseo de Las Palmas nos llena la maleta de emociones contradictorias, con la certeza de pedir una nueva copa insular en Vinófilos.

León,
barra monumental

- **EL CAMAROTE MADRID**, *c. Cervantes, 8, 24003.*
- **EL PATIO**, *pl. Torres de Omaña, 2, 24003.*
- **TRÉBEDE**, *pl. Torres de Omaña, 1, 24003.*
- **CLANDESTINO**, *c. Cervantes, 1, 24003.*
- **VICTORIA**, *c. Ancha, 25, 24003.*
- **LUMIÈRE**, *c. Ancha, 18, 24003.*
- **MARCELA BRASAS Y VINOS**, *pl. de S. Marcelo, 9, 24003.*
- **LA TABERNA**, *c. la Rúa, 17, 24003.*
- **CASA BLAS**, *c. Sam Piro, 1, 24001.*
- **CASA LLAMAS**, *c. de Laureano Díez Canseco, 13, 24009.*
- **LA BICHA**, *pl. San Martín, 5, 9, 24003.*
- **EL RACIMO DE ORO**, *pl. San Martín, 8, 24003.*
- **ENTREPEÑAS**, *pl. San Martín, 12, 24003.*
- **LOS CAZURROS**, *pl. San Martín, 5, 24003.*
- **MESÓN LA COMTIENDA**, *c. Matasiete, 4, 24003.*
- **CASA BENITO**, *pl. Mayor, 20, 24003.*

Capítulo 24

León es un bar

¿Qué tendrán los leoneses que no dejan de acudir a un pandemónium inagotable de bares? Esa ciudad es el paraíso del bebedor social y de quien tiene apartado de correos en los establecimientos de la calle. La pretensión de inventariar los mostradores de esa ciudad romana y jacobea es tan estéril como censar la capacidad profesional de los políticos actuales. Cualquier día del año hay un tropel de viandantes tabernarios por las cuatro esquinas de este promontorio de mucha bullanga.

Tenemos casa de la que partir como eje tabernista en Camarote Madrid. Sin ambages es uno de los bares más populosos de toda España, y con unos camareros que tienen títulos de catedráticos y a los que habría que financiar por los ministerios de la nada para que aprendieran los chaveas ahora que hay tanta escasez de profesionales. Javier Gómez ha conseguido aglutinar en esa inmensa barra todos los apetitos de un universo castizo y que sintctiza mucho de nuestro país desde lo andaluz a lo reciamente castellano, y al final puro León. Ensalzado por muchos comentaristas, es parada forzosa de vagamundos y de los que aman el camino de Santiago al que se salpica con algo de mundanidad. Raúl Ordás es un pintor que ha dejado dos hondos retratos en este lugar de auténtico lío. Hay buenas tapas, como la paella y el salmorejo, y, como ocurre en los lugares de mucho éxito y de barra de codazo, los aguafiestas que creen que el bar está para que le atiendan como en Buckingham Palace no descubren su gracia y encanto.

En la zona del Cid hay también un sitio de mucho tropel como es El Patio. Trajín de barra, camareros atléticos, vino y tapa resultones donde destacamos una divertida croqueta de jalapeño. Contiguo se encuentra la Trébede con auténtico aspecto de chamarilería. Muy cálida en su rusticidad, y una muesca de este barrio romántico de auténtica zarabanda vinatera. Un picadillo en la barra de madera y una chanza con la camarera nos reconforta de muchas rutas inacabadas. Una de ellas pasa por El Clandestino, nombre de bar que últimamente tiene predicamento por aquello de acanallar formalmente los garitos. Ambientazo de no hay billetes muchos días de la semana, camareros con arte casi acrobático, y la tapa pitando. Esa que seduce a tanto viandante de los mostradores como unos nachos con boloñesa o rica ensaladilla picante. El gancho del bocado volátil para que continúe la fiesta.

Hay bar central de León como es el Victoria. Su barra es más monumental que las siete maravillas de la Antigüedad, y en el local se cruza esa pequeña burguesía que tiene España pese a quien pese. Y nada menos que el gran escritor de Villablino, uno de nuestros próceres como es Luis Mateo Díez. En su compañía, alguno de los miembros de lo que llaman los críticos literarios la mafia leonesa, caso de José María Merino. O el propio Antón, hermano de Luis, pintor junto al otro hermano llamado Miguel, también escritor. Es un lujo andar de bares por este país para que no paren las ganas de conocer gente y de compartir peripecias como las de Roberto que, por su parte, elabora vino. Este bonito establecimiento es de una felicidad que no descansa, desde el desayuno de muchas versiones, el aperitivo o lo que quiera demande el paseante. Su DNI marca 1887. Allí tomaba reposo Gaudí y cualquier personaje que haya estado en esa encrucijada de muchos saberes.

En la misma calle Ancha, Lumière. En este caso la barra es cuadrada y elegante. Hay un incesante movimiento de escena en esta pasarela bella. Es la trinchera chic del lugar. Y como bocado, sopa de trucha o paloma (en realidad, una corteza con ensaladilla). Verdadero mosaico de edades y extracciones sociales. Sostienen Conchi y Magdalena, autóctonas y de las de salir a diario, que «hay que venir a León para saber de sus bares». Tienen razón, porque hoy se toca mucho de oído y cualquier materia, por ese vademécum a veces indiscriminado de Internet. En esta ciudad parece que todo eso no cobra mucho sentido y hay que ir de andanza en andanza. Rua 11 es un confortable local con mostrador de mezcla y calidad. Tanta como la sopa de ajo o la lengua de «tapina». Público de profesionales en bar de mucho nivel. En cualquier otro destino sería tótem, pero León es mucho León, y no se aborda así como así.

Marcela Brasas y Vinos podría estar, por su lado, en Londres o Nueva York gracias a su preciosa estética donde se juega con lo *vintage* y el casticismo convincente. Nuevos aires en una ciudad que aparece encadenada a los bares. Y tienen barra de madera. Dice Pablo Arraiza, nuestro cómplice de vida y profesión, mientras disfruta de una tapa de ensaladilla, que en León llegó a haber cinco bares por cada mil habitantes. Lo que basta para ser la mayor felicidad de España y, por tanto, del mundo. Por encima de las leyendas tabernarias, hay una disputa de fondo entre el tapeo gratuito y la cocina de verdad, lo que de cualquier modo supone aliciente para los que llenan andorgas con menos recursos y calendarios. En La Taberna se manifiesta un nombre y un destino desde otro retazo jacobeo y una trastienda. Las medallas de las cofradías, con una cabeza de toro, y muchos buscavidas de diversa condición.

Los autóctonos paran mucho en Casa Blas, cuyo secreto son unas patatas fritas imperiales que sirven de tapa, hecha con aceite de oliva virgen extra, que renuevan a diario. Vayas el día o la hora que vayas, siempre está abarrotado. Taberna situada cerca del Hostal San Marcos, es lugar ideal para alternar con un vaso y csa patata picantita. E igualmente Casa Llamas, en el barrio del Crucero, que sirve las mejores mollejas guisadas en León, además de cecina de chivo, y en fines de semana bizarra tapa de morro y sangre.

En el corazón del barrio Húmedo tiene mucha devoción La Bicha. Su titular y factótum es un verdadero borde. Tiene gracia, a pesar de que prohíba todo y que el personal pase por allí más derecho que una vela según las indicaciones del tribuno. Los carteles restrictivos parecen más propios del estado de Utah que de una capital de francachela. Es una tasca de tránsito con algún bocado de interés como la tapa de morcilla, la más valorada de la ciudad, y su olor inunda gozosamente toda la plaza de San Martín. Nos deja perlas como esa que reza que «no hay pan para tanto chorizo». Sin olvidar que «no se aceptan tarjetas, porque solo se admite dinero de curso legal». Ojo a los de Bruselas.

Por esos andurriales, destaca El Racimo de Oro, que parece un bar de otra época con sus vigas de madera y mampostería. O La Bodega Entrepeñas y su excepcional cecina, como es obligado en la mayor parte de los establecimientos de esta población, vinos a modo servidos por unas camareras aguerridas en un chiscón bonito y agradable. Su bajorrelieve a la entrada es una de las piezas artísticas más bellas de cualquier bar español. Gente muy sana la que anda por allí. Uno tiene la sensación que está en casa. Otro tranco más y Los Cazurros. Su degustación con el mismo nombre se integra por el lacón con pimiento rojo, picadillo y morcilla buenísima leonesa. Hay una pared de madreñas, alusiva a esa lengua territorial que llega hasta los albores asturianos. Y La Contienda es barra brava donde nos llama la croqueta de tigre.

Clásicos como somos los coleccionistas de bares, no podíamos dejar de buscar colofón glorioso en Casa Benito. En un rincón de la plaza Mayor, al lado de la hornacina de la Inmaculada, existe un figón de auténtica raíz. Atiende un tabernero de raza a un grupo de cabales de conversación de media voz. Mesa larga de madera, vino en vasito, mistela, botellín, para resguardarnos de cualquier avatar de la existencia. Abrió el cenáculo en 1915. Manifiestan sus titulares que «atendemos como buenamente podemos a nuestros parroquianos que calculamos habrán sido más de diez millones». Los que han visto los partidos de los equipos de primera división del siglo XX, como nuestro Atlético de Aviación. Te va tal vez el bar más antiguo leonés, mientras suena la música de Burning de fondo. Se dice que por ahí han pasado Stanley Kubrick, Adolfo Suárez, María Dolores Pradera, el impostor Sabina o Paco Umbral. Yacimiento inagotable de paseos, destinos de resonancia como la plaza del Grano y el recuerdo del Entierro de Genarín, que tan bien contaba Julio Llamazares, mesas de antigüedades y baratijas algún festivo, y las ganas perpetuas de salir de bares. Porque eso y no otra cosa es esa ciudad para nosotros. Un gran bar.

13'0º Vi Rosat
2'00€
Villafranca
Jove
13º Vi Blanc
Villafranca
Jove

Lleida
Descubriendo Lleida

- **Bar Roma**, *c. de Bisbe Messenguer, 1, Bajo, 25003.*
- **Café-Bar Avinguda**, *av. Prat. de la Riba, 6, 25004.*
- **El Barri**, *c. Sant Martí, 2, 25004.*
- **4Llaunes**, *c. Sant Martí, 14, 25004.*
- **La Gramática del Vermú**, *pl. dels Gramàtics, 8, 25002.*
- **Gilda**, *c. del Rei, 25002.*
- **Bar Josep de la Quadra**, *c. de Múrcia, 31, 25002.*
- **Bodega Rovira**, *c. Segrià, 24, 25006.*
- **Varmutería La Santa**, *c. Pica d`Estats, 12, 25006.*
- **La Bodegueta de Sant Martí**, *c. Sant Martí, 68, 25004.*
- **Cal Pep**, *c. Sant Martí, 78, 25004.*
- **Las 4 Portes**, *c. del Corregidor Escofet, 2, 25005.*
- **Bar Tomás**, *c. Democrácia, 7, 25007.*

Capítulo 25

La barreja de Lleida

Cuando le preguntas al rubicundo camarero del Bar Roma por otros establecimientos de interés en la capital ilerdense, de modo amable te dice: «No soy mucho de bares» y te completa «el prenda» diciendo: «Míralo en internet». La tristeza del vagamundo tabernario que hoy compite con ese vademécum de opiniones poco acertadas por lo común que se depositan en las redes. Es mejor desmentir todo y pasear por una Cataluña interior, seguramente poco prestigiada, pero ideal para nostalgia y las divagaciones íntimas que suelen ser el alimento del tabernista. Anochece en las farolas junto al río y entramos en el bar fechado en 1971 donde hay pintura de clase media con mucha estudiantina. El Roma es cervecero y en su resultona barra cuadrangular suelen pedirse unas afamadas patatas bravas a las que califica el rico picante y el alioli.

José es el taxista más amable que uno ha tratado de todo nuestro país y apunta que el bar más antiguo que recuerda de la ciudad es Café Bar Avinguda. En el mismo se encontraba hace muchos años el teléfono para llamar a la media docena de taxis que entonces existía y que allí tenía parada. Hoy ya no existe ese teléfono, pero la misma familia regenta ese cafetín discreto con un ambiente clasicón donde beben y miran la vida los lugareños en silencio. Esa aureola de ciudad recogida a la que hoy salpican numerosos ciudadanos venidos del norte y del sur de Sáhara para la demanda intensa de la agricultura.

Ha cambiado el paisaje, pero sigue existiendo una riada de bares que hacen glorioso el vermú. Es asombrosa la fidelidad que tiene el catalán a la hora del aperitivo que se respeta de modo casi sagrado. El mayor bullicio de los establecimientos de esta localidad se concentra precisamente en ese momento que adquiere dosis bullangueras los fines de semana. El barrio de Sant Martí tiene origen medieval, creado a partir de la iglesia que al parecer se construyó sobre antiguas mezquitas. Han pasado los siglos y paradojas de la historia ahora está circundado por los que llaman los enterados «la multuculti». Gentes venidas de fuera y que llenan sus plazas y nuevos establecimientos con la gastronomía propia. Pero también existe una lengua de bares de mucha relevancia como es El Barri, antigua bodega Blasi, lo que era un horno de pan. Buena vermutería, parroquia muy fiel porque, como encartelan, «el Barri somos todos».

Unos pasos más allá nos permiten adentrarnos en un encantador sitio de piedra vista titulado 4 Llaunes (latas en castellano). El género de la conserva es obligado, las gildas con imaginación, los quesos y una rica selección líquida de una barrita cariñosa. Los artífices son jóvenes emprendedores que han estado mimando durante un par de años la apertura del local. Confesadamente hay otro garito de homenaje a esa bebida como es La Gramática del Vermú, sitio muy contemporáneo con servicio de mucho cariño y en que nos llevamos en la mochila unas espléndidas croquetas de *calçots*. En ese tapiz de calle cerca de La Seu Vella, la impresionante catedral de la ciudad, de forzosa visita para remanso del baruta, tiene mucho tirón Gilda. Aires actuales, ambiente con música y eficaces puntazos sólidos y dipsómanos.

La barreja es una autóctona bandejita en la que se colocan berberecho, navaja, calamar, almeja y olivas. Pura expresión latera y de tributo al vinagre que abre apetitos y limpia malas andanzas previas. Ese puzle catalán de marisco configura seña de identidad. En el Bar Josep de la Quadra, le dan fiesta.

Atravesar el dintel de esta bodeguita popular mientras suena un bolero acelera el pulso de cualquier ruta. En su barra-barra de metal se encuentra la resistencia. La familia Creu Rives cambió de localito en 2021, pero llevan en esa punta de lanza del bar de siempre sesenta y cinco años, gracias a la saga de los José, hoy en tercera generación. Cuenta Pepita con sus ochenta y una primaveras que, cuando se casó hace sesenta años, su suegro ya llevaba un lustro de tabernero. En una casa que estaba cerca de la cárcel provincial, hoy sustituida por el amenazante edificio de Hacienda, lo cual es toda una metáfora de eso que llaman libertades y que a veces preocupa al oficiante. Pepita, ya jubilada, baja todas las mañanas al bar de su hijo, y los habituales lo celebran. Ahora suena Sinatra y el cocinero dice de manera rotunda que aquí lo que preparamos es «como en casa».

Otra versión de la barreja «que no debe de confundirse con una bebida homónima, mezcla de moscatel y cazalla, que bebían de madrugada los obreros de Barcelona» la ejecutan en Bodegas Rovira. Más de medio siglo contempla este lugar de abarrote en especial los sábados. El ilerdense se echa literalmente a la calle cuando sale el sol en la ciudad de la eterna niebla, y parece derramarse felicidad. La barreja de esta casa está bien regada de tabasco y constituye una de las delicias imprescindibles para el amante de la barra de puntapié. Tonelitos para el despacho de mucho vino popular, cava bien servido por copas y mucha alegría de vivir.

Y casi a su vera Vermutería La Santa. Sus hechuras son modernas y con ritmazo, tiene dos escasos años desde la nueva levantada de cierre. Antes era un auténtico bar de barrio llamado Juanito. Hay un cartel según se entra a la izquierda que lo atestigua. El titular sigue siendo casero, y los nuevos propietarios, que incluso deshojaron la margarita de seguir con el mismo nombre, mantienen la misma raza. Uno de ellos, el encantador Dani, cuenta que allí quedaban los nativos para el examen del carnet de conducir, y que en esos tiempos con socarronería narra que para los nervios se tomaban un carajillo. Ahora han cambiado las tornas legales y allí se acude «per fer el vermut». Carta propia donde también hay barreja, junto a la croqueta de cecina, el bunyol de bacallà y desde ese momento embajada para los amantes de la buena vida en Lleida.

Sostiene el inefable Martí el Chinchetas, catalán culto donde los haya, que no hay un plato más justificativo del sentir gastronómico que los caracoles a la llauna. Puede encontrarse en los sitios de mantel, como La Huerta o Els Trulls e igualmente en algunas barras. En la propia calle Sant Martí está La Bodegueta, de familia tabernera que compedia esos recetarios. El local era de un anterior titular que, por caprichos de la voluntad, tras su jubilación y traspaso, viendo que se aburría, ha abierto a pocos metros y en la misma acera Cal Pep. El trenzado y la fortuna del bar como lecciones de vida. Buscando los caracoles se llega al 4 Portes. Hoy lo regenta orientales que mantienen carta, nombre, precios y amabilidad. Los azares hosteleros y para gozo del defensor del chipirón se encuentra un chisconcito llamado Bar Tomás regentado por Olga. Entre caracoles, vermús y barrejas, la identidad barrista de Lleida.

GASTROBAR
29
sj29
ALARMA
TORRES | SA
PROHIBIDO FUMAR
ZONA VIDEOVIGILADA
LEY ORGÁNICA 15/1999 DE PROTECCIÓN DE DATOS
LAN RIOJA
LAN RIOJA

Logroño
Mosaico tabernario

■ SOLDADO DE TUDELILLA, *c. San Agustín, 33, 26001.*

■ BAR SORIANO, *tr.ª de Laurel, 2, 26001.*

■ EL PERCHAS, *tr.ª de Laurel, 3, 26001.*

■ BLANCO Y NEGRO, *tr.ª de Laurel, 1, 26001.*

■ LETRAS DE LAUREL, *c. del Laurel, 22, 26001.*

■ PÁGANOS, *c. del Laurel, 22, 26001.*

■ BAR JUBERA, *c. del Laurel, 18, 26001.*

■ EL MURO, *c. Bretón de los Herreros, 34, 26001.*

■ SOHO, *c. Bretón de los Herreros, 28, 26001.*

■ BAR RIBERA, *c. del Laurel, 10, 26001.*

■ BAR DONOSTI, *c. del Laurel, 13, 26001.*

■ LA TAVINA, *c. del Laurel, 2, 26001.*

■ TABERNA DEL MERCADO, *c. Hermanos Moroy, 24, 26001.*

■ MILENARIO, *c. Ciriaco Garrido, 10, 26003.*

■ TORRES GASTROBAR, *c. de San Juan, 31, 26001.*

■ TASTAVIN, *c. de San Juan, 25, 26001.*

■ SAMARAY, *c. de San Juan, 26001.*

■ LA TRAVESÍA, *tr.ª de San Juan, 10, 26001*

■ BAR ACHURI. *c. del Laurel, 26001.*

■ BAR TORRECILLA, *c. del Laurel, 15, 26001.*

Capítulo 26

Logroño, las calles del vino

Ser riojano imprime carácter a muchos de los nacidos en esa tierra, a los que, si les pinchas, puede que tengan algo de sangre en el vino. Es, por encima de todas las cosas, una de las regiones más señeras en el planeta enológico, formando parte de esa aristocracia con los grandes yacimientos franceses, italianos y jerezanos. Su capital es una lógica expresión del amor por ese paisaje y de la cultura social que da compartir vino. Decir que Logroño es museo de bares es directamente una obviedad. Sean mejores o peores, todos conforman un mosaico tupido de tabernas. Solo hay que aplicar el navegador emocional por las calles Laurel, San Juan, o aledañas, para redescubrir un sinfín de establecimientos con ritmo y un meneo apabullante.

«Aquí hay tomate», dicen en el Soldado de Tudelilla. En esta barrita coqueta hay una afamada ensalada de esa roja verdura, la que, como la Real Academia Española, limpia, fija y da esplendor, para empezar cualquier ronda de bares. Hecha al momento, y también en diálogo de una sardina con guindilla o un chicharro con cebolla. El sabor de la tierra y el mar más humilde, pero profundo. Luego, el celebérrimo Bar Soriano, siempre hasta las trancas, y con su no menos famoso champiñón a la plancha con gambas. Desde 1955 El Perchas para empatar una oreja rebozada con vino del año. Este y no otro es el aconsejable en esos vaivenes logroñeses, porque, si la ingesta y la colección de tiques de bar pasa la docena, y tenemos la tentación de escuchar el canto de sirena de los crianzas, puede que las calles acaben siendo una obra del pintor Escher, y el suelo y las paredes constituyan un imaginario verticalmente imposible.

Más madera en Blanco y Negro. Un chiscón lleno de vida y ritmo, donde nos atrapa un matrimonio bien avenido en bocatita al que se le completa con rico pimiento. El *foie* de Letras de Laurel. Un pincho moruno con aroma callejero que nos transporta al otro lado del Estrecho en Páganos. Los bares son temáticos, lo que permite la zarabanda y la senda de cuadrillas y chavalería. El objeto social del Bar Jubera se llama patata brava. Hecha al instante y al gusto, y considerada como la gran dama de este callejero de infinitas estaciones del viacrucis. Por esos rinconcitos de la Laurel hay que parar en El Muro. Adolfo es un cocinero de puro ADN riojano, lo que se conoce como un casta, taurino y que ejecuta platitos de cuchara y caracoles con tomate. También elaboran los cojonudos, de mucha fama burgalesa, o ese huevo de codorniz con chistorra o morcilla. Por no hablar del gran bocado que es el embuchado riojano, o las tripas con alegrías. Sabor picante para seguir de vino.

De derrotero en derrotero, y de la mano de uno de los mejores conocedores del bar de toda España, el inquieto José Ignacio Nogués, de Santo Domingo de la Calzada, hay que echar un párrafo con Víctor en Soho. Dicen que es el rey del ocio nocturno de la ciudad, y titula una terna de discotecas para todos los públicos y edades. Como es un envenenado de la hostelería, también regenta un bar de todas las de la ley. Auténtico artista de la barra. Este *crack* lleno de simpatía empezó haciendo extras en las fiestas de los pueblos y eso se nota. Nos apretamos para el censo de los manjares golosos unas lecherillas de cordero de llorar. Glándula milagrosa y ¡viva la casquería!. La que sirven en el Bar Ribera con un morro de cerdo de mucho nivel. Bonito establecimiento a cargo de una pareja de ucranianos que pueden ser distinguidos representantes del mejor servicio de toda España. El camarero es tan elegante que podría vestir frac y no llamarnos la atención. Da gusto vivir en un país de acogida y riqueza diversa. Cada servicio es una fiesta. Si de producto hablamos, enfrente se encuentra el Bar Donosti y una nueva interpretación del cojonudo riojano. Olé. Casi en la desembocadura en esta benemérita rúa se encuentra Tavina. Se trata de un local de mucho vino y de pizarrón largo. Sobrevive al mismo trajín que los vecinos, y anotamos un *snack* de careta de cerdo que tiene toda la gracia.

En la Taberna del Mercado desayunan y almuerzan todos los asentadores que por allí pululan. La anfitrionía viene de la mano de Pepe, valenciano de Torrent, cuya humanidad es de genuina dimensión. Sitio para descubrir y apuntarse sus dos clásicos como son la sangrecilla, hoy tan denostada y fugada de las barras de zinc que todavía quedan, o el bacalao rebozado. Comer, beber, vivir de logroñesas maneras. Y buscar siempre como cazadores furtivos la pieza a cobrar, aunque solo tengamos la licencia del hedonismo tabernario. Y en ese ojeo, buscamos la mejor tortilla de Logroño que sirven y proclaman en Porto Vecchio.

Aunque todo parece un preludio a uno de los bares predilectos del husmeo de lo único. El Milenario parece una simple cafetería. Nada más lejos de la realidad porque José con sus sesenta y cuatro primaveras, pasadas cincuenta de ellas en la hostelería, es un amante de Gonzalo de Berceo y de la lengua castellana, y el nombre de su establecimiento rinde tributo a todo ello. Un lujo escondido de una barra que es un auténtico mural. La nómina de destellos se compone de anchoa fresca rebozada, impresionante bacalao al pilpil y una inimitable ensaladilla rusa. Hecha como mandan los cánones, con patata, zanahoria, guisante, todos reconocibles, pepinillos y atún, y delicuescente mayonesa. Y que tan chuletas, aunque no andan desencaminados, la comparan con Dabiz Muñoz. Además, tortilla de escuela, albóndigas con tomate para mojar y perder dieta, callos y patas, vino a modo, y no va más en esta ruleta de sorpresas coquinarias, donde siempre gana el cliente. Como no creemos en las casualidades, al lado del bar hay una Casa del Libro.

Otro meandro tabernario es la calle san Juan, rompecabezas de bares. En Torres hay un estupendo bocadillo de calamares, muy fresco y con una estupenda combinación de salsa brava y mayonesa, junto a una enganchante croqueta de piparra con cecina. En el siguiente tranco, lo cual es siempre atractivo del viajero tabernista, uno se encuentra a Antonio Béjar, venido de Jerez. Las vidas de los que realizan ese viaje iniciático por los mostradores de toda España podrían volver a llenar las páginas de la literatura romántica del siglo XIX. En Tastavin hay apología vinatera, ya que es lugar predilecto para los muchos bodegueros que por allí se solazan. Buenos bocados y bastante roneo. Merece parada y atención Samaray, arte en el tapeo, huevos, calamares y lo que encarte en una calle genuina de Logroño no tan aplastada por la fama planetaria. Y tiene mucho predicamento La Travesía, en el itinerario del mismo nombre de San Juan donde oficia María Jesús, una entrañable señora en un barecito que nos reconforta la vida, y si es con una tortilla preferentemente picante, mucho mejor.

Andar, volver, rebuscar en esa biblioteca de los bares alejandrinos como es Logroño para encontrar unas cabezas de ajo que desvirtúan a tanto pacato de la gastrotontería. En el imponente Bar Achuri en la Laurel, gracias a Juan, que lleva toda la vida desde su nacimiento en el propio local del que era su abuelo. Bueno, confiesa que nació casi ahí. La sobria simpatía de Juan Martínez Martínez, el clarete con cava y ese icono que tanto interesó a Julio Camba y su consabido fogonazo de ingenio, tan propio de él, al señalar que la cocina española «huele a ajo y a preocupaciones religiosas». Ninguna de estas parece afectar a un cocinero onubense que tiene todo el salero colombino en Torrecilla. Al fin, todo está mezclado como en esta calle tumultuosa. Juan Flores se llama el gachó, y con categoría se saca de la chistera un excelente *foie* fresco a la plancha, o una morcilla con lámina de pimiento. Y beber, brindar y olvidar las penas del amor, que diría el otro.

Todos estos cónclaves cotidianos han conseguido poner pica con el equilibrio entre la intensidad del bar y el remanso de la cocina, que es de temporada sin tópico. La casa abierta y sus liberalidades con muchos bodegueros granjean forzosa visita, antes de cualquier rendición de cuentas de una metrópoli barista por excelencia. Por las inagotables calles del vino.

Lugo
Recuerdo romano

- **La Cosechera 1977**, *r. de la Cruz, 3, 27001.*
- **Taberna Daniel**, *r. Bispo Basulto, 4, 27001.*
- **Barbar, vía Mentana**, *51, 48022.*
- **Las Cinco Vigas**, *r. de la Cruz, 5, 27001.*
- **Tapería Ave Cesar**, *r. Nova, 10, 27001*
- **Bar 101 Vinos**, *r. do Miño, 6, 27001.*
- **Prebe By Bret**, *r. Nova, 8, 27001.*
- **Restaurante Campos**, *r. Nova, 2, 4, 27001.*
- **Restaurante España**, *r. do Teatro, 10, 27001.*

Capítulo 27

Lugo, en la ciudad tranquila

Uno de los pocos sitios de España donde la gente se pelea por pagar una ronda. No solo tiene que ver con el justiprecio de la barra, sino con esa moderada y elegante forma de vivir la vida. Y muy gallega. Hay destinos que, si no existieran, habría que inventarlos, como ese bucle mágico a la vera de la catedral que en no más de cien metros atesora un puñado de bares que son refugio. Alguien dijo que «pa comer, a Lugo». El descubrimiento de esa gula eterna que los gallegos llevan de modo milenario es ley de barra. La cultura de la tapa no es un reclamo publicitario, sino una puñalada profunda en el modo de afrontar la lluvia fina que siempre parece asolar los territorios atlánticos. Aunque sean de interior.

«Ya llovió», dice maltraduciendo su gallego natural el camarero filósofo de La Cosechera. El tiempo parece que no pasa o, al revés, que nos pasa, cuando nos sumergimos en una barra enfrentada a todas las trampas de la gastronomía contemporánea. Tascón de absoluta magia, que abrió dispensario en 1977 y, precisamente, parece encofrar cualquier edad. Y por eso tomamos una tapa de lisco, la panceta castellana, o un pellizco de ensaladilla para ir acompañando el vino blanco que se ha hecho jefe de cualquier barra lucense. Cuesta salir de los bares de Lugo, porque su sencillez discreta e ironía de la tierra enganchan como una novia que nunca se tuvo.

Aunque siempre queda lo mejor a un golpe del camino, caso de la Taberna Daniel. La espera merece la pena. Hay que anhelar que cualquier reloj marque las 13:30 para que empiece el festival que da nombre, gloria y memoria a la tortilla que apoda para el bebedor llano uno de los mejores bares de España. Daniel Romay, pura estirpe tabernaria, pues, de hecho, continúa la saga su hijo Pablo, posee ese gracejo único e irrepetible de la amabilidad galaica, poco chuflona, pero que parece atravesar con su mirada observadora al vagabundo de la barra. Las tres interpretaciones tortilleras, que oscilan desde la clásica española a la de zorza, se compendian en una monumental nominada de la casa. Se ríe la sartén al momento al disfrutar con el huevo de verdad, la patata gallega, el pimiento verde y el delicioso tiroteo de chorizo. Presentar ese plato vale por cualquier imperio de las gastronomías y debería servir para que los escribanos de la nada sepan que comer no solo es un acto nutritivo, sino un ejercicio de reconciliación con la historia pequeña de los pueblos.

Barbar. Por derecho y sin tapujos. Con una legión de camareros avezados y que tan pronto te sirven un pincho de empanada, sin ni siquiera haber pedido la consumición, o unas gustosas tapas de tripa, chorizo al vino y una oreja cuyo punto de cocción merece escuela para los admiradores de la cocina sencilla. De la barra a la mesa, y parecen relajarse los afanes. Este monumento tabernario y este guiño tortillero tiene partidarios inefables desde 1978. Alguno recordará la fecha por cuestiones constitucionales, por otra parte, obligadas, y todos por este destino que se abre poderoso en el mapa peninsular.

No menos directa y sin artificios es la barra de Las Cinco Vigas. Que aluden evidentemente a las que desde el techo contemplan un tabernáculo de pura identidad. Buena pizarra de vinos, unida a la de vermuts, pues no en vano en territorio lucense hay una afición destacada a estas infusiones marca de la casa, que se acompañan con el mismo garbo de la tapa. Tiene mucha fama para los parroquianos la ternera de vino tinto, pero la lengua estofada es una de las entradas forzosas en la enciclopedia del hedonista de las Españas. En nuestro imaginario de tabernistas no podemos olvidar ni este mostrador ni ese bocado que resume el guiso y la casquería, ese proteico diálogo para espantar médicos y mediocridades.

En Lugo se vive con un permanente recuerdo romano. Su perímetro amurallado da personalidad y carácter a la cultura autóctona, con sus torres como promontorios y su naturaleza milenaria. La Tapería Ave Cesar podría despistar por su nomenclatura cercana al cómic. Pero todo en territorio lucense goza de categoría y de una hondura propia. Porque aquí los guiños son coherentes y el tabernáculo reincide en los bocados propios de la tierra.

Como un impresionante *raxo*, o ese lomo de cerdo fresco cortado en dados en un tamaño de bocado, en compañía de la impresionante patata gallega frita, y que consigue la excelencia con un marinado previo. Además, arroz con pollo o lentejas con todos sus sacramentos en un cuenquito, cunco galaico, para animar cualquier vino. Y, si es posible, Ribeiro, que está alcanzando en sus versiones contemporáneas un nivel insuperable. El tránsito de la taza a la copa que podemos observar en muchos rincones gallegos marca ese camino de tipicidad y territorio. Por encima de cualquier consideración barrista, en aquella casa fascina al vagabundo que las tapas se preparen al momento y gusto de quien las pide.

Y hablando de vinos, hay una barra larga con una excepcional oferta enopática. Su nombre, 101 Vinos. Se trata de un bar de mucha bulla y tapeo incesante. Aconsejable el caldo gallego más que reconfortante entre trago y trago. Uno se pregunta esa capacidad evocadora que tiene siempre un caldo de esas tierras, y, oficiando detrás del mostrador, hay otro camarero también filósofo que, además de gastar la ironía a raudales, dice llamarse «1 de enero»…; esto es, Manuel.

Y de andanzas por esos corredores tabernarios de la capital lucense, topamos con una barra de carácter internacional llamada Prebe By Bret. Y a pesar del despiste para los defensores de la ortodoxia tabernista a ultranza, es un sitio de bonitas paradojas. Su barra es de las que calificamos como eternas y las de pegar el codo. Con música *rock* de fondo, todo adquiere un sabor añejo con aroma actual. Su dueño, Bret, ha creado un sitio raro, pero *enxebre* a su manera; y, de hecho, el homenaje a la salsa de los guisos o prebe lo confirma. Se bebe rico y se disfrutan algunas excentricidades gustosas como las arepas de zorza.

También hay sitios para una barra de tronío. La del estupendo Restaurante Campos. Ese es destino de puro clasicismo en el tratamiento de pescados, mariscos, las carnes, y con el aire burgués que siempre han tenido los restaurantes cuando todavía no se había desatado la moda de «los sinmanteles». Desde 1952 dando muchas alegrías, también en una barrita o elegante rincón para tomar una copa, incluido el champú y los pespuntes magníficos de la gastronomía de la casa. Un marisco, un vino y a ver quién lo supera.

Y aunque no podamos olvidarnos del mítico Restaurante España, cuya vida se remonta a 1907, sus aires renovados también en la barra le apartan un tanto del mapa tabernario. Unido a los horarios internacionales que amenazan al que divaga en ronda de bares. Al fin y al cabo, vivimos en mundos imaginarios, también en las fantasmagorías de bares que vienen y van, o aquella Galicia irreal y mágica de Cunqueiro.

Madrid
Lo castizo en el siglo XXI

TABERNAS DE MADRID.

Lo castizo en el siglo XXI

Capítulo 28

El mejor bar, el más cercano

Se cuenta que Chiqui Abril, galerista de la Galería Buades de Madrid afirmaba que «el mejor bar, el más cercano». Este granadino de origen, como tantos madrileños de aluvión, descubrió que la ciudad de los gatos es un continente lleno de garitos y figones. Madrí es el rompeolas de todas las Españas y eterno catálogo de bares, tascas, sitios de alternes modernos, o esas coctelerías que los iniciados cosmopolitas también denominan bar, aunque no se pellizquen los estómagos, desvanes, after, dispensarios para el comercio y el trago las veinticuatro horas que confunden madrugadas con atardeceres. En cada vuelta del camino hay mostrador y garito de acogida. Este verdadero paraíso para el que chalanea y se busca la vida tiene tal ametrallamiento de tentaciones que cualquier selección o escrutinio en un capítulo sería una licencia. El libro Tabernas de Madrid perpetrado hace unos meses intenta abordar el incesante trajín que se vive hace siglos hasta el momento palpitante de una capital de moda.

Decía Churchill algo así como «una buena cita ilumina la inteligencia propia». No es el caso, porque la cita es propia, y la mente no pretende ser preclara, sino expresiva del amor por una ciudad, y elocuente de lo que uno piensa y ha escrito en aquel libro:

El madrileño de toda edad y condición vive fuera de casa. Y acude a la taberna, o bar, o cervecería, o como se quiera poner en el rótulo del establecimiento de la casa de refugio, donde se da de beber y hoy, ya definitivamente, consagradas a la buena manduca. El esquema académico que alude a un lugar donde sólo se despachaba vino, y de aquellas feroces procedencias de la Mancha o de las estribaciones de la sierra de Gredos, por esos arrieros que lo suministraban en pellejos, ha sido inevitablemente superado. La melancolía de la taberna antigua, con ese encanto tradicional, es ya exclusivamente motivo de imaginación costumbrista, la que prácticamente desapareció con la transición a la democracia. La mejora de las condiciones de vida de la nación, y de su capital, una vez se atravesó el ecuador del siglo pasado, ha ido transformando no solo la tipología tasquera, sino los propios hábitos de estar en ella. Al vino en frasca y en chato que se remojaba en el hilillo de agua que corría por la barra le ha sucedido la pequeño-burguesa cerveza, y otros ejemplares báquicos ahora en copa de cristal, ofrecidos en pizarrones hedonistas y para los del taco. Del encurtido que anima al bebedor, modestas chacinas y algunos guisillos de los desperdicios se ha pasado a todo tipo de bocados que pueden hoy encontrarse en el panorama tabernario, sin perder notables dosis de madrileñismo gastronómico, con los callos convertidos en icono.

La voz se concede a algunos sabios tabernistas que eligen derroteros, comenzando por la autoridad gastronómica de los Madriles como es el presidente de su academia gastronómica, Rogelio Enríquez.

Mis bares favoritos son La Peña Soriana. En Usera, frente a la junta municipal. Un bar de los de verdad, con camareros resabiados que conocen a su clientela, a la que van organizando mientras sirven cañas perfectamente tiradas. Las bravas son espectaculares y picantes de verdad. Buenos torreznos, zarajos, oreja, ensaladilla. También paro en La Tierruca. No es La Tierruca original, pero sí un digno heredero. Aquí se fríe y muy bien. Espléndidos boquerones adobados, berenjenas perfectamente rebozadas y estupendas patatas bravas junto a unas cañas muy bien tiradas. El Cantábrico es la perfecta marisquería madrileña. Con su barra de mármol, sus boquerones en vinagre servidos con patatas fritas y estupendo marisco cocido: Gambas, centollo, percebes…
Semiescondido en una callejuela del barrio de Chamartín está El Cotano, donde sirven unos boquerones en vinagre pluscuamperfectos. Buenas anchoas, embutidos, lateríos, ensaladilla y ensaladas

de todo tipo, sugerentes canapés… Y cañas perfectísimamente tiradas. Un pequeñísimo bar de vinos en medio del barrio de las Letras se llama Bocanada, en el que Amanda Leite te cuenta los vinos que tiene cada día a la vez que te tomas un bun de pollo frito o un pote gallego. Ambiente joven y convivencial. Y no me olvido de Rafa Cafetería Restaurante, situado en Vicente Muza, una pequeña calle al lado de Arturo Soria. Rafa es además un bar de menú del día con una excelente barra donde sirven buena tortilla, estupendos mariscos a la plancha y grandes frituras. Camareros de los de toda la vida y buen ambiente de barrio.

En el foro se produce el mismo fenómeno que puede observarse en el resto de las localidades españolas donde hoy el turismo es negocio desbordante. La onda expansiva de los tabernáculos más interesantes por distritos y barriadas. Por Carabanchel, Los Minutejos con la oreja a la plancha laminada; las costillas y gallinejas de El Chaval por Canillejas; donde tambіén está Trabancos, genuina cafetería de barrio cuyos callos y tortilla son de campeonato; o Los Navarros en Vallecas, una de nuestras casas. Sin olvidar Casa Hernández cerca de Conde de Casal, y el casticismo de Francisco Alegre, uno de los taberneros salados de verdad, y sus revolconas, callos y boquerones. En fin, un auténtico vía crucis que ir recorriendo como penitente de mente abierta en un mapa madrileño que no se acaba nunca.

Una de las damas más agitadoras de la capital y pionera de la comunicación gastro se llama Ana Escobar, quien elige su trilogía.

Si queremos disfrutar de lo castizo, el templo madrileño por excelencia es Bodega La Ardosa. Cañas perfectas, vermú de los de verdad y tortilla jugosa que es toda una leyenda. En su barra, siempre en marcha, el tiempo se detiene, pero el disfrute no. Viva Madrid es para mí sinónimo de rock & roll; historia en paredes centenarias y revolución en la barra, con cócteles impresionantes con el sello de Diego Cabrera. Si a ello le sumamos un picoteo con mucho rollo y un ambiente increíble, la noche se te hace día en un abrir y cerrar de ojos. Y cuando dices quiero una noche tranquila, pero no se sabe ni cuándo ni cómo, acabas en el Toni2 cantando a gritos junto a desconocidos. Además de copas bien servidas y un piano que nunca descansa. Lo mejor, nunca te acuerdas al día siguiente de lo que pasó allí; lo que ocurre en el Toni2, se queda en el Toni2.

No hay mayor tabernario que Paquito Alegre, empresario del transporte y hoteles, que parece estar tirando la caña todo el día a ver si pesca un nuevo bar. Suele divagar por El Pescaíto, donde Javi, y donde están buenas hasta las aceitunas.

Este sencillo restaurante está ubicado en el barrio de Salamanca (concretamente en la calle del Duque de Sesto, 33) y, como su nombre indica, su especialidad es el pescado frito al estilo andaluz. Además, miman las verduras y sus carnes merecen una visita. Me gusta también Casa Pepe (popularmente conocido en el barrio del Pilar como Pepe El Guarro). Sus alitas llenas de sal de erizan ser un monumento nacional y el mítico camarero Dani toca la campana con sirena para agradecer la propina. Y el gran bar de barrio es Nájera, una barra cuadrada, regentado por la familia y con personal «de toda la vida», en el que dejan el protagonismo a los excelentes productos que ofrecen. La ensaladilla rusa, huevos rellenos, ensalada de ventresca, cebolleta y tomate Raf, siempre algo de marisco, incluidas gambas rojas mediterráneas, pescaditos fritos, pescado del día y un par de platos de ternera: chuletitas y solomillo, que durante buena parte del año se pueden degustar en alguna de las mesas de la calle. ¡Ahí se acaba todo y ahí está la grandeza del Nájera! O Los Morales (Francos Rodríguez). Pásate a ver a Ricardo en su minibarra con platos sabrosos y frescos en un ambiente auténtico y acogedor. Mariscos y pescados de alta calidad, bien preparados y a buen precio. Un lugar recomendado por su excelente comida y trato amable.

Uno de últimos pícaros que zascandilean por las callejas de Madrí es Ángel Vellón, «El Papi». Tabernero de Dis Tinto, propagandista y vendedor de todos los vinos, camarero, coctelero,

Uno de mis sitios para tomarla y disfrutar como me enseño mi padre es Casa Amadeo. Siempre recordaré mi primer vino en ese chatito chiquito de un vino tinto. Eran muchos los domingos que nos llevaba mi padre al Rastro, eso sí, después de pasar por el cementerio de ver a los abuelos, y siempre tomábamos nuestros caracoles. Otro con grandes recuerdos es La Dolores, de la época en que fui primer maître del Círculo de Bellas Artes; entre turno y turno me iba a dar una vuelta por la zona, porque tenía la mala costumbre de no comer donde trabajaba. Y me tomaba una buena caña y esa pulguita de chipirón con anchoa y la tosta de salmón y queso fresco. Taberna Rosell me encanta para disfrutar de tertulia y parroquia del mundo del vino. Donde siempre que vayas solo nunca terminarás así.

Es inabordable tabernandulear por Madrí. Chamberí late y sus barras parecen camarotes a punto del naufragio. En el Retiro se suceden grandes bares junto a baretos, y cada vez más preferimos La Catapa, con esos bucaneros de barra y cocina como Pedro y Nicolás a las órdenes de Miguel Ángel, o ese chisconcito de enfrente de raíz manchega llamado Venta La Hidalguía. Amamos El Boquerón o La Lorenza por Lavapiés, y en definitiva todos y cada uno que se encuentran retratados en Tabernas de Madrid. Está más vivo que nunca la proclama de ese libro, Lo castizo en el siglo XXI.

Desde luego, castizo a carta cabal es el pintor y diseñador gráfico Jacobo Gavira, otro de los envenenados por el mundo tabernario.

Hay tres bares que tienen el espíritu de Andalucía, como son La Venecia, aunque te joda, La Taberna Alfaro y La Castela, en la barra de siempre. Los bares andaluces son reyes del jolgorio, la buena compañía, las tapas, los vinos, las cervezas a veces y la risa. A pasarlo bien. Bullicio y más bullicio.

Y como es taurino apostilla:

Si han toreado como Dios, Ortega, Morante o el de Arnedo, podemos dar tres vueltas a la plaza de bar en bar. Desde Casa Braulio, La Tienta, un rabo en Los Timbales, y atracar luego a Trifón a vinazos y callos güenos para morirnos de risa y calentar. Si hay huevos, nos vamos después a Sacha, a que termine el servicio y nos espere a portagayola.

Del heterodoxo cocinero Sacha no pueden elegirse sus bares porque siempre es celoso de sus confesiones, y como buen tabernario uno se lo encuentra en cualquier fiesta a punto de marcharse, o de colarse, e invariablemente en Casa Emilio.

Es un refugio de la ciudad que sigue siendo la esquina donde todo el mundo quiere ser y no puede, porque José es memoria de ese lugar de poetas como Celaya, y donde el Atleti de balonmano se hizo grande. Sitio de parroquianos de verdad que todos los días tienen sus 15 minutos de gloria delante de un vermú, mientras recuerdan que así son las cosas de la vida.

También me gustan el Doble, La Garriga y Sotero, pero no me olvido del bar que conocí con Carlos, mi padre, como es La Venencia. Tuve la suerte de vivir encima, así tener tu taberna con solo bajar las escaleras es un sueño digno de Cunqueiro, donde el Ulla acababa en vino de Jerez; donde el toreo se hace en una barra, y la amistad se hace eterna en una mesa.

Y por supuesto, Docamar. Cuando emepzó, nadie pensab que la hsotoria de la cocina tenddrái sentido sin las barvas. La ciudad más cosmpolya bno lo es sin la evt d cromos en la plaza de Quintana o sin esas bravas que voajarn al Madrid castizo de la calle Alcalá; esa que se servía wn botella de Dyc, y se hicieron toreras por la obligación de lospalillos comobanderillas, que dejan claro ue en ele foro las patatas son brvas y nunca mansas.

Otra zascandil de los Madriles es Miriam López, del Salón Gourmet, de familia hedonista como su padre, el gran e irónico gentleman Paco López Canis, quien no perdona el aperitivo de cualquier festivo en la barra de Casa Rafa. A Miri le encantan los generosos de Zalamero, en especial su manzanilla que combina con la buena cocina que allí despachan. Y el sándwich mixto de Rocablanca, y los boquerones en vinagre con patatas fritas de El Doble. Aunque de estos últimos uno no quiera acordarse y menos su hermano Angelito Villaverde. Corren los tiempos y los taberneros escuchan cantos de sirenas.

Mirar la vida de madrileñas maneras supone tener la querencia en el bar cercano. Uno deshoja muchas incertidumbres en

Milford. O en su antiguo camarada Richelieu, con idéntica filosofía de bar de respeto, limpiabotas y gente fiel. El clasicismo de academia de la barra, el laconismo de los camareros y ese costumbrismo añejo que nunca debería evaporarse son su religión. Pijo para los pocos avisados, chic para los que comprenden que la elegancia no se compra con dinero ni con redes sociales, y hospedería última para enhebrar días y complicidades. La oficina del Millonario y sus amigos. Donde Toni no solo lustra zapatos o vende lotería, sino que es el guardián de las mejores confidencias de Madrí. Pedir un bloody mary y que te lo prepare Santi al toque y con garbo es secreto a voces de la felicidad plena en un bar. La que uno siente por vivir en el mejor yacimiento tabernario del mundo.

RISQUERIA
YERNO
218
BA
Concha Fina
Bolos
Zam
Perera
Busano
Cañailla
Mejillones
Navaja
Ortiguilla
Coquina
Almeja
Cruzcampo

Málaga
y la ensaladilla rusa

■ **BODEGA BAR EL PIMPI**, *c. Granada, 62, 29015.*

■ **EL CHINITAS**, *c. Moreno Monroy, 4, 29015.*

■ **ANTIGUA CASA DE GUARDIA**, *Alameda Principal, 18, 29005.*

■ **EL YERNO**, *c. Sagasta, 29005.*

■ **EL REFECTORIUM DE LA MALAGUETA**, *c. Postigo de los Abades, 4, 29015.*

■ **MESÓN SANTIAGO SEDEÑO**, *c. Correo Viejo, 9, 29015.*

■ **RESTAURANTE MESÓN ANTONIO**, *c. Fernando de Lesseps, 7, 29005.*

■ **LA FAROLA DE ORELLANA**, *c. Moreno Monroy, 5, 29015.*

■ **ARABOKA RESTAURANTE**, *c. Pedro de Toledo, 4, 29015.*

■ **ARABOKA PLAZA**, *c. Compositor Lehmberg Ruiz, 28, local 6, 29007.*

■ **MESÓN IBÉRICO**, *c. San Lorenzo, 27, 29001.*

■ **NORAY II**, *c. Pinzón, 10, 29001.*

■ **RESTAURANTE LA RESERVA**, *c. Bolsa, 12, 29015.*

Capítulo 29

Málaga, sobreviviendo a los guiris

Dice Salva, taxista malagueño de toda la vida, en una carrera cerca de la iglesia de la Victoria, que no se puede pasar por aquí sin ir al Pimpi. Sobre todo por esa inconfundible barra y las botas de vino en la que firmaban Lola Flores, Orson Welles y otros clásicos del blanco y negro. Sin olvidar el plato de jamón ibérico…, pues apostilla ese filósofo del volante: «Lo del pescado hoy "en saco" y para los guiris». Eso es lo que azota el mapa tabernario malagueño. Sálvese quien pueda. A pesar de la recuperación benéfica que ha hecho Antonio Banderas, portavoz oficioso de las esencias malacitanas, en el legendario Pimpi y en todos sus tentáculos que se extienden por la callejuela que da acceso a esa taberna demasiado mítica, el duende es cosa del pasado. Como muchos de nuestros bares y su literatura.

La fisonomía de la capital costasoleña ha ido mutando con un centro peatonal, el gancho del teletrabajo como residencia para gentes venidas de cualquier norte, y la bonhomía y clima que la riegan de viajeros. Los bares que hemos amado como Casa Flores, las originarias La Campana, han ido desapareciendo en favor de barras de quita y pon. Siempre quedaban vestigios como El Chinitas con su tapería clásica y donde oficiaba uno de los mejores camareros de este país llamado Javier Plata. Los recuerdos flamencos y del toro. En esos vestigios nos hallamos cuando nos cuentan el cierre por fin de la saga, y que viene una cadena madrileña de *sushi*. Escribir este libro de bares es el filo de la navaja del *tempus fugit*. Todavía resiste Casa de Guardia, emblemática casa del vino que fundara don José de Guardia en 1840. Su historia es la propia de las suertes de los vinos malagueños. Se cuenta la intervención de los sobrinos de su mujer, a la sazón herederos de la casa y con terrenos para el vino, a los que arruinó la filoxera. Posteriormente, un personaje muy conocido en la plaza malagueña, José Garijo Alba, francmasón y amante del comercio, adquirió este negocio que hoy vive siempre bullicioso y donde se marca con tiza la comanda, y que ha sido continuado por sucesivos testigos familiares. Tras la Guerra Civil se instauró la costumbre del marisqueo con la concha fina o la gambita a cargo de un legendario Frasquito. Gracias al impulso de Cayetano Garijo Ruiz, otro de la saga, se ha conseguido la denominación de origen Sierras de Málaga, y la zona de producción de la Axarquía. Territorio al que acuden elaboradores cada vez más intrépidos. El pajarete, o vino de licor muy típico, sigue siendo un pedazo de memoria para los que divagan por ese cenáculo de la Alameda.

Si hay lugar donde estalla la vida en la ciudad es el Mercado de Atarazanas. A diferencia de otros mercados a los que se adjetiva como gastronómicos, pleonasmo infame, pues siempre que hay cosas de comer y beber se trata de gastronomía; en ese epicentro de golosinas del mar y la tierra, hay vida y bulla. Y en el laberinto del mercado se encuentra una de las mejores barras de la ciudad. El Yerno dispensa todo tipo de marisco, autóctonos bolos (bivalvo conocido como escupiña en otros parajes) conchas finas, quisquillas, cigalas, y nuestros predilectos búsanos o cañaíllas de Málaga. También se fríe pescado, que en esto son verdaderos maestros todos los de la Costa del Sol. Se sirve champú por copas, y una legión de cocineros y camareros jóvenes simpáticos y pintados te proporcionan todo tipo de delicias a la plancha, o los lujuriosos pinchos de pulpo, gambas o salmón, a nuestro juicio de los mejores de toda España. Pasear por ese mercado y acodarse en esa barra nos permite parar, templar y jugar a la suerte. El sabio *gourmet* que es Fernando Huidobro, uno de los portavoces de la cosa desde su Málaga natal, es presencia habitual.

Zascandilear por los bares de Málaga suele ser sinónimo de tomar una tapa de ensaladilla rusa. No hay lugar donde se glorifique de esta manera lo que allí se llama, sencillamente, «una de rusa». Hay tantas, y todas tienen premio, lo cual es un misterio sin resolver, que resulta difícil destacar alguna. Aunque sin duda en la extraordinaria barra de El Refectorium de la Malagueta se puede disfrutar de una magnífica versión gracias a una mayonesa académica. No solo, pues en ese mostrador donde hay catedrático llamado Paco, que tan pronto te canta una canción de misa como una copla, hay peladillas estupendas de la mar para mojarse los bigotes con la cerveza en ese sitio bien tirá. Añoramos al hablar de la ensaladilla de una casa que es restaurante, que no bar, situado en El Palo, como son los Hermanos Alba, donde se factura la mejor que uno haya comido nunca, junto a los delicados mariscos y pescados de pellizcaso de emoción.

«Como en Málaga en ningún sitio», se encuentra grabado en los vasos de cerveza de uno de los destinos más genuinos de la capital malagueña. En Bar Nerva, en la castiza calle Cristo de la Epidemia se ofrece también otra estupenda rusa, la cual dice socarronamente la camarera: «Oiga que tenemos un premio». Alguna explicación sociológica debe existir, no por los trofeos, sino por ese amor que existe a ese plato de las verduras y la patata. Desde 1986, esta taberna andaluza de verdad regala felicidad a los del barrio. Su iconografía taurina tan especial, con capotes como manteles o almohadillas en las banquetas, arroja un encanto que continua con el monumental montadito de pringá o de bacalao, las papas con choco o el mantecado Nerva (lomo, el hoy muy de moda queso payoyo, y cebolla caramelizada). Todo es tan genuino como los chispsos camareros que allí laboran. Fuera del centro. Que por otra parte es tónica en muchas ciudades, no solo capitales, de nuestra geografía barrista para encontrar autenticidad y el consabido parroquiano.

Serpeando los aledaños de la calle Larios, y las muchedumbres peripatéticas, hay corredores de buena vida como el Mesón Santiago Sedeño. Este es un cálido localito de gentes de casa. Uno de los escasos rincones auténticos que permanecen, donde tomar el día que necesita el tabernista reconfortarse un soberbio caldito de pinta roja (ese pequeño pez tiburón de hocico corto). O el Mesón Antonio, en un callejón sin salida para apreciar a diario la cocina clásica malagueña. Recogida la tradición en una barra de refugio donde ejercen el magisterio los Biñolo: buen pescaíto, guisos, marisco según cartera, y viva la alegría. Orellana ha sido un bar de siempre con una barra siempre atestada y con un género de mucha corrección. Debe ser que el tamaño importa, para algunas cosas, y, evidentemente, la situación y esa farola se va extendiendo, justo enfrente del origen a un nuevo local, otro en el castizo El Palo, y con la simpática La Trastienda, a la vera de la Malagueta. Aunque cambien las titularidades, la gracia la sigue ostentando la gruta fundadora.

Nos encanta Araboka a los envenenados por el vino y la gastronomía sin tapujos. El entrañable personaje que es Antonio Fernández, su avasalladora pasión por el vino y por la tauromaquia, en la que hizo pinitos, se trasmite en otro local que da cobijo a los que aman la verdad de las cosas. El carácter malagueño por derecho y sin chufla inunda los anaqueles líquidos y los manteles de felicidad. Y con bendita locura, hay ruta imperdible con el Araboka Plaza donde estuviera la antigua Taberna del Herrero, y que con su barra eterna tiene seducidos a los malaguitas puros. Vaya lujo de barra. Esos mismos que paran en el Mesón Ibérico, un chiscón que ha ido creciendo para homenajear al embutido en su máxima expresión. Son inefables los cortes chacineros, el lomo y manteca, o el bacalao, tanto en los estupendos buñuelos como en la interpretación con tomate a la malagueña. No hay café, sí profiteroles, y, cuando llega la hora, de esa esplendorosa barra te enseñan la salida. No lejos se encuentra Noray II, embajada del marisco y pescado fresco del día. Allí se trata de lujo a la anchoa y el boquerón. Y las papas aliñás tienen usía.

Andar de bares por la capital de «la Manquita» (o su siempre sugestiva catedral a la que falta una torre), parar en La Reserva con el gran Mesbón Bengio al cuadrado, añorar al Tito, y a Rafael Perriyu y su Doramar, es vivir sin prisa y con una sonrisa. Al malagueño le gusta todo, desde las papas hasta el pescaíto, de mostrador en mostrador, cohabitando con los guiris.

Melilla
Lo español y lo rifeño

EL RINCÓN-CASA SADIA, *c. López Moreno Melilla, 6, 52001.*

BAR LA CANTINA, *av. Reyes Católicos, 11, 52004.*

CASA MARTÍN, *c. Gral. Polavieja, 11, 52005.*

RINCONCITO DE INDY, *ctra. del Dique Sur, 4, 52006.*

BAR MIRASOL, *c. Gral. Astilleros, 67B, 52006.*

RESTAURANTE MIGUEL BENÍTEZ, *p.º Marítimo Francisco Mir Berlanga, 25, 52005.*

LA POSADA DE PACO BENÍTEZ, *c. Alférez Guerrero Romero, 5, 52006.*

CASA JUANITO LA BARCA, *c. Marqués de Montemar, 46, 52006.*

INSTINTO, *c. Carlos Ramírez de Arellano, 12, 52004.*

BAR LA CERVECERÍA, *c. Gral. O'Donell, 23, 52001.*

BAR SEVILLA, *c. Francisco de Miranda, 12, 52001.*

Capítulo 30

Una barra en la frontera

Se toma tierra desde el cielo en Melilla observando la valla que la separa de Marruecos. Esa plaza norteafricana da la sensación de ser un enclave al borde de un cataclismo de la historia. Espera el sobrino Wail, entusiasta melillense, junto a Pedro, su locuaz suegro. Con pasión comparten la esencia de esta ciudad de pura raza española, seguramente porque está cruzada culturalmente y eso forja personalidad. En sus 14 km² se desarrolla una vida palpitante que parece cosida en un filo y con bonita recreación de sucesos cotidianos.

Cualquier bar de esta ciudad autónoma tiene aromas morunos indiscutibles. Uno de los más antiguos es El Rincón-Casa Sadia datado en 1938. Su origen está en el pequeño callejoncito donde hoy se aloja una barra de pinchitos morunos y una pequeña lengua de mostrador. Ahora se ha ampliado con vocación de restaurante sin perder su esencia. La estrella indiscutible es un pincho de hígado para un público muy familiar, gente mayorcita que también anhela la *marrakshia*, postre de hojaldre casero sobre base de natilla líquida, fruta, nata y sirope. El llamado «rincón del pincho» fue fundado por un hebreo, pues no en vano la presencia de este pueblo, junto al indio, árabe y español, integran el imaginario gastronómico y emocional de Melilla.

Los hermanos Salva y Juan García dicen de sí mismos que son la resistencia. Su Bar La Cantina posee la tipología de un bar castizo que podría estar en Linares o en Valladolid. Las cabezas de toros, de caza, jamones balanceándose y, por supuesto, los escudos del Atleti, faltaría más. Llevan doce años en este nuevo emplazamiento con mucho reclamo popular. La pizarra de tapas es eterna y podría servir para los estudiosos como catálogo de todas las cocinas regionales españolas, desde los callos, el cazón en adobo, la albóndiga o el flamenquín hasta la prodigiosa sangre. Dice Salva que su hermano Juan tiene que cortarse la coleta por la pérdida de una pierna, pues señala: «Este es el mal de los camareros que nos pasamos la vida de pie». Lo dice de modo entrañable y sin parar en su vertiginoso servicio.

Para que luego digan que los bares no son espejo de tolerancia. Un casta llamado Adam Mohand Sevilla, que se declara mestizo, ha sucedido al lugar más reputado de la zona como es Casa Martín. No le ha quitado al local ni una de las fotos de los anteriores propietarios con políticos y *celebrities*, e incluso la iconografía de vírgenes. Esas costuras mezcladas de lo andaluz y lo rifeño se expresan en una estupenda taberna de acogida con hondura de restaurante. Adam se quedó con el local por pura emoción e inspiración cuando el titular para el que trabajaba como camarero iba a tirar la toalla. La casa de comidas en la que para toda la sociedad melillense había sido abierta en 1955 por Martín Santos, al que continuaron durante cuatro décadas sus hijos Paco y Manolo. El encantador Adam Sevilla reconoce que quería defender esta institución, y desde ese promontorio para ir tejiendo existencias se van juntando empresarios como el elegante Miguel Calderón, quien regresó a su ciudad natal desde la Península para triunfar, y todos los que aprecian una fritura bien hecha y muy boquerona, o el caldero a la moruna, no confundir con la caldereta, por favor. Sostiene Pedro mientras come calamares, y la cocina de producto, que las grandes operaciones se cerraban en Casa Martín.

Es inevitable con este sanedrín de conocedores de la realidad melillense, donde cobra protagonismo especial el también emprendedor Ali Bensiama, una charla sobre la valla, los tópicos y la superficial impresión sobre este enclave de culturas. Los bares siempre ofrecen la respuesta a cualquier tertulia. En la frontera literal se encuentra Rinconcito de Indy. La dueña se llama en realidad Hind, pero popularmente se le ha puesto ese nombre. En el único paso a Marruecos, se localiza este prodigioso bar que levanta la persiana a las seis de la mañana. Un silencioso cocinero llamado Abi parece un orfebre de la plancha. Deposita dulcemente sobre ella todo lo que expone en una vitrina, lujuria pictórica de ese bodegón. La raya, los riñones, las lagrimitas, las manitas de ternera o un soberbio pollo frito que preparan después de cortarlo con bizarría. Un sabio de la casa que parece su propagandista es Benaisa Driss que ensalza el hígado, la salsa argelina y todo ese lío árabe que allí se forma en un bar, por otra parte, muy español. La frontera siempre tiene literatura propia y aquí almacena condición humana por los cuatro costados.

No muy lejos se encuentra el vestigio de lo que según el sobrino Wail representaba la Melilla de otro tiempo. Mirasol abre a las 13:00 y cierra más o menos a las 4:00 o cuando convenga. Su dueño y hombre orquesta Brahim trabaja a destajo en este garito que tiene trazas de estraperlo de pescado con la ilusión de jubilarse a los cincuenta años. El entorno parece el Bronx de la ciudad, y con tres euros uno puede tomarse un botellín al que acompaña tapas para comer con servilleta y pan de manitas con garbanzo, la típica raya o lo que toman los transeúntes de la aduana. Incluso algunos exprimen la borrachera para soportar el paso.

Cuentan que todo el que aterrizaba en Melilla y cogía un taxi pedía ir a Los Salazones, que se encontraba en el barrio industrial y su dueño era Paco Benítez. Aquel destino mítico desapareció y ha dejado para la memoria la cazuela de mero y el cordero al horno. Su legado pervive en el hoy denominado Miguel Benítez, y en otro fundado con el otro hijo de aquel que abrió la Posada de Paco Benítez. Incluso un camarero de aquel bonito local puso Casa Juanito, otro mito que ahora ha cambiado de titular. Continúan las generaciones y se mantienen los restaurantes con la desaparición de las barras, ese fenómeno tan contemporáneo de la españolidad. Es el caso de otra estupenda casa de comidas como es Instinto, de preciosa decoración moderna y con gastronomía muy a modo. Cualquiera de estos lugares homenajea al que quiere tener jornadas felices en esta bella ciudad.

Uno de los bares más chic de nuestro país se encuentra en el norte de África y rotula tan sencillamente como La Cervecería. Su larga y serpenteante barra puede componer una postal museística del bar. Detrás de la barra se encuentra Juan Eduardo Ruiz

Martín, treinta y cuatro años detrás de la barra, los de la vida del local, y al que guarda la espalda un mayestático espejo con marco de madera que ni en Nueva York. Nuestro Ali, ese agitador culto de este universo de los bares, se apoya en el estribo y ensalza la losa antigua en el frontón de la barra, las columnas de mármol, la farola; en fin, dejen todo y vayan a Melilla. Y como colofón, la tortilla de patatas más alta que uno puede imaginarse.

Pasear y vivir en este destino de poesía encierra muchas sorpresas. Como el chiscón llamado Bar Sevilla. El abuelo, padre y tío de Javi le han ido dando el testigo. Cuentan que despachaba en 1959 y que tuvo licencia tres años más tarde y que el nombre se lo puso su tío que se había ido a estudiar a la capital hispalense. En ese pequeño tubo solo hay gente del lugar, en especial de origen marroquí. Mohamed el Politólogo fue consejero de Sanidad de la ciudad en la pandemia, y se pregunta en voz alta sobre la libertad en las autocracias. Qué alegría ir de bares con gente de brillo y alegría. Uno sigue dialogando con su recién estrenada familia mientras se come un perrito de solomillo con salsa, y es imposible no tener ganas urgentes de volver. A uno de los enclaves de desbordante vida y de semblanzas cruzadas.

PROHIBIDA LA VENTA DE
BEBIDAS ALCOHOLICAS
A MENORES DE 18 AÑOS
EVALUADO
EMPUJE

Murcia
Volcán de mostradores

- **Bar Parlamento Andaluz**, *pl. de las Flores, 11, 30004.*
- **Bar Fenix**, *pl. Sta. Catalina, 1, 30004.*
- **Gran Bar Rhin**, *pl. San Pedro, 5, 30004.*
- **Café Bar Verónicas**, *pl. San Julián, 13, 30004.*
- **Luis de Rosario Taberna**, *c. Angustias, 3, 30004.*
- **Cervecería La Viuda**, *c. Arrixaca, 4, 30005.*
- **Bar Los Zagales**, *c. Polo de Medina, 4, 30004.*
- **La Bien Pagá**, *c. Sociedad, 1, 30004.*
- **El Garrampón**, *c. Sta. Quitería, 12, 30001.*
- **Las Jarras**, *c. Mesengueres, 3, 30003.*
- **La Ronería y la Gintonería**, *c. Cánovas del Castillo, 17, 30003.*
- **El Parlamento-Bar 1973**, *c. Arquitecto Pedro Cerda, 30001.*

Capítulo 31

La Murcia tabernaria

La murcianidad, como dice Paco Cano, es vivir lo más cerca de la catedral, casi lo que pasa en Bilbao con San Mamés. El murciano está orgulloso de serlo, sin acertar a definir un rasgo propio que marque su identidad. Se suele recurrir a Miguel Hernández, que hablaba de los «murcianos de dinamita», por su carácter impulsivo. Desde luego, lo evidente es que aman su ciudad y el centro de la misma. Aunque, como suele ocurrir en ese mundo expansivo, lo mejor está en los barrios.

La plaza de las Flores es muy conocida para los murcianos de siempre y para los que viajan por esta ciudad amable, lugar que fue mercado de subasta de los años treinta, y nos gusta parar en el Bar Parlamento Andaluz. Por aquello de la querencia, y de tomarnos la primera marinera de una jornada o los bocadillos llamados «parlamentarios o trásfugas» (de tocino de jabugo, sesos de avispa o chorizo picante, tomate restregado, en el supuesto del político obediente, y de caballa, queso fresco, y pimiento, para los que cambian de chaqueta). Pero en la capital pimentonera se aconseja andar.

El Bar Fénix es barra de alta escuela con el metal como fetiche. Herrado en 1981, este tabernáculo sirve pulpo al horno y una deliciosa salmuera de anchoa, hecha artesanalmente por Dani, el titular, con su propia agua y limón. En la andanza nos acompaña Sevi Echeverría, murciano de adopción y mucha raza, que nos regala el decálogo del barrista entre el que se incluye el mandamiento que prohíbe pedir arroz en esta ciudad. Nos deslizamos en busca del vino, pero este es territorio inefablemente cervecero, el de la estrella de Levante, resultado de una combinación de unas aguas, una técnica fabril y sobre todo una pasión. Así, Gran Bar Rhin rinde homenaje a la cerveza con su rótulo de establecimiento. Un siglo abierto con el mismo nombre, hoy renovado, recordando como existían barriles en la planta de arriba y se servían por decantación. Una foto de blanco y negro de 1930 nos recuerda aquella España a punto de la convulsión en la plaza del Esparto cuyo nombre evidencia la venta de ese raigón. Ahora, vitrina rica con bigotillos de la mar y el mismo sabor en unos camareros que parecen saltar por encima de las edades.

A la vera del Mercado de Abastos de Verónicas, junto al antiguo convento del mismo nombre e Iglesia del Salvador, está un bar homónimo. El entorno es muy característico y descriptivo del carácter de esa tierra y se sirven tapillas de la huerta muy apañadas. En el Bar Verónicas hay un lleno permanente de los entusiastas de lo local. Pero para que te atiendan hay que coger número como en la carnicería. *O tempora, o mores.*

Fulgencio Cano, a la sazón abuelo de nuestro querido cómplice Paco, fue un eminente médico urólogo que estudió en París y llegó a ser director del Hospital de Murcia en la Segunda República. Tras una injusta purga tuvo que dedicarse a la asistencia de la gente humilde del barrio pobre de San Antolín, incluidas las meretrices del barrio, las cuales, por otra parte, tenían siempre el detalle de regalarle una tarta el día de su cumpleaños. Su hijo Paco Cano Pato, poeta considerado el Blas de Otero murciano y autor de *El ámbito del lirio*, vivió también con su padre en ese barrio junto al lugar donde hoy está la Taberna Luis de Rosario.

Desde 1915 existe este insólito ateneo popular donde gobierna ahora el Señor Pedro. Personaje de humor cambiante, regenta un local que antes fue tienda de comestibles, y donde el vermú es religión; en una versión helada en sí misma, y que contiene como en un cofre todas las virtudes y sabores de ese aperitivo. La tapa estrella es una insólita anchoa con cebolla, a prueba de cardiólogos, o la gabardina que, aunque sea rústica, a juicio de Sevi debe ser ensalzada, jaleado por otro paseante tabernista como Leandro Blanco. Solo se fríe los fines de semana, y se le denomina a la gamba la gabardina como caballito en nomenclatura antigua, al igual que el bacalao rebozado o pavía. Es tan fina la cobertura que el producto estalla de sabor. Con toda su guasa, el Séneca del bar prepara embutidos y te suelta alguna fresca.

Huele a raspa de sardina nada más entrar en La Viuda. Parece la vida detenida de un local que se abrió en 1936, ¡vaya vista en la fecha! Su dueño, Ángel, es hijo del fundador y nació solo diez años más tarde detrás del mostrador. A la manera de el Lute, «o estudias, o trabajas». En aquellos años negros de posguerra fueron pioneros en el marisco y traían percebes a la taberna, cuando únicamente se servía vino hasta las 23:00. Divaga este cálido hostelero y lamenta que a su juicio «el restaurante ha acabado con las tabernas».

Cercano a los ochenta años, Angelín sigue manteniendo un bar sin letreros y que fue bautizado popularmente con la muerte de su padre cuando la parroquia decía «vamos a la viuda». Por ahí pasan toreros como Pepín Liria e incluso un registrador de la propiedad que allí mismo calificaba los escritos, al calor del marisquillo o los guisos de la casa.

Si hay un término que refleja como pocos el habla murciana que algunos llaman panocho es zagal. No es extraño que el bar más antiguo de la ciudad según se cuenta desde 1926 titule Los Zagales. Lugar de puntapié desde el que sentir el latido de la ciudad. Rico salchichón, empanadilla frita, ora con pisto, ora con ensaladilla rusa, y toda la magia del entrechocar de platos, el grito preciso y el arte del camarero. Eso en definitiva es el núcleo de las barras. Con un vaso en la mano es un espectáculo emotivo contemplar la pizarra de los clásicos murcianos.

Ocurre en las localidades que no necesitan mirar el DNI para dar carta de naturaleza a los bares con prestancia y belleza. Territorio de acogida, como la proporcionada a un sevillano de Alcalá de Guadaira, David Laínez, que ha varado su nave con La Bien Pagá. Estupendo recorrido el de este inquieto tabernero por los salazones, la huerta o la mar en su expresión territorial. Y una deslumbrante mirada enopática, con especial cariño a los vinos generosos, como los raros y descatalogados de Jerez. Uno de los nuestros.

Hay una zona muy populosa y de zambra juvenil que se llama «Las Tascas». Como siempre que uno se sumerge en una turbamulta de bares, hay que espigar. En El Garrampón, al parecer, cuando a principios del siglo XX se abrió el tabernazo, había un personaje con sombrero y bastón con el que se asustaba a los niños llamándole el tío Garrampón, que es una «suerte de hombre de saco». Ha pasado el tiempo y hoy es un lugar bullicioso para tomar un magnífico vermú casero, los michirones (guiso de habas secas con algo de chorizo y hueso de jamón) autóctonos, el salchichón de Torre Pacheco, y otras tapillas típicas. Uno mira la botella de Campari, y añora los años ochenta.

Aunque ya nadie hace la mili obligatoria, todavía muchos saben lo que es un recluta. En la Taberna Las Jarras, se han inventado un bocadillito pequeño con magra y festiva salsa picante, todo frito al aceite. Vivan los colesteroles y los que se aprietan el mayor número de soldados culinarios que llevarse a la boca; también tigres, trompetas de gambas y un rosario de trajinantes que acuden a almacenar películas de grasas para seguir con el festival del dios Baco. Este taperío bizarro describe como pocos que allí se vive de manera liberal y con hedonismo por los cuatro costados.

Ese que posee uno de los más excéntricos hosteleros de toda España. Francisco Driéguez Rico atiende solo La Ronería y la Gintonería. En sus tres décadas de vida posee seguramente la mayor colección de rones del mundo superando el millar, al que escoltan un número parecido de ginebras, más de quinientos *whiskies*, y todos los espirituosos que uno pueda imaginar. No es un local de copas al uso evidentemente, sino un altar donde se celebra el *urbi et orbi* del destilado sagrado. Otro deslumbrante bar con clase es El Parlamento-Bar 1973, en el que atienden camareros de categoría que hacen realidad lo de tratarte como un señor, y sin ser inglés, incluido el escondite para que los socios se dediquen a las labores del tabaco.

Síntesis de muchas cosas es el Café Bar Gran Vía. El carisma de los murcianos, la sempiterna caña de cerveza, la camaradería del servicio y, sobre todo, la marinera como estandarte. Conocido como «el Cafeto» gracias al ingenio de los universitarios, elabora la tapa por la que suspira cualquiera que pase por allí. Esa rosquilleta crujiente sobre la que se arma la buena ensaladilla rusa, y que corona la mejor anchoa en salazón. Algo tendrá el agua cuando es bendecida, porque hay que retar a cualquier sabio coquinario a que prepare una marinera igual en el planeta. Tal vez ocurre que el terruño emocional marca los sentidos. Murcia es un auténtico volcán de mostradores, dipsómanos, geniales camareros, muchachadas báquicas y alegría *non stop*.

D'AURIA
TAPAS Y RACIONES
D'AURIA
D'AURIA

Ourense,
de viños

- **FUENTEFRÍA**, *r. Viriato, 6, 32005.*
- **D`AURIA**, *r. dos Fornos, 2, 32005.*
- **RESTAURANTE CATADOR**, *r. dos Fornos, 4, 32005.*
- **BAR ORELLAS**, *r. da Paz, 6, 32005.*
- **A CASA DO PULPO**, *r. Juan de Austria, 15, 32005.*
- **REI DO XAMÓN**, *pr. Eironciño dos Cabaleiros, 32005.*
- **TAPERIA SABORIDO**, *av. das Caldas, 57, 32001.*
- **AURIGA GASTROBAR**, *r. Amando Carballo, 2, 32005.*
- **RESTAURANTE VINOTECA ACIO**, *r. dos Fornos, 1, 32005.*
- **PORTA DA AIRA**, *r. Viriato, 10, 32005.*
- **O FRADE**, *r. dos Fornos, 11, 32005.*

Capítulo 32

Ourense y el nudo gordiano

La Galicia de interior y sus encantos. Ourense es una de las ciudades íntimas que esconden despensas de hondura coquinaria, y de tabernas inequívocamente gallegas. La gente sale, bebe, come mucho, como corresponde a una cultura donde se le da una especial trascendencia a las felicidades del estómago, y se apuesta cuando no llueve en las terracitas bajo el encanto de la catedral.

Y en ese entramado callejero de piedra en pocos suspiros del casco histórico, lo que llaman *los viños* los naturales de ese lugar, hay un verdadero nudo gordiano que desentrañar. El tejido por tal cantidad de establecimientos, muchos de los cuales tienen perfiles análogos para descubrir algo distinto, es precisamente difícil de resolver. Y al igual que hizo Alejandro Magno, espantando leyendas y confirmando augurios, lo mejor es pegar un tajo y dejarse llevar por cada uno de los que existen en ese territorio termal.

Si se trata de empezar por el epicentro, salen casi todos los conductos de los desvanes para los paladares de Fuentefría. Una de las barritas más entrañables del país. Muy chiquito bar con dos mesas, aunque también está la calle. Qué gozada en ese tríptico del pincho, la tapa o la ración, para medir apetitos y el estado de ánimo. Son especiales el callo con garbanzos, como se elabora en ese imaginario galaico, el bocadillo de jamón asado, las empanadas o los ahumados de categoría de atún o salmón. Ritmazo en el srvicio, y su encargado, llamado Nuno, es otro de los que deberían estar en las cátedras hosteleras. El lío en Ourense está allí. Muchos parroquianos tienen tanta gallardía en la barra que parecen los portavoces del grupo parlamentario mayoritario de la buena gente.

Luego la madeja se va tejiendo con D'Auria, siquiera tenga corte moderno. Su estupenda barra acoge unos buenos ribeiros, ya servidos en copa de buen cristal frente a la antañona taza. Esa excepcional hilera de cálices nos llevan a la inevitable contemplación del cambio de los tiempos, y la tapa de calidad, destacando un pulpo a feira un tanto duro al gusto de la clientela. Beber y repostar el espíritu, lo que propicia este oasis frente al vértigo. Y para buscar la anguila en temporada en El catador.

La buena estación según el gran Álvaro Cunqueiro son las que «en septiembre escuchan, no se sabe cómo, la llamada nupcial, y deciden bajar al mar». Ese escurridizo pescado, que cautivó a Aristóteles, hizo cavilar a Freud por su reproducción y su localización testicular, y que según el sueco Patrik Svensson (*El evangelio de las anguilas*) procede del mar de los Sargazos, está integrado en la siempre brumosa cocina gallega. Todo mistérico, y en ese caramanchel desde 1976 en versión frita. Sin duda una de las raciones más intrépidas de los bares españoles. Aprovechen, dice el artista, que «a veces escasean».

Un clásico de la ciudad es Orellas, que no defrauda porque tiene el gancho de la oreja a la plancha. Barra seria, de las que gustan al amante del tabernáculo con caché frente a la bella plaza de la Fuente. Y con el sabor de la taza antigua.

Continuando con los locales que se acogen al sagrado de un producto estelar se encuentra Casa do Pulpo, que nos vuelve a dar una lección de la sociología parda de lo que se estila en las nuevas costumbres tabernarias, al advertir que «no se admiten pagos por separado». Nunca nos han gustado los tiesos, ni los de los cocodrilos en los bolsillos, y los que no saben ir rondando.

Como es obligado, el pulpo es magnífico y la patata de usía, y sigue el dulce sonido de la báscula de la felicidad en pincho, tapa o ración. La fiesta pulpeira también explota en una estupenda ensaladilla de pulpo casera con cola de langostino, o unas deliciosas croquetas rellenas de este mismo cefalópodo. Rei do Xamón tiene un plato en torno al que gira su quehacer y la demanda de público en tropel. «El completo» no es un servicio, sino una intensa terna de croqueta de jamón, panceta al horno y tortilla de patatas. El dúo propietario lo prepara con la convicción que lo contrario dejaría un vacío en los peregrinos del bar orensano.

Fuera del casco histórico hay dos salpicaduras tabernarias de mucho interés. Saborido se encuentra muy cerca de la estación del tren, ideal para poner pie en este rincón hermoso sobre el Miño. Bar cálido para tomar mucho y buen vino. Tapería variada, de chacinas, pimientos con anchoas, calamares fritos, oreja de cerdo, cocido o, no menos importante, lacón con grelos, uno de los estandartes culinarios de la Galicia de las corredoiras y el queso, el emergente queso gallego junto rico Ribeiro a la entrada de la ciudad.

Por su parte, a pesar de ostentar el dudoso nombre de gastrobar, Auriga, en la urbanización del Polvorín, se ha convertido en lugar de privilegio para los autóctonos. Versátil propuesta que llena todas las horas del día, y que revela una intencionalidad confesada por incorporar los famosos toques de la cocina viajada al recetario clásico, como el pan bao con guiso de cerdo o el empedrado de lacón. La huella, no obstante, la deja su sugestiva interpretación de los desayunos, que alcanza niveles de la enciclopedia de lo dulce y lo salado para abrir los días.

El vino a discreción. El más que presente en todos los garitos y el que rotula la Vinoteca Acio, bajo la mirada catedralicia. O en la cercana Porta da Aira y su grandísima selección de etiquetas de ese puzle de adegas, denominaciones de origen, nuevos elaboradores del vino del fin del mundo. Dan ganas de refugiarse en ese mundo atlántico que llega a los territorios recónditos y espirituales. Y, como un ourensano de adopción, pedir ración, tapa, en este supuesto de queso, jamón, carne o el benemérito ahumado. Ese que decía Cunqueiro es propio de la cocina de los germánicos, hoy ya afincado en este terruño por derecho propio. Galicia es un bar infinito atendido por encantadores camareros, cuyo talante solícito escasea por otros pagos.

Todo tiene el aroma de lo tradicional y del culto a los productos, que llegan a componer una coquinaria característica. Así, el bacalao en alladas (la ajada en castellano, con un aderezo subyugante) en O Frade. Por seguir con Cunqueiro, «alrededor del bacalao ha cuajado un espléndido y católico recetario, del que los pueblos hiperbóreos, noruegos, escoceses no tienen ni idea». Y en la casa un buen pastel de cabracho, pulpo y la alienación forzosa del tapeo de siempre. La tortilla de patatas con la cebolla caramelizada, otro fetiche, tiene mucho séquito. Trazo a trazo se dibuja la ruta de las tabernas de esa ciudad que en ocasiones parece introspectiva. Andar en círculos dantescos por el centro histórico de Ourense, pero siempre buscando el cielo.

Oviedo
y su mirada interior

■ **Casa Montoto**, *c. de San Bernabé, 9, 33002.*

■ **Avelino Bodega**, *c. Manuel Pedregal, 12, 33001.*

■ **Bar Don Vinazo**, *c. del Padre Buenaventura de Paredes, 20, 33001.*

■ **La Paloma**, *c. de la Independencia, 3, 33004.*

■ **Sidrería La Noceda**, *c. Víctor Chávarri, 3, 33001.*

■ **Sidrería El Ferroviario**, *c. Gascona, 5, 33001.*

■ **Bar-tienda Albar**, *c. Gascona, 2, 33001.*

■ **Casa Pachu**, *c. Alfonso III el Magno, 5, 33001.*

■ **Taberna El Molinón**, *c. del Águila, 13, 33003.*

■ **La Belmontina**, *c. del Águila, 3, 33003.*

■ **La Ovetense**, *c. de San Juan, 6, 33003.*

■ **La Caleyina del Fontán**, *c. Fierro, 11, 33009.*

■ **Casa Ramón**, *pl. Daoiz y Velarde, 1, 33009.*

■ **Bango 7 Plazas**, *c. Arco de los Zapatos, 8, 33009.*

■ **Sidrería Gran Vía**, *av. de Galicia, 3, 33005.*

■ **Casa Lin**, *av. de Colón, 14, 33013.*

Capítulo 33

El bar en Oviedo tiene hora

En la calle Uría de Oviedo había un legendario árbol que ha dado nombre a los naturales como carbayones. Estos asturianos de capital componen un paisanaje que reivindica el señorío como seña de identidad. Los oviedines del alma y con clase gustan de su ciudad y la viven en su estilo, más propio de sentarse en una mesa y con calma que andar derrotando por los bares. Esta tranquila localidad no es muy barrista ni muy farandulera, pero tiene chigres de mucho interés. Es aconsejable para trotamundos tabernistas olvidar algunos esquemas como ese que dice que en los bares se acaban las prisas. En el territorio ovetense el horario es religión, y como te despistes te pegan el cerrojazo o emprendes la abstinencia que a alguno tampoco le vendría mal.

Cuentan que en el centro de la ciudad existía una tasca llamada El Manantial donde se comía un buen bollu de chorizo, y que a las 22:00 en punto de cara a la noche sonaba un despertador para poner de patitas en la calle a la concurrencia. No muy lejos de aquel, y al lado de la hermosa Basílica de San Juan y sus vidrieras, se encuentra Montoto. La hora de cierre es la misma, incluso con minuto de antelación para que nadie se despiste y se recoja pronto.

En ese localito homenaje al gotelé, hay unos taberneros un tanto malajes que advierten en tres carteles detrás de la barra: «Se suplica el pago en el acto del servicio», aunque tiene la atención de poner también «se ruega». No dispone de pago en tarjeta, es igualmente bien visible, por lo que es conveniente llevar parné para tomarse las mistelas de las prisas.

Junto al anterior dicen los sabios de la ciudad que el más auténtico es Bodega de Avelino. Enclavado en lo que hoy llaman la calle de los vinos, Manuel Pedregal tiene la solera genuina, que se amplía entre tanto local de plexiglás y ambiente futbolero que salpica esa travesía. En Avelino son del Real Oviedo y un poco merengones, pues no en vano la mayoría de los garitos tiene sobredosis de pantallas televisivas a los que no quitan ojos los parroquianos con el balompié. En 1983 el titular de la bodega puso con nombre propio un establecimiento como culminación de todos los que había tenido desde que trabajara con su suegro.

Hoy el yerno de Avelino, en una tradición de suegro a suegro, llamado Eugenio gobierna el bar con su mujer Paqui, la hija del fundador. Cuando le preguntas a Eugenio por lo mejor del bar, con guasa te dice que «yo mismo». Si se pide algo de comer te entrega una libretilla escrita con boli con media docena de platos donde brilla la rancia antigüedad de la ración de entremeses. Auténtica delicia para las Españas perdidas de posguerra. Hay un cuadro con dos sujetos que pone: «Avelino pone el vino… y les faroles, Gabino». La sátira representa a un antiguo alcalde víctima del morapio y agarrado a la farola. El rabo de toro con su hueso como Dios manda se pide en la sede de la Peña oviedista Tarambana. Palabra viejuna pero expresiva de los dispersos y de poca cabeza.

En el barrio El Pumarín completa la trilogía de los bares de raíz Bodegón Don Vinazo, que hace honor a su enclave y al muestrario popular de las gentes que los habitan. Vino del Bierzo en chato o porrón, obligado para el parroquiano. Con el sabor de los chigres de verdad. Y otro clasicazo es La Paloma, creada en 1900, con varios propietarios, incluido un cura, y que tiene el vermú más apreciado de Oviedo. Lo asoleran en sus tres barricas y tiene finura especial. Para los comistrones, pote asturiano y patatas rellenas, sin olvidar buena fabada. Un vermú con gamba a la gabardina, y ya tienes carné ovetense.

Los turistas que aterrizan para disfrutar del entramado callejero y eclesial de la ciudad de Clarín suelen zascandilear por la zona de Gascona. Hay un pandemónium de sidrerías a los que se les condena a trabajos forzados quienes buscan sidras escanciadas, tapas de quesos, jamón cocido o guisillos de mostrador. Los naturales suelen parar en La Noceda o El Ferroviario, que tienen un puntito de autenticidad. Al goloso le atrae un poco más una abacería de marca astur. Albar es una coqueta tienda y despacho de vinos, delicias queseras con la pretensión de la pareja regente de un sitio de respeto.

Casa Pachu se llama chigre en su cristalera de entrada, pero lejos de esa tipología de sitio un poco cutrón, pero lleno de encanto, tiene aire de bar centroeuropeo. Destacan sus botelleros con todo el depósito memorístico del vino antiguo, los brandis, cuelgan chorizos, y hay unos gallos sobre una barra ovalada donde se agolpa el mucho público fiel de la casa. Hay mesas con mostradores antiguos que alojan latas en su interior. Sin duda uno de los más bonitos de esta saga ovetense.

En ese ambiente tan futbolero, cuando te llevan a El Molinón, asalta la duda si estaremos ante un guerrillero que quiere jugar a las banderías y a la bronca. Lejos de ello, Alfonso es un simpático mesonero que abrió en 1997 un cálido chisconcito sobre el vestigio de lo que fuera la primera panadería de Oviedo, y de ahí el nombre. Con este recibimiento intramuros atisbamos Lo Antiguo, mientras nos zampamos una morcilla o *foie* de bacalao. Pedimos un vermú al encantador tabernero, quien nos pregunta si seco o dulce. Vacilando le decimos: «Seco y amargo como la vida». A lo que él espeta: «Pues la Dolores».

En la senda son famosos los callos de La Belmontina. Desde 1954 este local parece la resistencia. Cuentan que son célebres sus tertulias de políticos, muchos de ellos republicanos. Los cabales añoran los bares caídos en el combate e incluso apuntan que la dueña está en un posible filo de la navaja por las cuestiones arrendaticias. Mientras espantamos los nubarrones, disfrutamos de los callos con las cuatro pes: pequeño, pringoso, pulcro y picante. O del llamado «plato de aldea», descriptivo de un huevo con patatas y chorizo.

Paseando por Vetusta, y bajo la sombra de su catedral, juegan en casa los naturales cuando llenan a diario La Ovetense. Fundada por Severino y gestionada por sus hijas Ana y Natalia. Dos damas de rompe y rasga que, según cuentan, no dejan que nadie toque la caja. Bar de barra y mesa de mantel de papel atestada y en la que se comen ávidamente raciones de Pantagruel de pollo al ajillo y jamón asado. Incluso en este destino sale a colación la esclavitud del horario que aconseja no pisar la raya de las 15:00 para poder llenar la andorga. Enfrente al mercado sigue oficiando una cocinera de leyenda como es Fini. En realidad, se llama Delfina y dice que es la última chigrera, «pues lo de ahora son camareros». Tenía un garito en el barrio de La Tenderina, Casa Quilo, en el que ya practicaba la misma cocina caserota y cuadro cívico de casino perdido. En La Caleyina están su hijo y nuera como piratas de ese barco indómito.

No muy lejos se encuentra la plaza del Fontán, en la que se alinean varias farmacias para el enfermo del alma, aunque nos llegan ecos de una vecina levantisca contra estos boticarios. Ramón era un paisano que abrió una taberna que ha ido cogiendo solera y que ahora regenta Olegario, el Churi. En Casa Ramón hay una larga y estrecha barrita antes del atestado comedor, donde pedir entre otros golpecitos un memorable caldo de marisco que por una de las pocas veces es fiel a su denominación, pues apreciamos un fondo de andaricas de primer orden.

A la vera se encuentra Casa Bango, hoy fusionado con el anterior establecimiento que Ana y Julio tenían en la calle Cimadevilla, travesía que ha perdido el carisma. Se llamaba 7 Plazas y lo han incorporado a ese mesón que atesora por su parte gracia de siempre. Lugar discreto y entrañable, con el pincho de carne guisada como banderola, y en el que charlamos con Julio, uno de esos taberneros con clase y humanidad. Un figura.

Cuenta Taberna Gran Vía, fuera del entramado de lo antiguo que tiene historia datada en 1892. Empezó enfrente del actual local de abarrote, y parece no haber bajado calidad ni tensión tabernera. Por la barra, por las mesas altas, hay ambientazo, y se bebe y come como si no hubiera un mañana. Hay que buscar como Diógenes con la linterna alguien que sea de fuera. Los golosos esperamos los oricios en la temporada.

De Manuel, Manolín, y al final Casa Lin. El artista bajó de la montaña fría de Felechoso a la ciudad para abrir un localito lleno de carisma y decoración personal. Tiene vinos viejos de Rioja en una vitrina-altar. Investiga las chacinas leonesas y quesos de Gamoneu, o el de cabra de Vega de Sariego. Lin dice que «todos los bares son iguales, abusando del metacrilato, pero aquí la barra es la reina». Cambia el mundo, surgen realidades de vértigo en la sociedad líquida, pero Oviedo sigue en su aventura interior.

Palencia
La variedad de los bares

■ **EL CASERO**, *c. Mayor Principal, 106, 34001.*

■ **ALASKA**, *c. Mayor Principal, 26, 34001.*

■ **EL GATO NEGRO**, *c. San Marcos, 34001.*

■ **BAR MAÑO**, *c. La Castilla, 5, 34001.*

■ **LA CUCHILLERÍA**, *pl. Mayor, 15, 34001.*

■ **RESTAURANTE D`CANDELA**, *pl. Mayor, 10, 34001.*

■ **DEBLA**, *pl. Mayor, 15, 34001.*

■ **LA TRASERILLA**, *c. Don Pancho,1, 34001.*

■ **EL PORTAL**, *c. Colón, 35, Bajo, 34002.*

■ **AJO DE SOPAS**, *p.º del Salón, 25, 34002.*

■ **CASA PEPE´S**. *av. Manuel Rivera, 16, 34002.*

■ **SAN REMO**, *av. Brasilia, 2, 34004.*

Capítulo 34

Palencia, Estudio General de bares

¿Quién no recuerda la película *Calle Mayor* de Juan Antonio Bardem? Seguramente las generaciones nuevas que no tienen memoria cinematográfica, y menos de un país en blanco y negro. Esa verdadera España interior que tanto gusta al viajero de los bares tranquilos. La placidez rota de los tiempos del vértigo y donde no se pasea como antes para echar la tarde, que es el sano oficio para eludir la terrible vuelta al hogar. En Palencia hay mapas de bares, a lo ancho y largo. Como aquellos menús degustación de los comistrones que pensaban que nunca aparecería ni el colesterol ni los maratones de los domingos. Y, de hecho, en la propia calle Mayor hay una primera bandera rotulada como El Casero.

Bar sin pretensiones y con esa calidez de lo inefable a pesar del nefando reclamo que siempre supone poner «gastrobar». Hay una buena barra de granito y una atractiva secuencia de raciones y tapas en la que gobierna la gamba a la gabardina. Verdadero bocado de aspiración burguesa que se extendió por este país para dar cobertura al bigotillo que ya tenía algún que otro día de vida. En la casa toman cerveza o café según la hora los palentinos, y también un cómico como Javier Coronas que se atiza un *whisky* entre *selfie* y *selfie* de los parroquianos.

Y a no muchos metros, se encuentra Alaska, uno de esos tabernazos que están en los libros de nuestra historia sentimental. Su techo alto, sus molduras decimonónicas pueden despistar a una barra de verdadera majestuosidad gracias al zinc y el mármol elegante. Mucho trajín, mucha tapita rica con el vino y mucho orgullo tabernario por parte de Luis, el actual titular de la casa. Cuenta la historia de la fecha en la que abrió su padre Luis Fernando, nada menos que el 17 de julio de 1936, un día antes del fatídico día de los truenos guerracivilistas. El nombre elegido, Alaska, pretendía continuar la saga del local, abierto en 1925 como El Norte. Ello también le trajo problemas con los militares del franquismo, por haber sido aquel territorio polar perteneciente a la Unión Soviética. Han pasado las décadas y, afortunadamente, los bares tienen más dosis de convivencia que cualquier parlamento profesional, y hay otro Luis Fernando que seguramente continúe el hilo generacional. Un imprescindible.

El rostro de los bares en Palencia es tan sorprendentemente variado que combina la hechura tradicional con los ribetes más estándares que caracteriza la hostelería instagramera. Así, entre todo ese marasmo de tendencias sobresale El Gato Negro, por otra parte, uno de los rótulos extendidos por España y que suele ser garantía de éxito; y si no, que se le pregunte al chiscón de Santiago de Compostela de ese mismo nombre y sus inconfundibles tazas de ribeiro. En el local palentino hay un ambiente tremendo en cualquier momento del día.

Su fisonomía de bar irlandés se ajusta como un guante, por otra parte, al espíritu castellano. Atiende un encanto de chaval llamado Diego Ramírez, de estirpe tabernera, ya que la casa fue abierta en 1986 por su padre, oficiando allí mismo la simpática madre de Diego.

En ese callejón de puro disfrute, donde uno pierde la noción de mapas y vidas, ese personaje de mucha complicidad te cuenta los entresijos de la capital palentina. Un gato negro observaba la obra del local, y su recuerdo no solo le nombra, sino que nos sugiere la mirada silenciosa de quien anda por los tejados y le gustaría trastear las horas desde el vermú, la tapa, el tardeo o las copillas de uno de los establecimientos más cálidos de las vías nacionales.

Y si de calidad hablamos es imposible no dejarse seducir por Bar Maño. En ese rectángulo de vida se ejecutan unas patatas bravas, para muchos las mejores del mundo, según los galardones que se sirven orgullosos. La patata hervida al punto con una salsa mistificada y magnífica se encuentra en el pódium del bocado popular y orgulloso. Alberto Beltrán fue jugador de baloncesto y ahora es tabernero de postín. Ojo con no tomar la menestra palentina, o de *tapina,* una empanadilla rica de bonito. No dan ganas de seguir de ronda, pero la curiosidad que no mató al gato negro tampoco debe hacer temer a quien va a los bares como debe ser, con chulería y prestancia.

Todo evoluciona también en Palencia, y se suceden nuevas fórmulas como La Cuchillería en la plaza Mayor, uno de estos bares con cierto aire *fashion,* merced a su decó de armas blancas. Buen vino y servicio, en una plaza que tiene otras pistas como el Donde Candela y su barra blanca y larga. Mucho ambiente, la chuflonería local y como ejerciente el hijo del mítico Lucio al que todo el mundo cita en Palencia. Igualmente merece la pena parada El Debla. Aunque se califique como café, para muchos tiene fama su vermú, el pincho de tortilla, sin olvidar que antes de todo fue tienda de instrumentos musicales.

Sitio para reposar y que te reconozcan los palentinos. Sin duda, otro de los lugares mencionados por los transeúntes de la ciudad se llama La Traserilla. Ha cambiado de ubicación y le ha imprimido un giro moderno a lo que se venía despachando. Tiene mucha bulla y gentío, pero al envenenado tabernista no le gustan las televisiones politizadas como trasfondo ni los camareros en la inopia. El alma de los bares no reside tanto en el tintineo de la caja registradoras, sino en que haya rincones del confesionario de los pecados del día.

Desde 1986 mantiene el mismo aire de aquella década prodigiosa El Portal. Se nota hasta en las bolas de discoteca que cuelgan del techo, y en ese aire roquero que inunda el establecimiento, y que alcanza incluso a la clientela que parece no haber evolucionado desde entonces. En los ochenta éramos felices y nos importaba poco la manduca, menos el vino, y más el cubata de tubo para vacilar. En ese salto al pasado a uno se le entuban igualmente los pantalones y recuerda *La chica de ayer.*

Esta España que se divierte y que está a la vanguardia gastronómica del mundo tiene una atractiva representación en Ajo de Sopas. No solo se invierte el clasicismo en la denominación, sino que se cruza lo culinario por las rutas que hoy recorre los de la chaquetilla y sus guerrillas. En Palencia, buen *risotto,* huevo trufado, empanadillas a lo Robuchon y la inevitable tortilla vaga. Siempre Sacha, y sin citar. El influjo del cocinero de la indómita coleta, cuate de este escribano, merece tratado propio porque no se conoce nadie tan seguido, querido y respetado por la profesión que haya ido siempre tan a su aire.

En la barra de espera o de comida de Ajo de Sopas se encuentra uno con quien conoce bien los bares, y como buen castellano no quiere identificarse. Y el mundo del vino siempre presente, dado que por ahí oficia el jefe de cocina de una bodega vallisoletana de mucho prestigio.

El auténtico cenáculo tabernista de Palencia es Casa Pepe's. O la pasarela de quién es quién en esa capital. Su barra es de Museo del Prado, porque sobre su madera castellana se puede comer como un auténtico general en un ejercicio de excelencia no tan habitual. Uno de los grandes nacionales. Félix es un artista de la plancha, y la coreografía que forma para montar las chapatas de pura lujuria es un espectáculo al alcance de pocos. La ternera especial, por favor, se posa dulcemente sobre el fuego, corta con eficacia el pan, y con garbo coloca las bandejas que él mismo sirve.

La gente de toda la vida, como siempre gusta decir a las ciudades con sentido de pertenencia, se apuesta en la barra cualquier tarde e incluso hablan de política sin aspavientos, qué gusto. Y hay un pisto con nombre de la casa, la excelente menestra autóctona (cuya singularidad es el rebozado de cada una de las piezas, salvo los guisantes con jamón y la carne), manitas de lechazo estofadas o empanadas, bacalao al ajoarriero castellano, setas con torrezno y unas memorables chuletillas de lechazo. Todo ello compone una alforja emocional para que nos encadenemos a esa barra y apaguemos la geolocalización.

Hay una ruta de las tortillas de patatas y todos los certámenes que se viene programando para enzarzar uno de nuestros bocados vertebradores. Y nada menos que un bar de polígono, en esos espacios de los centros comerciales que tanto encandila a los desocupados domingueros, se encuentra Restaurante San Remo. Larga y profunda barra que sirve de frontispicio también para uno de esos restaurantes que gusta a todos los públicos. Desde el que se deja los jurdós con el marisco, los que cierran un negocio en un punto de la carretera, e incluso a los que sobreviven a los cónclaves familiares. Por encima de todo, barra de mucho pincho y barahúnda. Para tomarse el pincho, comprar un décimo, leer el periódico y echar de menos Palencia en cuanto uno avizora la carretera. Ese tesoro discreto que vive y goza con sus bares. Del Estudio General de Palencia del siglo XIII, o primera universidad española, a la escuela de vida de las tabernas, la mejor.

Palma,
comerse la isla

■ **BAR BOSCH**, *pl. Rey Juan Carlos I, 6, 07012.*

■ **CELLER DE SA PREMSA**, *pl. del Bisbe Berenguer de Palou, 8. Centre, 07003.*

■ **EL BARITO**, *pl. del Bisbe Berenguer de Palou, 4, Centre, 07003.*

■ **EL CLANDESTINO COCKAIL CLUB**, *c. Sant Jaume, 12, Centre, 07012.*

■ **LA BODEGUILLA**, *c. Sant Jaume, 3, Centre, 07012.*

■ **BAR ESPAÑA**, *c. Can Escursac, 12, Centre, 07001.*

■ **MOLTABARRA**, *c. del Pes de la Farina, 12, Centre, 07001.*

■ **EL CAMINITO**, *c. de Caputxines, 3, Centre, 07003.*

■ **EL CAMINO**, *c. de Can Brondo, 4, Centre, 07001.*

■ **CANTINA PANZÁ**, *p.º de la Rambla, 15, Centro, 07003.*

■ **MESÓN LOS RAFAELES.** *p.º de Mallorca, 28, Centre, 07012.*

■ **CASA MARUKA**, *c. de la Reina María Cristina, 7, Nord, 07004.*

■ **LA ROSA VERMUTERIA Y COLMADO**, *c. de la Rosa, 5, Centre, 07003.*

■ **VERMUTERÍA SAN JAIME**, *p.º de Mallorca, 18, Centre, 07012.*

■ **BAR CAN JOAN FRAU**, *pl. de la Navegació, Ponent, 07013.*

■ **BODEGA BELLVER**, *carrer de Can Serinyà, 2, Centre, 07003.*

■ **CERVECERÍA LÓRIEN**, *carrer de les Capu,txines, 5ª, Centre,07003.*

Capítulo 35

La tradición mallorquina del bar

Palma de Mallorca es para muchos un enclave idílico, el sitio al que aquel que no ha podido visitarlo está deseando ir, y el que lo conoce volvería cuantas veces fuese necesario. Yacimiento de buena vida, sitio turístico y gran ciudad a la vez, no en vano es la octava de España y en ella se amalgama saga histórica, clima y belleza. Con la innegable influencia de sus mares y de tráfico por el Mediterráneo, el trasiego de visitantes y de peleas por dominarla a lo largo de los siglos ha sido incesante. Hoy en día sigue siendo un bastión codiciadísimo para políticos y empresarios, reyes y nobles, actores y deportistas. Y el encanto de sus bares se vincula en el tiempo al vino y a las tapas. Aquí esta tradición vino heredada desde Andalucía a través del mar, y pronto caló hondo y se hizo parte de la cultura local. De esta forma se entiende la cantidad de garitos que se esparcen por esta capital. El buen clima y la grandísima afluencia turística hacen que el gusto por vivir la calle y la gastro aflore en cada rincón.

En la capital de la isla hay muchos productos que orquestan el apetito palmesano, pero quizá la sobrasada y la ensaimada sean los simbólicos y que todo el mundo busca cuando recala por estos lares. Buenos vinos y espirituosos, aceites y quesos, ricos embutidos en un enclave que *a priori* todo el mundo vincula con una cultura gastronómica muy marinera, que la tiene, pero que también sabe buscar en su interior interesantísimos productos y recetas. Platos como el tumbet, la sopa mallorquina, el frito mallorquín, arros brut, pan amb oli, la lechona asada o las cocas. Al aborigen le encanta este muestrario y lo busca en los tabernáculos. Su fisonomía y manera de estar en ellos tiene ritmo propio y por lo general de poca barra de estribo.

Situado en pleno corazón de la ciudad el Bar Bosch es un mito. Desde 1936 constituye toda una institución donde ir y dejarse ver en su larga barra de madera y sobre todo en su agradable terraza. Han pisado su suelo famosos de toda índole y época. De corte muy clásico y con una cocina tradicional donde reinan sus «llonguet», o panecillo alargado muy tradicional en la ciudad que se puede tomar desde el desayuno y en toda clase de bocadillos a modo de tapa con muy variados rellenos. No muy lejos de este y también en la zona centro de la ciudad se encuentra el Cellar de Sa Premsa, otro histórico que lleva desde 1958 siendo un concurrido mesón tradicional en el que comer y tapear en un ambiente muy mallorquín. El recetario añejo junto a variedad de arroces, pescados y carnes. Con su larga vida siguen manteniendo la máxima de calidad en el producto, justiprecio y buen servicio.

En la misma plaza de este último y situado a pocos pasos nos encontramos otro tipo de bar que abunda en la ciudad y que también supone una seña de identidad mallorquina. El Barito es una coctelería clásica abierta a finales del siglo pasado. Y en realidad un bar que solo abre por la tarde para pasar una buena sobremesa e incluso poder picar algo. Su fuerte es el buen ambiente, musicón y unos combinados que llevan conquistando a los visitantes hace más de veinticinco años. Nos dejamos ganar la tarde gracias a sus *gin-tonics*, «mi mojito» o el clásico *dry martini*. Siguiendo en este mundo coctelero y taciturno, y de brumas de la noche que no pueden obviarse en esta urbe de encantos festeros, se recala en Clandestino. A escasos metros de la anterior, se sitúa otro *cocktail club* clásico de la ciudad donde tomarnos un Aperol *spritz*, un *negroni* o un *moscow mule* con el aire cosmopolita de la localidad. Lo chic para los canallitas.

Cambiando de tercio y volviendo a la tipología del bar, donde beber comiendo es religión, se puede cruzar esta ciudad de barra en barra. Junto al local anterior, en la misma calle, nos encontramos un restaurante que es ya un boca oreja, La Bodeguilla, para tapear y probar su cocina mediterránea y de producto donde la apuesta del km 0 no es cuento chino. Muy buena bodega en este agradable lugar donde todo resulta suculento caso de las bravas, tartar de atún, fideuá de carabineros o una estupenda pluma ibérica a la brasa. Siguiendo la ruta y casi llegando a la plaza Mayor gobierna el Bar España, ambientadísimo siempre y con una barra llena de pinchos y obligado punto de encuentro. Apetecibles cocas, bravas con sobrasada o cualquiera de las propuestas de la barra junto con una variadísima propuesta de cervezas. Otro bar de ambientazo, y a la vera del otro, es Moltabarra para la chupitanga y el comercio con pa am boli, frito mallorquín o tumbet. Un poco más al oeste, también en el centro, nos llama la atención el refinado El Caminito. Setas, pan con tomate, croquetas, flor de calabacín, embutidos locales, pescados o arroces son ricos guiños y profunda alegría báquica. Casi con el mismo nombre y no muy lejos está El Camino, lugar muy *cool* para dejarse ver y encontrarse con amigos en un ambiente estupendo. Cuenta con una interminable y muy bien montada barra en cuya trasera se reparten el espacio una cocina abierta donde ves cómo elaboran cada plato y un frontal lleno de vinos, muchos de ellos locales. En rato de Pantagruel nos apretamos zamburiñas, carrilleras, berberechos...

Siguiendo dentro de la zona centro y su mapa concentrado de bares hay un pequeño, bonito e histórico local llamado, y que no espante el nombre, Cantina Panzá. Sus cocineros y propietarios en la barra o mantel se lanzan a una cocina con acento español y un toque de creatividad, lo que denominan «cocinar de memoria». Patatas bravas de academia, lo que incide en ese plato de barra que es cultura en todo el arco mediterráneo de influencia catalana, torreznos ya míticos, ensaladilla, paella a la llauna, guisos profundos y con fondo son algunas de las maravillas de este imprescindible. ¿Quién no conoce el Mesón los Rafaeles? Desde 1969 lleva conquistando a los mallorquines con su cocina tradicional de mercado. Hay que mirar su vitrina en la trasera de la barra para elegir la tapa a degustar o los pescados más conspicuos. Son famosas sus chuletas de cordero. La variedad es amplia y seguro que encontramos el plato adecuado, arroces, frituras de pescado, buenas carnes y fantásticos mariscos y pescados.

Vermutería y Colmado se enmarca dentro de la poderosa tendencia a la apertura de altares para elaborar la mezcolanza de vino fortificado, destilados, botánicos y esa alquimia de una bebida en auge. Mucha variedad de una tabernita chula y con unas apetecibles mollejitas crujientes. En la misma línea de la anterior, Vermutería San Jaime, algo más clásica, pero igual de apetecible. Rica gilda, hoy pareja de baile del vermú, además de tortillas y algún arroz de mérito. Aunque cualquier periplo mallorquín para los comistrones debe empezar, y seguramente como conclusión feliz, por el desayuno que siempre nos recomienda nuestro querido Demetrio Madrid, abogado originario de su apellido, pero recalado felizmente en Palma, dentro del Mercat de Santa Catalina. Bar Can Joan Frau y sus callos, guisos para revivir madrugadas, ensaladilla rusa, sepia frita…

El variado mallorquín en ese figoncito que resume la gustosa manera de vivir en esa isla que enamoró a escritores y músicos, y que deposita memoria en sus bares.

Desde 1920 lleva abierta Bodega Bellver. Y siguen allí aposentados sus barrilitos de coñac, de vermú, y el mismo polvo sobre las fotografías en blanco y negro. Aunque ha cambiado tres veces la propiedad, mantiene el mismo sabor insólito de ese despacho de vinos de tiempos añejos. Hay como recuerdo una maravillosa colección de sifones perdidos. Y a escasos metros, otro lugar también con personalidad como es Cervecería Lórien. Pep sonríe acodado al fondo de la barra mientras charla con los parroquianos de su pasión por las cervezas de cualquier parte del mundo. Día a día cambia la selección por tierras vascas, México, el sur de Inglaterra, Cataluña, en fin, una locura cervecera. Por Palma y en el ritmo propio de sus gentes, conviene ir ganando las horas del día sin prisa y con bonhomía.

Pamplona
No hay en el
mundo entero...

■ **BAR FITERO**, *c. de la Estafeta, 58, 31001.*

■ **BAR GAUCHO**, *c. Espoz y Mina, 7, 31002.*

■ **CHEZ BELAGUA**, *c. de la Estafeta, 49, 31001.*

■ **BODEGÓN SARRÍA**, *c. de la Estafeta, 50, 31001.*

■ **CASA JUANITO**, *c. de la estafeta, 83, 31001.*

■ **BAR BAVIERA**, *pl. del Castillo, 10, 31001.*

■ **CAFÉ ROCH**, *c. Comedias, 31001.*

■ **VERMUTERÍA RIO**, *c. San Nicolás, 15, 31001.*

■ **BASERRIBERRI**, *c. San Nicolás, 32, 31001.*

■ **IRUÑAZARRA**, *c. Mercaderes, 15, 31001.*

■ **HOSTERÍA DEL TEMPLE**, *c. Curia, 3, 31001.*

■ **LETYANA**, *tr.ª de Bayona, 2, 31011.*

■ **BAR LA OREJA**, *c. Jarauta, 19, 31001.*

■ **BAR EDER**, *c. de Iturrama, 36, 31007.*

■ **EL BONITO**, *c. de San Fermín, 55, 31003.*

■ **LA SERVICIAL VINÍCOLA**, *c. Navarro Villoslada, 11, 31003.*

■ **AKARI GASTROTEKA**, *av. Cataluña, 8, 3006.*

■ **LA OLLA**, *av. Roncesvalles, 2, 31002.*

Capítulo 36

Bar Fitero, la oficina de Estafeta

Escribir este capítulo a uno le da bastante pudor. Porque hoy es imposible en este mundo del tiroteo instagramero descubrir una de las ciudades más conocidas del planeta, y no hay terrícola que no tenga una imagen del encierro sanferminero o del enjambre festero en los días de julio. Pero, además, quien escribe tiene en la Estafeta su oficina en el Bar Fitero. Porque no hay un mayor dispensario de felicidad que la barra y las mesas desde las que contemplar la vida en el esquinazo de Espoz y Mina. La tranquila capital navarra, a la que se le acelera el pulso en las patronales, está alfombrada de una legión inagotable de bares. Con marcada personalidad y característica bulla. El navarro es de costumbre larga de vermú y zascandileo por las barras.

El monumento al frito es uno de los pellizcos de felicidad pamplonesa. Javier Vinacua se planta con garbo dentro y fuera de la barra, pues es tabernero con majeza y atiende a todo el peregrino que circula por esta icónica travesía. Es nuestra casa y la de todos los joteros, caminantes y esa inagotable cuadrilla de amigos de aquí y de fuera, de la patrona Ester y de la bellísima Carriquiri Arantxa. Además el futuro está garantizado con Dani y con la promesa de amistad y bonhomía de Javier y de su gente. Sentarse en el callejón del Fitero cada mañana sanferminera es un pasaporte a la alegría de vivir.

En Pamplona se come mucho *pintxo* y se disfruta a su aire de la vida. Hay un paisaje de eso que llaman los sociólogos la calidad de vida que se alarga todo el año, y que se rompe en pedazos con el chupinazo. Apetece esa ciudad que se despereza lentamente y en silencio por unas calles empedradas e inmaculadas, y con los sonidos de los afanes cotidianos.

En ese laberinto que marca Estafeta ya hay clásicos como Bodegón Sarría donde triunfa «el escombro», que es un bollo de pan blanco con poca miga pintado con un brochazo de aceite de oliva y con los recortes del jamón y chorizo ibérico, todo ello a la plancha. El Zanpa con sus tortillas y bocados cárnicos, sin olvidar Chez Belagua, con la mejor oferta de vinos en la calle y en la que se trata igualmente muy bien la *txuleta*. A mi hermano Carlitos Vivanco le vuelven loco los higadicos y los morros de Casa Juanito, aunque uno prefiere las anchoas rebozadas en este bar abierto desde 1940, y que es un clasicón de la Estafeta. Junto al que se encuentra el Adokin, otra de las barras para ir tejiendo las alegrías cualquier día del año.

Para muchos los *pintxos* del Gaucho son verdaderas muestras gastronómicas. No solo por los fritos, sino por esos bocados donde atisban la creatividad, caso del volcán de morcilla, el crujiente de ajoarriero con huevo, las manitas de ministro con verduritas o la *rillette* de pato. El único límite para gozar en esta barra es el apetito, el gusto está garantizado. Esta casa abierta en 1968 por tres hermanos navarros emigrantes que volvieron de la Argentina, y así homenajeaban a La Pampa, expresa su filosofía de la cocina en miniatura con dos libros sobre el *pintxo* que revelan el compromiso con lo que ellos llaman «bocados de placer».

En la plaza del Castillo se suele sentar el churrero y economista Fermín Elizalde en la terraza del Baviera. Allí oficia Santos, otro tabernero de raza, y cocina su madre Margarita, y salen para la barra y las mesas una sucesión de grandes fritos, y la célebre gallina en pepitoria. Sirven los mejores *gin-tonic* de la ciudad a juicio de ese alcalde popular que es Fermín. Un histórico es el Txoko, en el que cuentan desayunaba el ínclito Hemingway, el propagandista mundial de los Sanfermines. Es otro destino de mucho *pintxo*, fritos y vermut, o la Santísima Trinidad pamplonesa. El autor de *Muerte en la tarde* también paraba en el no menos mítico Café Iruña en la propia plaza, y en cuya planta superior se encuentra el emblemático casino que preside nuestro amigo Javier Pujol, otro entrañable pamplonés.

Uno de los destinos más gozosos de la capital navarra es Café Roch, fundado en 1828. En aquellos tiempos de crisis y de generación fueron el escenario histórico de un local con barra de mármol y listones de madera en el suelo que sigue después de tanto tiempo intacto. Su frito de pimientos es un icono. Un cilindro de felicidad «picantica». D. Pablo Roch, hijo del fundador, con su chaquetilla blanca impecable, corbata negra y pasador, ejercía magisterio detrás de una de nuestras barras más entrañables. Y se sigue atendiendo en estos tiempos con tanto salero como entonces.

La calle San Nicolás es una de esas serpentinas de bares únicos en el mundo. Tiene algunos mitos como Vermutería Río, abierta en 1963, y su huevo, otro frito de bandera. En el marcador colocado en 2005 pasaron hace mucho tiempo el millón y medio de huevos vendidos. ¿Estará el porvenir en ellos como decía Ionesco? El Bar Otano, otro de los fundamentales de nuestra memoria, ha cambiado de titularidad, pero sigue teniendo hueco emocional para el pamplonés. En la misma calle tiene predicamento La Mandarra de Ramos, donde paran Chapu Apaolaza y muchos de la Cuesta después de los encierros. Y Baserriberri, del estupendo cocinero Iñaki Andradas y sus divertidos *pintxos*, como las guiozas de langostinos glaseadas con salsa oriental, cebollino y cecina de *black angus*. También Bar Ulzama, La Cocina Vasca o Katuzarra son barras de respeto y fondo. Un poco más adelante, en la hoy menos transitada San Gregorio a nuestro Carlitos le chifla la gamba del Bar Ona, una gozada.

El follón barrista se extiende por todo el casco histórico pasando por el Ayuntamiento donde disfruta de mucho nombre Bar el Mol, donde antes estuvo El Vallado, que ha ganado adeptos por la casquería y las anchoas. Hay que ser un lince para distinguir unos bares de otros por la zona antigua pamplonesa, porque los muestrarios en las barras son igualmente apetecibles. La cultura del *pintxo*, las chistorras y todo el surtido croquetero y del obligado frito con el que se rememora la cocina de subsistencia, engalanan cualquiera de ellos. El largo tubo de Iruñazarra es un buen ejemplo de lo anterior, al igual que esos grandes mostradores a los que son tan aficionados los que viven en esta bella ciudad medieval y los que se adoptan gracias a la hospitalidad navarra.

Hostería el Temple es un chisconcito en la subida a la Catedral, al que se baja para comer entre otros el «moscovita» (frito de huevo, jamón y queso emmental). La senda se extiende al Mesón Nabarrería, la Mejillonera o la Cordovilla, alimentando el hábito que tienen los naturales del trago en cuadrilla o en las soledades buscadas, a ser posible con el bocado característico y con el bar siguiente en el horizonte. Y en Jarauta, La Oreja, otro añejo tabernáculo de toda la vida con fuerte acento gallego.

El pamplonés tiene farmacias de guardia para masajear alma y estómago por cada uno de sus barrios. En la zona de San Juan ha habido mucho poteo clásico en El Molino o El Letiana. Los castas de hace décadas elegían esos bares por su concepto tradicional. En El Danubio está el almuerzo con fundamento para el trabajador y que no se anda con zarandajas de los médicos. La misma hechura clasicona ha presentado siempre Eder en la calle Iturrama. Por su parte, la Champanería abrió como local de vocación nocturna, y haciendo justicia a su nombre vendía por cientos el combinado de champan con naranja, pero en la actualidad dispensa marisquillo simpático y en justiprecio. En el Soto de Lezkairu, barrio de moda, hay un bar que empieza a ser pista para iniciados, Akari. Cocina renovada y *pintxos* y cazuelicas que empiezan a ganar todos los galardones en todos los certámenes iruñeses.

El festival de bares no para, y al lado de la plaza de la Cruz se encuentra Savoy donde el tristemente desaparecido Aitor buscaba siempre los mejores patés y quesos en la propia Francia a la que viajaba. El Bonito de nuestro amigo Rafa tiene bocaditos de temporada, atún o el que da nombre a la casa, y aires marinos. Para los de casa está La Servi. Auténtico tascón con barra y mesas de madera, tiene esa comida de pelea que tanto gusta como la patata a la riojana, los callos y todos los sabores de la hostelería antigua. La Servicial Vinícola es la última taberna del segundo ensanche.

En ese territorio hay un restaurante que también es bar. La Olla desmiente cualquier admiración imprescindible por los fogoneros. Porque lo más relevante es que por cada rico bocado que sale de esa siempre rápida cocina, se responde de manera contundente con lo que se sirve. Fermín, su hermano Eduardo, y la cofradía de camareros atienden con una naturalidad bastante insólita. Se puede comer durante el largo horario de la carta eterna de la casa en muchos momentos, siempre con la condición de que hay compromiso y fidelidad. Existen muchos taberneros pícaros, incluso algunos piensan que es un pleonasmo que emparentan a aquellos con El Lazarillo o El Buscón. Aquí comen todos los navarros de carné o de afición. Sea unos buenos cortes de chacina, una ensalada de tomate bien rociada y acompañada de ventresca si es el caso, almeja a la marinera, el marisco que no hurga la cartera, y unas bolas de ensaladilla rusa que nos recuerdan gloriosos momentos de la madrileña Casa Rafa. Con una destreza de vértigo te plantan un improvisado mantel en cualquier esquinazo de esa barra de los milagros, y allí se despachan las peladillas líquidas o sólidas, a la medida de esa clase media a la que le queda bien el traje de La Olla. La *txuleta* es de punto justo, los pescados como el rodaballo son de chupar la cabeza, y los callos y morros son de puro canónico e ideales para pecaminosas anchuras de estómago.

La alegría *non stop* de este lugar infalible es tan modélica que no admite plagios ni franquicias; solo que te regalen un buen estofado de rabo de toro en un utensilio para llevar entre dos y que marque el nombre del local. Qué difícil es dar de comer todo el año y a esa calidad. En su lugar originario o en La despensa, este hostelero llamado Fermín tiene poco de pícaro y mucho de señor. O cuando la cocina de temporada no es un gancho para incautos, sino por derecho, la justificación de la nobleza navarra. Con ganas de volver a ser el rey.

Pontevedra
y su trenzado barrista

■ **Restaurante Marisquería Casa Durán**, *r. de Virxe do Camiño, 17, 36001.*

■ **Bar Parvadas**, *r. González Zúñiga, 3, 36001.*

■ **Casa Román**, *av. Augusto García Sánchez, 12, 36003.*

■ **Gumer**, *r. Xeneral Martitegui, 4, 36002.*

■ **Vinoteca La Navarra**, *r. Princesa, 13, 36002.*

■ **Casa Fidel O´Pulpeiro**, *r. San Nicolás, 7, 36002.*

■ **Tapería Os Carballos**, *pr. de Verduras, 9, 36002.*

■ **Os Maristas**, *pr. da Verduras, 5, 36002.*

■ **Tapería PintxoViño**, *r. Sarmiento, 31, 36002.*

■ **Bar Estrella**, *r. Figueroa, 1, 36002.*

■ **La Estafeta**, *pr. Celso García de la Riega, 4, 36002.*

Capítulo 37

Pontevedra y Juan el Bombero

Aunque nació en la lucense Vivero, Juan el Bombero lleva toda la vida manteniendo su estandarte por los bares de Pontevedra. Cuando le preguntas cuál es su rutina cotidiana, si sale a mediodía o por la tarde, como buen gallego responde: «Depende… Porque a veces empalmo». Cuenta este ilustre de las tabernas del país que ya no le quiere nadie y por eso se va de bares. ¿Puede haber alguna mayor declaración de amor a la taberna? Este es uno de los personajes que junto a 50 000 almas habitan el precioso centro de la capital pontevedresa. Muchos de los cuales tienen la misma afición que Juan, empezar o acabar la jornada en compañía del camarada del bar o en el confesionario del camarero de turno.

No existe mejor introductor que Javier Penelas, arquitecto local al que se conoce como el Boinas y que abre la puerta de los establecimientos como Livingtone en África. Este expedicionario recomienda La Porcona, como antiguamente se conocía a Casa Durán. Ya no hay tanto marisco como antaño, aunque sigue existiendo alguna peladilla que echarse a la boca, estupendo caldo gallego, que, junto a la merluza también galaica, compone un menú del día que reconforta al caminante. Oiga, y por doce euros, ¡qué carallo! Y aparece el lema de muchos garitos que desconfían de lo virtual, «no se cobra con tarjeta». En la plaza de la Peregrina está Bar Parvadas. Setenta y cinco años de vida donde se ha reunido lo más granado de la sociedad pontevedresa por su idiosincrasia, y por su sabor castizo del que daba fe la iconografía taurina, pues no puede olvidarse que este es uno de los pocos oasis de los toros en Galicia. Como es el signo de los tiempos, cambian las propiedades, aunque la actual ha decidido conservar la esencia. Preciosa casona este bar que, incluido su patio con parra, dicen que no es más que un furancho urbano. O esos rincones antiguamente clandestinos donde se vendía en casa el excedente del vino copa tapas igualmente artesanas. Todo gallego de tradición lleva alma de furancheiro.

En Pontevedra hay la sana costumbre de que los buenos restaurantes tengan una barra con todas las letras. No ese simple punto de espera, que se está generalizando en las casas de mantel. Por ello, en uno de los grandes fogones como es Casa Román, por el que pasa toda la burguesía pontevedresa, o los propios hermanos Lozano, propietarios del coso taurino y empresarios míticos de ese arte, hay una algarabía de mostrador de primer orden. Y entre los golpes de las fortunas uno se reencuentra con un amigo como es Rafa Quecedo, andaluz de Baeza, que fue a esa tierra en busca de recogimiento y del cariño de los bares. Ahora vive en esta ciudad plácida y tiene oficina en esa barra. Aquella que despacha buen marisco y «a su precio». Tres generaciones atendiendo un local que abrió el abuelo antes en Sanxenxo, después de haber empezado fregando platos porque al parecer era un prenda.

Gumersindo Peinador era un prócer de la localidad, compañero de andanza de Valle-Inclán con una semblanza propia a la del creador de *Luces de bohemia*. Dejó impronta en sus herederos, algunos de los cuales le homenajean en este local llamado Gumer. La barra y el comedor ya son confesadamente modernos, y su jefe de cocina, Andrés Virgós, trata pescados para la clientela variopinta. Seguramente los de la generación del 98 también se hubieran comido el estupendo taco de langostino, plato estrella del que se lleva vendido más de siete mil piezas.

En 1925 se abrió La Navarra por originarios de aquella tierra, en concreto los hermanos Ureta de Puente la Reina, una de las bellas encrucijadas del Camino de Santiago. Bernardo y Justo hicieron una particular ruta jacobea, primero con almacén de los vinos de su origen, para acabar en taberneros. Sigue hoy en su siglo de vida con la barra de cinc, las buenas chacinas de León, tapa autóctona y la retranca de su camarero llamado Rafa. Es ciudad de provincias y se nota entre semana con habituales, como esos personajes que integran la reunión de los jueves. El itinerario de Juan el Bombero empieza y acaba en La Navarra. Por algo será. Las generaciones se entrelazan y el techo bajo de una idea que parece una ermita donde aventar los malos presagios. Dice Rafa que está en algo de ello aunque también hay vino de pasas. Qué bonito es el paso de las estaciones en ese tascón. Pulpo y ribeiro en taza parecen una estampa eterna de lo gallego. En Casa Fidel lo matrimonian desde 1956 una familia compuesta por la matriarca María Luisa preparando el pulpo, su marido Guillermo y el hijo Yago. Este es uno de los oficiantes con más gracia de España. Su sonrisa bandida se lleva de calle a la clientela. Cuarta generación de un tabernáculo que adquiere vuelo desde su adoración a ese cefalópodo o la empanada. Luego la oferta crece y crece. Top en Pontevedra.

Con Juan se puede echar un vino en Os Carballos, uno de esos actuales con chispa para muchos públicos. Allí nos cuenta que en una farra se fue con un primo desde su pueblo en un taxi a Ferrol y se embarcaron treinta y siete meses. Al desembarcar en Vigo, vinieron los amores y el trabajo contra el fuego. Hoy le adoran gran parte de los camareros como el colombiano Stiven. No se pierde una como la taberna antigua de toda la vida Os Maristas en la plaza de la Verdura a la que han dado un vuelco contemporáneo, y tienen séquito sus hamburguesas. En O Pintxo Vino gobierna la barra larga de mármol negro en que duermen muchos sueños rotos. Hay risas enlatadas que proceden del televisor y Juan ni se inmuta. Con un vaso de vino en ristre parece un filósofo sin liceo.

El Bar Estrella, alumbrado en 1976, es otra tasquita de previsible compostura para tomarse un trago, comer un pincho de tortilla o unas zamburiñas. No es memorable, sino uno de lo necesarios para adensar las peripecias del tabernario. Que incluyen empanada de trigo, gambas al ajillo o churrasco en La Estafeta. Muy buena estructura de barra simpática para que largue fiesta una cocina solvente. De otros episodios vividos en figones de dudoso trato hacia el penitente de los bares suplica Juan no acordarse, porque el insulto no tiene clase. Lo bello es saber que este depositario de vida junto al entrañable Boinas son los delegados mundiales de los bares en Pontevedra. Quienes nos alertan de la deriva de muchos en tiempos de vulgaridad. Julio Camba resumió la historia de la Unión Soviética: «Primero, clases, luego lucha de clases, y al final, cuarta clase». Javier y Juan solo beben y viven en primera.

MESON CERVANTES
LOTERIA DE NAVIDAD
94033
LOTERÍA NACIONAL DE NAVIDAD
22 de diciembre de 2024
21
92617
LOTERÍA NACIONAL DE NAVIDAD
22 de diciembre de 2024
21
MIGUEL DE CERVANTES SAAVEDRA
AGUILA
AMSTEL

Salamanca
La pasión ibérica

■ **Mesón Cervantes**, *pl. Mayor, 15, 37002.*

■ **Bar La Gran Tasca**, *c. Prado, 9, 37002.*

■ **Plus Ultra Café-Bar**, *c. Concejo,4, 37002.*

■ **Restaurante Valencia**, *c. Concejo, 15, 37002.*

■ **Las Tapas de Gonzalo**, *pl. Mayor, 23, 37002.*

■ **Río de la Plata**, *pl. Peso, 1, 37001.*

■ **Casa Paca**, *pl. Peso, 10, 37001.*

■ **Bar Colón**, *c. San Pablo, 15, 37001.*

■ **Bar La Viga**, *c. Consuelo, 14, 37001.*

■ **Casa Vallejo**, *c. San Juan de la Cruz, 3, 1.º, 37001.*

Capítulo 38

Salamanca, del campo charro al bar

Cómo impone el legado cultural salmantino y la eterna fascinación de su plaza Mayor. La piel de esta ciudad está tejida de estudiantes, ganaderos y, al final, esa pequeña burguesía de lo que se llamaba antiguamente provincias, porque hoy parece que todo el mundo vive en el centro de sí mismo gracias a lo cibernético. Y se forma parte de la vida cotidiana de esta ciudad que tiene una animación contenida. Todas las líneas de las alegrías barristas parecen nacer o converger de ese magnífico espacio churrigueresco que es la plaza.

Comenzando por el Cervantes, tradicional punto de encuentro de la estudiantada. El pincho de contundencia anima a la ronda, a olvidar el estudio siempre postergado, y permite se empapen bien los estómagos, por si hay que aventurarse por los senderos de Baco. Una croqueta de jamón con toda la barba, una tortilla rellena de casi cualquier cosa, con el queso *brie, bacon* crujiente, cebolla caramelizada y arándanos, o alternativamente también con cremas de roquefort y queso de cabra. El pollo y pavo con salsa brava, el bombón de rabo de toro y la carrillera ibérica nos describen la gallardía con la que trochar este y otro bar. La complicidad de Agustín Macías y Cuca, con el apoyo emocional de Fran y Conchi, festonea la anfitrionía que es fundamental para el tabernista que recorre con poca maleta y más amigos la carretera de la vida feliz.

Y gracias a las claves que no cuentan ninguna guía, ni incluso la dispersión de las redes sociales, hay un auténtico cenáculo insólito en Salamanca llamado La Gran Tasca. Su pomposo nombre es paradójico y sorprendente, pues esconde un pequeñísimo bar de apariencia modesta, pero con un fondo de vitalidad única. Chuchi, su titular, es un pequeño gran personaje, tanto como el local que regenta y que ha merecido legión de discípulos gracias a su socarronería y de la manera de estar en una barra por más de ocho generaciones. Incluso hay un libro lleno de gracejo que describe a este tabernero de molde y sus andanzas. María José escolta sus idas y venidas y sirve el farinato célebre de Ciudad Rodrigo. Este embutido con mucha grasa, harina, pimentón y aguardiente es conocido como chorizo del pobre, y al viajero siempre le recuerda aquella bella localidad mirobrigense y sus no menos entrañables Carnavales. Salamanca es la cabeza de una provincia y también de un campo charro y estirpes de ganaderos. Con Chuchi se enhebra conversación eterna y etílica sobre aquellas razas, y las sagas de los próceres de la tierra.

A la vera de la plaza Mayor se encuentra uno de esos bares en los que describir una manera sosegada de pasar por allí. Desde 1926, el Plus Ultra. Su apertura y denominación responden al vuelo de un hidroavión que atravesó el Atlántico entre España y Argentina por primera vez y que resumía la iconografía del escudo nacional y el descubrimiento de las Américas. Tiempo pasado, pero que se mantiene con toda la viveza en un bar que es un santuario, como reconoce un cuadro añejo de Anís del Mono, y de los hábitos perdidos aguardenteros. La barra es de nivel y toda la burguesía salmantina al quite. La gamba a la gabardina es excelente, al tiempo que un pimiento que también se reboza nos pica con gusto y gracia.

Otro imprescindible es el Valencia. El auténtico sanctasantórum de los taurinos que viven o atraviesan Salamanca. Algún ganadero siempre oficia por este pago, como los de Loreto Charro quienes andan celebrando el triunfo en Azpeitia. Templo morantista que posee una estética que adquiere características de museo. La pared, como mural de fotografías en blanco y negro, y parece no haber transcurrido edad desde que en 1954 abriera sus puertas. Y una anomalía actual, pues se pueden encontrar en el bar dos pantallas enfrentadas que retransmiten toros al mismo tiempo. José Luis mantiene la llama de este bar con sabor y con los pellizcos obligados para los que todavía amamos el arte de Cúchares. En especial la remembranza de los viejos taurinos que siempre llevaban en las carteras una entrada para una corrida y la cuenta del mejor restaurante de la ciudad. Una gastronomía herrada en el guiso, la chacina y el buen ibérico.

Y si todas las rutas pasan por la plaza Mayor, todos los taberneros se resumen en un gigante de la hostelería como es Gonzalo Sendín. De auténtica raza tabernaria por familia ha adquirido una categoría que trasciende el marco de la capital helmántica. Su Mesón de Gonzalo hoy es el restaurante para los que amamos la cocina confortable, el producto bien explicado y un servicio que justifica aquello de «estáis en casa». Y cerca además del mito que fuera el Gran Hotel o uno de los establecimientos con bar más castizos que uno haya conocido en su vida.

Ese espíritu contiguo lo posee Gonzalo, que también tienen barra en la propia plaza con su establecimiento llamado Tapas. Moderna barra, pero que también rezuma sabores eternos, propio de la familia tabernera: calamares, lomo de nivelazo y variantes de los tiempos cruzados contemporáneos, donde a la brava se le apellida con espuma de alioli, con una excepcional patata cortada como las fritas del huevo y con el tributo a la expansiva moda del *brioche*. Gonzalo, haga lo que haga, es el rey de Salamanca. Y su apostura tabernaria configura uno de nuestros retratos de cabecera.

No menos clase tienen los taberneros de un restaurante con barra de entrada que te anima a zambullirte en la misma, como es de Río de la Plata. También una gran hoja de servicios para la felicidad salmantina en su trayectoria siempre de éxito a partir de 1954. Hay un mito que ha sido Pauli Andrés. Cocinera de auténtico tronío, recién jubilada, aunque su figura siempre sigue siendo señera en la casa que ahora continúan sus sobrinos Rafa y José en la misma apuesta radical por la excelencia de la cocina tradicional y el servicio de alta escuela. Pauli después de tres generaciones y en homenaje a su madre, Josefa, de origen argentino, le puso nombre y carisma al local. Qué mujer de raza. En este chiscón al que se accede por unos escalones, se ofrece como una auténtica sorpresa una vida maravillosa donde todo el mundo se conoce y se dispensan ese afecto mágico de las estaciones en miniatura. En la barra hay una vitrina de marisquillo entretenido, y la clientela fija no solo aprecia las delicias ibéricas de la zona, sino un consomé de memoria, guisos caseros y lo que la mar, la tierra o los apetitos demandan. Buenos vinos y majeza, sobre todo majeza por encima de cualquier cosa.

Hay mucho autóctono o viajero que para en Casa Paca. Aunque no son muchas las décadas de su existencia, tiene personalidad histórica por haberse utilizado como tejido emocional y legado cultural una antigua joyería en un edificio art decó, e incluso una tienda de antigüedades para armar este local. Todo esto se refleja en cada uno de los detalles del establecimiento, nacido donde existían aquellos negocios, desde las vigas hasta butacas de teatro de terciopelo. Los cronistas de la ciudad inventarían los detalles y también la cocina tradicional.

Desde luego, un confesado y respetuoso respeto hacia lo clásico en una barra de longitud que tiene más fondo que forma, para comer numerosas tapas y raciones, junto a una estupenda carta de vinos. Tabernáculo que hará muy felices a los amantes de la historia y a los forofos de los digitales. Destacan algunos guisos de mucha hondura como sus callos.

El vagabundeo barista tiene alguna sorpresa como el Bar Colón. Podríamos estar ante una ermita románica, baja y con las ganas de rezar en la barra. Los camareros parecen oficiantes tonsurados y serios. La risa siempre fue sospechosa desde la antigüedad. Dice el titular: «Somos antipáticos y serios». ¿Tendrá que ver con el clima?

En este templete o tabernazo se puede comer, eso sí, un callo de escándalo, y un hornazo de no menor importancia. Gran bocado singular de mucho relleno, con pleno de charcutería, carne adobada y huevo duro, muy típico del Lunes de Aguas en la ciudad. Con esa empanada rellena y con alguno de los buenos vinos que ahí pueden disfrutarse y con la graciosa antipatía de David, uno tiene la sensación de ¡qué rayos, viva el bar! Las fuentes de callos recuerdan bocados ávidos del caminante cuando todavía no estaba muy descosida España. Apostilla el artista: «El que vengo aquí soy yo, todos los días».

Huele a piel de cerdo en La Viga. No hay bar más bizarro en todo el país. Es brutal este destino cárnico bajo el lema de «Échale jeta». La porcina. En la plaza de San Justo, un barrio del centro, para comer todo tipo de peladillas del animal del que todo se aprovecha, y unas ancas de rana que desde 1945 poseen legión de partidarios. Los mismos que tiene Vallejo, a la espalda del nombrado y desparecido Gran Hotel. Estupenda barra de pinchos, que tienen mucho predicamento para el que toma vino y departe como si no importara el mañana. Su dimensión invita a dormir algún romance en la memoria. Y el cerdo de Salamanca siempre sale sin querer. La vitrina de tres plantas siempre repleta explica que la pasión pequeña y enorme de los salmantinos se cuente desde el campo charro al bar.

San Sebastián
Bocados de felicidad

■ **GANBARA**, *c. de San Jerónimo, 21, 20003.*

■ **BAR MARTÍNEZ**, *31 de Agosto k., 13, 20003.*

■ **ITXAROPENA 1910**, *Enbeltran k., 16, 20003.*

■ **TAMBORIL**, *Arrandegi k., 2, 20003.*

■ **BAR TXEPETXA**, *Arrandegi k., 5, 20003.*

■ **BAR NÉSTOR**, *Arrandegi k., 11, 20003.*

■ **LA CEPA**, *31 de agosto k., 7-9, 20003.*

■ **RESTAURANTE GANDARIAS**, *31 de Agosto k., 23, 20003.*

■ **BAR ETXEBE**, *Iñigo k., 6, 20003.*

■ **BAR BERGARA**, *c. del General Artetxe, 8, 20002.*

■ **BODEGA DONOSTIARRA GROS**, *Peña y Goñi k., 13, 20002.*

■ **RIKARDO TABERNA**, *General Artetxe k., 6, 20002.*

■ **BAR EZCURRA**, *c. Gloria, 7, 20002.*

■ **GURE TXOKO**, *Usandizaga k., 5, 20002.*

Capítulo 39

El icono donostiarra

Seguramente no exista en el mundo una ciudad de trasfondo gastronómico con mayor mito que San Sebastián. Tal vez Tokio, Lima o la actual Copenhague le disputen el cetro de genuino volcán de las cosas serias del comer. A cualquier terrícola se le enciende una sonrisa, sabedor de que va a pasearse por los bares de la bella Easo. En esto como en la literatura puede haber ditirambos o descripciones más apegadas a la realidad contemporánea. Su sinfín de lugares tabernarios, gran parte de los cuales se orquestan en la parte vieja, adquieren tintes legendarios e incluso mayestáticos. Lo bonito como siempre que organizamos la subida al Gólgota de los bares de una capital es conocer, liberarnos de prejuicios y al final buscar la felicidad en lo que nos echamos al coleto y cómo nos lo dispensen.

El privilegio de contar lo que uno firma es la liberalidad de sus afectos, Así, todo empieza y acaba en Ganbara. Muchas de las historias que han ocurrido desde mediados del siglo pasado hasta el presente en los bares de Donosti tienen algo que ver con la familia que titula uno de los mejores bares del mundo. Amaiur está detrás de su barra, y mantiene su llama sagrada de la familia tabernista de los Martínez con la mirada siempre cómplice de su genial ama como es la terremoto Amaia Ortuzar.

Ganbara significa desván en euskera, y en verdad que a cualquier goloso le gustaría encerrarse en una barra, que te abraza como una madre, y que tiene tal nivel de excelencias sin parangón. Negocio familiar como Dios manda, este icónico establecimiento de la parte vieja de la ciudad responde a un concepto de tradición sin trampa ni cartón. En el nombre de la misma se han cometido muchos disparates, y se permiten licencias que esconden la poca devoción al producto, o las elaboraciones que se tapan apelando paradójicamente aquello que se dice reivindicar. Lejos de esto, en Ganbara la tradición donostiarra es virtud.

Lo que Amaia Ortuzar, esa dama enrazada a la que adora medio planeta, en compañía de su familia ofrece es una enciclopedia del recetario de siempre, con un toque de ligereza contemporánea que fascina para los que amamos el sabor de nuestras edades.

En este lugar recogido y de culto destaca su barra, en la que gobierna Amaiur, un muestrario de *pintxos* de inconfundible presentación. Todos de bocado, y con la lujuria suficiente para que el apetito tenga que ser refrendado, según los alicientes de la temporada. Por poner un caso, y esto es solo una muestra, es llamativa la canastilla de hojaldre de *txangurro* donde el crujido de la base complementa de forma sublime el relleno estrella del País Vasco; el de rape con patata y langostino, con una suavidad y textura que te hacen salivar; la croqueta de gallina, de libro; el majestuoso desde su aparente sencillez, de jamón con trufa; y, por supuesto, una ensaladilla de manual donde no se escatima bonito del bueno. Pasen y coman... Por no hablar de la seta que reina en la barra cuando tiene la calidad que exigen unos taberneros, que por encima de todo son *gourmets* de pico fino.

Todo esto ha pasado porque el 13 de mayo de 1942 Manuel, el padre de José Ignacio, a su vez progenitor de la actual saga de Ganbara, había abierto Bar Martínez. Familia Riojana donde cocinaba la abuela Juliana Gil, que trajo la tradición del champi de su tierra, y luego el hijo José incorporaría la de los hongos como uno de los bocados míticos del Ganbara. Todo eso mismo sigue hoy despachándose gracias a Mikel, el primo de los Martínez Ortuzar y, al igual que ellos, heredero directo de los aitonas fundadores del Martínez y de la estirpe tabernaria. En esa casa de la calle 31 de agosto, en su momento también oficiaron los otros hermanos Urbano y Manuel, y hoy se mantiene el auténtico sabor del *pintxo*, con la misma delicadeza, aunque ahora por aquello de las cuestiones sanitarias todo en vitrina y sin que se pueda coger directamente. Memorable el encebollado con puré de marmitako, el pimiento relleno y la Gilda, sí, señoras y señores, la Gilda.

Ha causado estado y prácticamente declaración de paternidad la idea de que esta banderilla de la aceituna y de anchoa, a la que se añadió piparra para que fuera «picante y sabrosa» en homenaje a Rita Hayworth en la película bajo sospecha del franquismo, se ideó en la antigua Casa Vallés. Hoy es el actual Itxaropena 1910, con nuevos aires desde que se retirara la mítica Pili Gubia, la «reina del bacalao», aunque tiene buenos *pintxos* como el «taco de *txuleta*», y amplia carta de champú. Existe documentación gráfica que en realidad ya se servían gildas en el Martínez antes que en Vallés. La historia de ese pincho que hoy hace furor desde Algeciras a A Coruña, y al que se le van aplicando heterodoxos fórmulas con percebes, mejillón, huevos de codorniz o lo que a cualquier tabernero de volatín se le ocurra, al final también tiene que ver con Ganbara. Todos los caminos conducen allí. Incluso el actual Tamboril, en la plaza de la Constitución que hoy regentan ellos mismos, y que habían fundado en 1958 unos primos de José Ignacio Martínez. Se sigue gozando de la pipa o gamba rebozada, y del escabeche de atún al que ha echado un capote el inevitable Sacha, siempre Sacha, uno de los agitadores de los bares de medio país.

La anchoa marinada del Txepetxa es absolutamente exclusiva. Barra de respeto, ahora centenaria, se ha convertido en parada inevitable donde también poder pescar el buen centollo con el que se combina ese bocado estelar. Declaran en esa barrita que todo nace de la abuela de Zarautz y las técnicas de marinar. Es sitio de permanente trajín, está en todas las guías de fudis, se busca la anchoa en sus diálogos con erizo de mar, patés, en una docena larga de combinaciones. No deben olvidarse otros bocados como los champiñones guisados o al horno.

Néstor y su *txuleta*, otro imprescindible. Bar minúsculo para comer esa deliciosa puñalada cárnica, que por casualidad se convirtió en emblema por la anécdota muy cantada de la mesa 19 que se reservaba los viernes a la gente del Orfeón Donostiarra, y el día que les prepararon chuletas se hizo la boca agua de los parroquianos. Buen tomate, pimientos y una monumental tortilla en pase de mediodía y noche, de la que comerse un pincho es casi imposible porque hay que reservar.

Nos encanta desembarcar en La Cepa con sus jamones, ricos bacalao o merluza, en el siempre atestado Gandarias, y en Borda Berri, que posee nivelazo y hechura muy easotarra. Lucía y Marc, pareja de taberneros moderna, procedentes de la cuchara de San Telmo, o uno de esos muestrarios coquinarios en miniatura, están ejecutando la nueva versión de la comida en mostrador. Como botón, la oreja con chimichurri. Qué decir de uno de los mejores restaurantes clásicos de la Parte Vieja, con barra de perderse, como es Urola. Uno de esos bares de bullicio y categoría, donde es aconsejable disfrutar de la cuchara de salpicón, y que nos reconcilian con la idea de que en San Sebastián no todo ha sido la política que azotaba los bares, las purezas de la raza o el matriarcado de los antropólogos a la violeta. Hay mucha vida, libre y sin etiquetas.

Y si no que se lo cuenten a uno de los tabernazos más raros del país, Etxebe. Tres hermanos hosteleros de origen sevillano aterrizaron en Hernani y tuvieron que dedicarse, inefablemente, al mundo tabernario. Uno de ellos, Helio, ejerce en este insólito bar que hubiera hecho las delicias de Toulouse-Lautrec con los dos jugadores de cartas encerrados en su universo a las dos de la tarde. En torno a las tres se deja el cierre a medio echar para que solo entre la cuadrilla, o el que tiene algo interesante que contar.

Por la zona de Gros siempre resulta un gusto el Bergara. Qué bonito paseo cuando llueve de manera persistente y bella sobre esta ciudad. Aunque ahora se haya llenado de luz el local, hay que celebrar la fidelidad a la lujuriosa vitrina de pinchos como la *txalupa* (hojaldre relleno de seta, langostino, nata y cava), la tortilla de anchoa fresca hecha al momento, o el chopito encebollado. También cualquiera de los mostradores de Bodega Donostiarra y sus hechuras azules tan *txuriurdin*. O donde comerse un «completo» que no es otra cosa que un bocadillito de atún con piparra.

En el mismo barrio se encuentra una taberna de hechura clásica como la de Rikardo. Sitio muy cariñoso en el que es obligado pedir su icónica croqueta de mejillones. Para hacer otra parada más en bares que siempre tienen la prestancia donostiarra. El Ezkurra ha cambiado de dirección sin salir del barrio, y sigue siendo unos de los favoritos de Amaiur por la tortilla de patatas. Nada menos que desde 1930, donde también es recomendable la ensaladilla rusa. Otro de los imprescindible es Gure Txoko, por su precisa interpretación del *pintxo* y el recetario de toda la vida del tripero de San Sebastián.

Los bares donostiarras siempre conducen una conmoción íntima. La que experimentamos cada tamborrada cuando a despecho de tiempo y lluvia redescubrimos una ciudad que se abre para quien la conoce. O cuando nos comemos una *kokotxa* de merluza de anzuelo o las angulas que nos sirve Marisa en Ganbara. Por encima de los mitos y las mareas, hay un pedazo de felicidad única de este planeta y esta vida en los bares de Donosti.

scados del día
TENERIFE
Heineken

Santa Cruz de Tenerife
Ante todo mucha calma

■ **BODEGÓN EL PUNTERO**, *c. San Clemente, 13, 38003.*

■ **LA FRASCA**, *c. Juan Pablo II, 3, 38004.*

■ **MESÓN CASTELLANO**, *c. de Callao de Lima, 4, 38003.*

■ **MESÓN EL DUQUE**, *c. Teobaldo Power, 15, 38002.*

■ **DE LA MAR EL MERO**, *c. de la Rosa, 11, 38002.*

■ **WINE & CHEESE BAR**, *c. de San Francisco, 28, Emilio Calzadilla, 7, 38002.*

■ **MESÓN RESTAURANTE DON PELAYO**, *c. de Benavides, 30, 38004.*

■ **RESTAURANTE LOS TRES TENIQUES**, *c. Emilio Calzadilla, 21, 38002.*

■ **TASCA LOS PULPITOS**, *c. de la Rosa, 53, 38001.*

■ **TABERNA RAMÓN**, *rbla. de Sta. Cruz, 56, 38004.*

■ **BAR LOS CHURRITOS**, *c. Dique, 1, 30120.*

■ **EL CAPRICHO DE NICOMEDES**, *av. Francisco La Roche, 1, 38001.*

■ **FREIDURÍA LA MARETA**, *Mercado Nuestra Señora del África, c. Darias y Padron, 38003.*

■ **URBAN 180**, *c. Imeldo Seris, 19, 38003.*

Capítulo 40

Entre guachinches y viajeros

Vivir en una isla con tanta diversidad como la tinerfeña determina una cultura abierta y la síntesis de la cultura del bar. Santa Cruz como capital es al tiempo un precipitado de los territorios, de las gentes que entran y salen y de las huellas del paso. Las islas afortunadas siempre susurran el pueblo guanche. Los enigmas de su origen africano, su belicoso carácter y, en definitiva, su orgullo dejan hondo vestigio, siquiera esa personalidad ha sido endulzada por los turismos y los cruces. Como fenómeno característico que no suele existir en la capital por aquello de la hostelería convencional, se encuentran los guachinches. Verdadero catálogo de bar de toda la vida cuyo origen se encuentra en los locales de venta de vino propio. Nuestro mejor cicerone como es Pedro *Peter* Benítez reivindica ese aroma popular de esos platos caseros de barra, y en definitiva «un cuartito de vino y unas papas».

Girar por una isla llena de riqueza gastronómica y enológica, que llega a computar cinco denominaciones de origen del vino, incluye disfrutar de la diversidad de guachinches. Y del conejo frito, los chocos a la plancha con mojo, los churros de pescados, los tollos (tiras de cazón o tiburón secadas al sol). Todos con el justiprecio del pueblo llano. Un habitual llamado Jonás, en este caso sin la ballena, sostiene que los diez euros por persona es lo lógico en cualquier guachinche. Lo más parecido a estos cubiles en Santa Cruz se llama El Puntero. Tal vez es el último bar clásico de la ciudad, en el que toman escaño desde el presidente de Canarias hasta el último paisano. Ahora regenta el nieto del fundador de los años cincuenta del pasado siglo. Tipismo de esta casa de comidas que recibe con una barra para dejarse caer. Rico cherne, típicos tollos, en un local que tiene la traza de pequeña venta. Manolo, llamado igual que las dos generaciones precedentes, puede parecer un poco desaborío, que eso es seña de identidad de muchos taberneros. Pero tiene pura raza, también de cocinero. Domina los fuegos y cada mañana a las ocho acude a preparar este establecimiento central del mundo tabernario de Santa Cruz. Por el que zascandilean no solo los políticos, también pintores, galeristas, porque socarronamente dice Manolo Puntero: «A la gente de la cultura le gusta el vino y el pescado».

Plancha de importancia valorada por un público internacional que pasa por Canarias buscando la pureza. En el baño uno reflexiona sobre las periferias observando una maceta sobre el inodoro, y al final ¿dónde está el centro? Encima de la barra preside un cartel de toros de una plaza monumental y, junto a Paco Camino y el Cordobés, se coloca el Puntero. El primero de la saga era feriante y eso todavía resuena en este garito de bandera.

En La Frasca, Tomás corta jamón como un violinista y dan ganas de pedir cualquier bocadito rico de la casa. Hay una larga sombra de mesones que cubren todo nuestro país incluidas las islas. Mesón castellano obedece a esa idea, con los jamones colgados, su barra de madera y su sobriedad en el servicio. Todo ello en los aledaños en la bonita plaza de Weyler. También con la misma tipología el siempre concurrido Mesón El Duque, con la barrica de Rioja como mesa, la pata del porcino como estandarte y los bocados igualmente clásicos. Cheo es un amante de los vinos de pequeño productor que antes de tabernero fue militar durante veinticinco años. Ha planteado un lugar de refugio en una esquinita muy cálida y entrañable que se llama De la Mar el Mero. Su icónico plato es una lasaña de setas de temporada, además de un pimiento relleno con buena sinfonía de salsas. Es una estupenda guarida para tomarse una garnacha fina de la Manchuela desde Canarias. A las islas acuden personajes como un leonés llamado Chema que desembarcó para un baile, y allí se quedó. Dice que en su Donde Chema (Wine & Cheese Bar), todo el mundo quiere sentarse en la terraza, pero el bar tiene un encanto inimitable.

La barra de este chiscón está lujosamente alhajada de chorizos leoneses, lugar natal de este vagabundo y que defiende la viva nostalgia de su tierra. Conjuntamente con unos quesos de buena vista y sabor, las mismas que tiene el tomate. Auténtica oda la del tabernero practicada por este oficiante. Tiene tanta complicidad con los clientes fieles que les ha puesto sillas con su nombre. Buen fondo de vino canario como corresponde, aunque se proclama en verdad el «rey de los destilados». Ama el *whisky* y almacena más de cien etiquetas al igual que los tequilas. Con su ensaladilla rusa de toda la vida, las croquetas de chorizo de León, como era de esperar, su soberbia piparra o el *steak tartar*, el tiempo va pausadamente y la felicidad es única. El personaje dice de sí mismo en su avasallador servicio: «Chema vas muy bien, no la cagues en el café», a risotadas.

Se suceden los varetazos de la fortuna tabernaria como un asturiano de buena factura llamado Don Pelayo. El destino de la vida dictó que José Antonio y Vicente hicieran en Tenerife el servicio militar procedentes de la zona occidental asturiana como es Vegadeo y Taramundi. Luego, un chigre de nivel con barra muy amplia y para quedarse a pasar horas en el vientre de la ballena amable que son las céntricas calles de Santa Cruz. Cocina con fundamento con aroma universal, buen rollo y sidra para regar alguna nostalgia verde. Los 3 Teniques tiene longitud de restaurante, pero su barra con escaños invita a buenos vinos y bocados de respeto. Y si de producto que orqueste un bar hablamos, ahí se encuentra Tasca Los Pulpitos. En un pequeñito tabernáculo y donde las mesas altas han fagocitado la barra, se disfruta a conciencia de un pulpo de lujo: en croqueta, frito, guisado, a la vinagreta, a la gallega, empanado. El lema del local es «ante toda mucha calma», como la que dice con flema el tabernero requerirse para sobrevivir a las obras eternas de las calles que lo rodean. La misma sorna que tiene para no desvelar la identidad del pulpo, pero sí la de unos «calamares saharianos a la andaluza».

En Santa Cruz de Tenerife hay plaza de toros, aunque no está operativa desde 1984. En esa Rambla, se encuentra el clásico de los clásicos para los tinerfeños. Taberna Ramón abre de martes a sábado de 12:00 a 23:00 y siempre hay colas para comer. Tasconcito pequeño que en sus tres décadas de existencia ha creado un inconfundible ambiente de barra. Los jamones cuelgan enhiestos sobre la barra. Se piden con avidez los platos de pulpo al ajillo con almeja, pastel del día, habichuelas y tortillas de ajo, buenas migas de bacalao con batata, caballa San Antonio o la chuletita de conejo frito con papas fritas. Nada de café y copas, pase el siguiente.

A pie de playa, en el pueblo de pescadores de San Andrés lleva medio siglo abierto el Bar Los Churritos. Horario para los cabales, pues solo despacha de lunes a viernes de 11:00 a 17:00, en barra y en seis mesitas. Verdadera fauna costumbrista de la ciudad, pues allí almuerzan como campeones los trabajadores cercanos, gente del pueblo, los playeros o excursionistas y avisados extranjeros. Los churritos de pescado que titulan el local están siempre crujientes hasta el punto de que para los impacientes la quemazón es obligada. También encandilan el pulpo al estilo canario, esto es, guisado y aliñado con aceite y vinagre y guindilla de rabiar. Buen atún en mojo, este rojo y verde casero. Sitio fantástico por su energía, respeto a la economía, en el que debe irse sin prisa y con calma.

El Mercado de la Recova es un derroche de vida y de producto zumbón. Y en sus entrañas se encuentra Nicomedes. Un bar pescadería de los de peregrinación. La lujuria de la vitrina con toda la peladilla náutica que uno puede imaginar soporta a los que quieren gozársela allí mismo. Puesto con mucha vitalidad que tiene extensión en una barra de bulla en la que nuestro Peter Benítez no suele fallar los sábados.

Y en los aledaños del mercado hay una hilera de pequeños dispensarios con mesas en la calle y localitos interiores. Uno de los más chispos es Freiduría La Mareta. De los de homenajearse con la fresca sardina, buen bonito, cazón en adobo, ensaladilla de gamba, churros de pescados, garbanzada y lo que encarte. Alegría en aquel encantador escenario donde también se encuentra epilogando batallas Urban. O el bar que nunca duerme y desde cuyas alturas se invita a rematar o a comenzar cualquier andanza.

Santander
*y la gloria de la
anchoa y la raba*

■ **RESTAURANTE EL PUERTO**, *c. Hernán Cortés, 63, 39003.*

■ **LA BOMBI**, *c. Casimiro Sainz, 15, 39003.*

■ **LA MULATA**, *c. Tetuán, s/n, 39004.*

■ **RESTAURANTE LA MAYOR**, *c. Juan de la Cosa, 5, 39004.*

■ **LAS HIJAS DE FLORENCIO**, *p°. de Pereda, 23, 39004.*

■ **CAÑADÍO**, *c. Gómez Oreña, 15, 39003.*

■ **BODEGA LA CONVENIENTE**, *c. Gómez Oreña, 9, 39003.*

■ **BODEGA FUENTE DE**, *c. Peña Herbosa, 5, 39003.*

■ **LA PIRULA**, *c. Peña Herbosa, 21, 39003.*

■ **LA MAR**, *c. Peña Herbosa, 11, 39003.*

■ **VERMUTERÍA SOLÓRZANO**, *c. Peña Herbosa, 17, 39003.*

■ **TABERNA SANTOÑA**, *c. Peña Herbosa, 18, 39003.*

Capítulo 41

Los STV y sus sitios

El sentido de pertenencia que parece tan necesario para los pobladores de las ciudades pequeñas se suele marcar con la apostilla de «toda la vida» por todo el territorio nacional. Hay PTVS o los pamploneses de pura estirpe, los TTV, que parecen no haber salido nunca de Toledo, y por supuesto los STV. En Santander hay personajes muy característicos que viven con el orgullo de sus generaciones que se hunden en la niebla de los tiempos cántabros, y para quienes las existencias cobran sentido si todo es volver a la bellísima ciudad del Sardinero. El carácter introvertido del montañés, unido a la satisfacción que concede ser lugar de veraneo de posibles, pintan unos rasgos que solo pueden apreciarse en este territorio. Los bares y la manera de estar en ellos son corolario del hábito de vida cántabra.

Sostiene Carlos Marigorta, con su inteligente mirada de agnóstico de las identidades, que en Santander «los camareros y los sastres siempre parecen hacerte el favor». Alejada de toda cuestión, en Puertochico está una universidad de los bares. La inmensidad de la barra de madera y estribo que no arranca nunca la espuela, constituye hotel de cinco estrellas para quien chalanea por los tabernáculos de todo el país. El Bar del Puerto fue creado por la abuela Gumersinda en 1939, aunque la abuela Romana de los tres hermanos y actual generación gobernadora de esta maravillosa despensa de alegrías marineras fue quien compró el local y lo puso en lo alto de la ciudad. La decoración vigente, gracias a la obra museística de Ricardo Lorenzo, ha conseguido la transformación de un bar de pescadores a un restaurante de primera categoría. No hay humano que recale en la ciudad, sea premio nobel, catedrático o buscavidas, que no haya buscado el servicio de esos camareros de pajarita y *savoir faire*.

Una de las hermanas, como es Marina, lleva en el ojal un estoque de oro, con el que homenajea a su padre Antonio, apodado la Puñalada, por las recetas que aquí se ejecutan al goloso. La anchoa se soba en el día y se presenta desalada y sin pelo, cual bocado de inmersión en otra realidad rediviva. Por su parte, la almeja fina se mantiene viva hasta el reclamo del cliente. Muchos buscan ese bivalvo entre la ostra y la almeja llamado verigüeto en este local, o el bolo malagueño, o la escupiña gallega. El Puerto es la evidencia de la clase tabernera, uno de los grandes del escalafón nacional. Y si hay que tirar de cartera, el dinero y otras cosas, para las ocasiones.

La socialité santanderina y de acogida pica billete en La Bombi. Es casa donde el marisqueo y los reyes náuticos navegan con soltura. Restaurante burgués de los necesarios en cualquier localidad, ideal para dejarse ver, está regentado por el encantador Boni, que sigue enredando a pesar de su retirada formal, y sus dos hijos. Tiene una barra de entrada donde se puede tomar comanda de la carta sólida y líquida de este inagotable establecimiento. Es aconsejable no retrasarse, como ocurre en muchos garitos de la capital, porque hoy vivimos tiempos de cierres a la suiza. Uno tiene el complejo cuando pasan las 23:00 de haberse equivocado y estar buscando el *after hour*. En su línea, La Mulata es uno de los restaurantes favoritos para los que amamos temporada, producto bien mimado. Su alma tabernaria parece haberse ido de vacaciones definitivas. Cancerberos de la jornada y prescriptores que no quieren que el diletante en bares se aposente en su sacrosanta barra. El intimidatorio cartel de «prohibido apoyarse» y otros del mismo tenor invitan a sentarse en mesa o a huir buscando mejor fortuna tabernista.

Tiene toda la traza de cafetería viejuna, pero es destino para encontrar las mejores comidas de la ciudad sin aspavientos. Se llama La Mayor y su puesta en escena, que incluye ancha barra, no desanima a los STV de las nuevas generaciones que allí comen de lujo. La raba fresca o la almeja a la sartén puntúa junto al bocarte.

Los camareros con camisa de cuadros de uniforme sirven un apetecible arroz con almejas a los cachorros de la burguesía aborigen. Todo es gustoso incluida la falta de simpatía del encargado que parece catedrático de los derechos de imagen.

En una antigua carpintería el abogado Nacho Zatariain abrió Las Hijas de Florencio. Este salao y cachondón tabernero eligió el nombre recordando a tres señoras enlutadas, también llamadas las viudas, que tenían un barecito debajo de un concurrido cabaret por los santanderinos. Los prendas que acudían a las costumbres licenciosas señalaban que en realidad iban a ver a las hijas de Florencio. Ahora en su populoso bar se corta jamón a cuchillo, hay un buen bonito con pimiento, y toman una copa de vino del aperitivo social del viernes noche un grupito de jueces y fiscales, por poner un caso.

En la plaza de Cañadío se arraciman mostradores de variado pelaje siempre con bastante público que también se derrama por las terrazas, y allí reina el local homónimo. Cañadío tiene poderosa barra como augurio de un restaurante muy a modo. Las tortillas de patata tan celebradas se consumen a velocidad. Su solvente selección de bocados y el buen gusto que siempre ha tenido Teresa con el vino avalan una de esas muestras tabernistas calificadas como infalibles. Todo como un reloj. No muy lejos de ahí, hay un tascón cuya denominación refleja sus orígenes. En Bodega la Conveniente se revela todo el folclore de los depósitos de vino, las botellas llenas de polvo, mesas de madera corridas y un altar vestido con la bandera española y mexicana en el que una dama rubia toca el piano como si no fuese con ella. En la barra que atienden las modernas camareras, que parecen mirar al suelo en pos de una moneda perdida, se dispensan pinchos y anchoas de trajín. Uno con toda la socarronería se pide una ración, y sin despeinarse se la aprieta, que para eso «soy de Bilbao».

La calle Peña Herbosa está llena de camarotes. Carlos Martínez de Marigorta se ríe del jamón con moho que se sirve en Fuente De. Las dos filas que aguardan en la atestada barra no solo no se percatan de ello, sino que lo comen con fruición. Cómo nos gustan estos camarencheles con el sabor de la vida genuina y sin instagrameros. La Pirula es otro atractivo chigre que bien podemos clasificar como versión 2.0 de la anterior. En esta travesía donde los naturales el día 24 de diciembre se desmadran en la «Tardebuena» también se encuentra un sitio de clase llamado La Mar. Desde 2015 un servicio chic despacha ostras y caviar con bella naturalidad.

«El aperitivo es sagrado» reza la espalda de la camiseta de los camareros de Solórzano. Muchos aperitivos han tenido que tomarse sobre la barra de mármol, pues se aprecia bien cuarteada por el uso de las décadas que pronto serán centenarias. La gilda de bocarte con guindilla suplementaria y el vermú son la pareja de baile de esta pista bullanguera. En esa casa hay un sotanillo con barra o templete de ofrenda a los vermús con *glamour* italiano, y de paso una de las más bonitas de España en la materia.

Dice Chuchi, el pescadero de Carlos, que el cenáculo del pescado en barra se llama Taberna Santoña. El tendero de la mar, que también es boxeador como buen cántabro, vende mucho, pero con un precio justo al alcance de todos. Su predicción es acertada, porque la raba de calamares es perfecta, y sabe a lo que debe saber. La raba y la anchoa son gloria de esta ciudad, y las que conceden el asilo gastronómico a cualquier refugiado de la buena vida. En esa barra filosofa sobre el pescado un casta de los mostradores como es Goyo, abogado de las remolcadoras. El viento sur que azota con garbo los corazones santanderinos le da trabajo y le permite seguir indagando en la cultura del bar. La que está presente por encima de todo en la biografía de los santanderinos.

Segovia
Maracaibo
y otros bares

- **Restaurante La Concepción**, *pl. Mayor, 15, 40001.*
- **La Taurina**, *pl. Mayor, 8, 40001.*
- **Restaurante José María**, *c. Cronista Lecea, 11, 40001.*
- **El Pícaro**, *c. Los Zuloaga, 1, 40001.*
- **El Sitio**, *c. de la Infanta Isabel, 9, 40001.*
- **Figón de los Comuneros**, *tr.ª del Patín, 4, 40001.*
- **La Casona de San Martín**. *pl. de San Martín, 3, 40001.*
- **La Tropical**, *c. Cervantes, 21, 40001.*
- **Cuevas de Duque**, *c. Sta. Engracia, 6, 40001.*
- **El Cordero**, *c. Carmen, 4, 40001.*
- **La Codorniz**, *c. Hermanos Barral, 1, 3, 40001.*
- **Ibiza**, *pl. del Dr. Gila, 11, 40001.*
- **California**, *pl. del Dr. Gila 9, 40001.*
- **Bar Restaurante Maracaibo**, *p.º Ezequiel González, 25, 40002.*

Capítulo 42

De Ronda por Segovia

Dice mi admirado Óscar Hernando de Maracaibo, por otra parte, el restaurante más atractivo de Segovia, que los bares han perdido mucho. Ya hemos reflexionado en más de un latigazo tabernario sobre el canto de la sirena nostálgica cuando de bares se trata. Y que tampoco hay que compartir esa melancolía, porque por fortuna en la capital del acueducto hay verdadera senda de elefantes para los que trasiegan y ponen pie en estribo. Una jornada baruta en Segovia puede alcanzar tintes memorables. De los que aconsejan cama, reposo y paseo matutino para ahuyentar perseguidoras que diría Cortázar.

Hay que plantarse en la plaza Mayor con aire en los pulmones, algo de numerario y ganas de rondar. Y comenzar en la barra de La Concepción, para escuchar música clásica de fondo y disfrutar de un negroni en un ambiente decó. Esos cafetines que quedan salpicando el mapa español, como recuerdo de ambientes cultos que tienen su florecimiento representativo en algunas de nuestras capitales. Con aire tranquilo para compartir inquietudes y un trago. En el siguiente derrote hay reclamo inevitable por La Taurina. Un clásico renovado. Tal vez demasiado. Hay elegancia en su barra de mármol negro y lo porcino como estandarte. Comedor elegantón en un local que ha perdido algo de alma, seguramente como metáfora de aquello a que se acoge en su nomenclatura.

Quien no pierde comba en una ciudad que parece suya es José María. Su siempre atestada barra está atendida por camareros de estirpe caso del lacónico Ángel. Hay una simpatía castellana muy particular que debemos interpretar sin el prejuicio de las prisas y la falta de clase de muchos que no tienen título para acodarse en la barra. Todo el tirón de ese mesonero segoviano, uno de los emperadores del cochinillo junto a Cándido y Duque, se manifiesta en barra larga llena de bocaditos ricos y con el aliciente del «vino de la casa». El fenómeno Pago de Carraovejas, hoy desarrollado con otras bodegas de latitudes dispares, tiene también hueco en El descanso de Juan Pacheco. El que fuera marqués de Villena, quien tuvo el privilegio de tener el cuchillo del rey Enrique IV de Castilla. El sabor de la historia que aquí alcanza la excelencia del bar.

Divagando se puede llegar a El Pícaro, donde un avezado llamado Jorge Margarita hace justicia al nombre del local. En un palacete del siglo XVII, se puede seguir recuperando la historia y el gracejo de ese sujeto que debería llevar calzas, faltriquera y bardeo en otra época. El sitio es otra taberna, de Rubén con acento o sin él, como uno prefiera. Los camareros tienen chaleco negro, camisa blanca y pajarita, lo que resulta el uniforme de las glorias perdidas de la tabernería.

Y es cultura esa hermosa costumbre del vino y aperitivo en todos los figones; lo más importante es la bullanga que uno se encuentra, y a ser posible con torreznos o mejillones en vinagreta. Segovia es tan autóctona que parece un universo cerrado en sí misma, y cuando el parroquiano vislumbra la felicidad del mostrador entra en un vórtex del que solo se sale flamencón o con las maletas en la puerta.

Figón de los Comuneros se encuentra en la travesía del Patín. Esta es una vía castiza de la ciudad, que nada tiene que ver con los artefactos eléctricos que azotan las calles contemporáneas, y tiene también un expresivo mural de José Luis López Saura. El arte urbano en un entorno muy castellano, y donde este asador expresa lo mejor de la cocina tradicional. La barra empieza a estar condenada por los parapetos que tanto gustan a las cajas registradoras de las tabernas, y tampoco al tabernario que le gusta estar de pie manteniendo el tipo y la gallardía. Las lucecitas verdes del comedor al fondo dan una pista del signo de los tiempos. Eso sí, la casquería es de prestancia, y la tapa de callos y morros tiene alcurnia.

En una plaza preciosa se encuentra La Casona de San Martín. Hace no muchas fechas ha sufrido remodelación y cambio de titularidad, y el resultado es elegante. Otra barra para zambullirse en el aperitivo eterno, caso de la oreja o el salpicón, y la parroquia tan vivales como la que festonea los bares segovianos. Ese carácter que tiene el parroquiano e igualmente el camarero. Así, en La Tropical, un bar de toda la vida con su barra de longitud, cervezas, café con churros, el artista le dice a uno que le pide una caña: «Javier, me han dicho que has estado malo…». «¿Y quién te lo ha dicho?…». «Eso no se dice…». Para guasa, la barra.

En las Cuevas del Duque, hay otro salto hacia la historia que fecha en 1895 su arranque. Y siguen las historias de camareros con el ecuatoriano José Antonio Rocero Flores. Su historia de vida desde su localidad fronteriza con Colombia, en plena zona agrícola, hasta la oportunidad que mi querido amigo colchonero Óscar Gil le brindó para oficiar en esta casa de sabor y raigambre. Todo es tan castellano que cualquiera de los establecimientos como este y los colindantes están pintados con el material emocional de la vieja lengua y su carácter.

En El Cordero se respira la castellanidad por bandera. Un vino y un torrezno, y paramos los pulsos en un local que incluso nos gusta por su aspecto sombrío, que es como decir la verdad de las cosas. Nadie sabe por qué se llama un bar La Codorniz. Y eso parece dar igual a los castas que por allí pululan. Con una caña en la mano, uno de estos se dirige a la televisión y espeta: «Presidente, eres un incurto».

De tranco en tranco hay que hacer escala en El Ibiza, cuyo nombre se lo puso su dueño que responde por Daniel Yuste, quien junto a su hermano Luis Carlos despachan verdaderas delicatesen como la oreja rebozada, el torrezno de careta de cerdo, la croqueta, herencia de la buena mano de su madre. Mucho ambiente y una creación que llaman la tortipizza. Para que luego digan que los segovianos no gastan ingenios. En ese mismo barrio de San Millán está California. La raza característica de los meseros de la ciudad sale en toda su expresión. Hay que tener mucha retranca para disfrutar de algunos bares en los que te sirven como si les debieras algo. Pero eso es parte del oficio del tabernista.

Después de cualquier periplo barrista por la ciudad de la dulzaina, cualquier camino conduce a Maracaibo Casa Silvano. Nuestra casa. Y al final en la barra con Óscar y mucho vino, vino, vino. No en vano este cocinero que aggiorna la cocina de raíz, también es bodeguero. Nos regala reflexiones y visión de cómo cambia el mundo tabernario y la enésima recreación del mundo goloso del despojo. Aunque añoramos las setas de la temporada. No menos la trufa. Y la intensidad de la lengua de ternera morucha estofada, los callos de campeonato con morro, la oreja, la vida sin zarandajas. El paisaje gastronómico de Segovia se resume en una ronda con final feliz.

LINDES
REMELLURI
VIÑEDOS - LABASTIDA
COPA   2'75 €
BOTELLA   16'50 €
¡PRUEBE!
SALCHICHA
IBERICA
TAPA   3'00 €
LUSTAU
COPA 4'00 €
MONTADITO DE
PRINGA
TAPA 3,00 EUROS

Sevilla
Donde todo empieza

- **LA ALICANTINA**, *pl. del salvador, 2, Casco Antiguo, 41004.*
- **MARISCOS EMILIO-LA OSTRERÍA**, *c. Génova,1, 41010.*
- **RESTAURANTE DONALD**, *c. Cantalejas,3, Casco Antiguo, 41001.*
- **RESTAURANTE NURIA**, *av. de Málaga, 1, 41004, Sevilla.*
- **CERVECERÍA MARILUZ**, *c. Jabugo, 1, 41008.*
- **BAR TRINIDAD**, *c. Madre Isabel de la Trinidad, 3, Casco Antiguo, 41003.*
- **BECERRITA**, *c. Recadero, 9, Casco Antiguo, 41003.*
- **BAR EL CORTADERO**, *c. Menéndez Pelayo, 17, Casco Antiguo, 41003.*
- **BAR CASA CORONADO**, *c. Juan del Castillo, 2, 14, 41003.*
- **LAS TERESAS**, *c. Sta. Teresa, 2, Casco Antiguo, 41004.*
- **TABERNA LA FRESQUITA**, *c. Mateos Gago, 29, Casco Antiguo, 41004.*
- **EL RINCONCILLO**, *c. Gerona, 40, Casco Antiguo, 41003.*
- **BAR CASA MORALES**, *c. García de Vinuesa, 11, Casco Antiguo, 41001.*
- **BAR RESTAURANTE CASA ROMÁN**, *pl. Venerables, 1, Casco Antiguo, 41004.*
- **BODEGUITA BLANCO CERRILLO**, *c. José de Velilla, 1, Casco Antiguo, 41001.*
- **RESTAURANTE EL DONALD**, *c. Canalejas, 3, Casco Antiguo, 41001.*
- **CASA MORENO**, *c. Gamazo, 7, Casco Antiguo, 41001.*
- **LA BARRA DE INCHAUSTI**, *c. Tomás, 10, Casco Antiguo, 41001.*
- **BODEGUITA CASABLANCA**, *c. Adolfo Rodríguez Jurado, 12, Casco Antiguo, 41001.*
- **FLOR DE TORAZNO**, *c. Jimios, 1, Casco Antiguo, 41001.*
- **EL RELOJ EN EL ARFE**, *c. Arfe, 18, Casco Antiguo, 41001.*
- **EL RINCONCILLO**, *c. Gerona, 40, Casco Antiguo, 41003.*
- **TABERNA MANOLO CATECA**, *c. Sta. María de Gracia, 13, 41004.*
- **TABERNA SOL Y SOMBRA**, *c. Castilla, 147, 41010.*
- **LAS GOLONDRINAS**, *c. Antillano Campos, 26, 41010*
- **ANTIGUA CASA DIEGO**, *c. Alfarería, 5, 41010.*
- **BAR LA OLIVA**, *c. Olivares, 3, 41010.*
- **BAR CASA RUPERTO**, *av. Santa Cecilia, 2, 41010.*
- **BAR SALOMÓN REY DE LOS PINCHITOS**, *c. López de Gómara, 11, 41010.*
- **RESTAURANTE JAYLU**, *c. López de Gómara, 19, 41010.*

Capítulo 43

Sevilla km 0

Qué difícil resulta compendiar en un capítulo el alma de una ciudad como Sevilla. Tiene tantos rostros y perfiles como bares, hablares y su inconfundible modo de vivir. En la capital hispalense hay tantos personajes y rincones que conforman casi un planeta propio. Y si uno ama la buena vida en cualquiera de sus expresiones, cualquier camino empieza, pasa o acaba en Sevilla. Epicentro de muchas cosas, término que, por otra parte, se utiliza mucho por el tabernista sevillano, y que de modo general vive en la ciudad tan entusiasta de sí misma. Nuestro París con arte tiene tantos bares y tantas rutas como sevillanos que se dan de codazos para ganarse la anfitrionía. Porque si hay algún buen embajador de la ciudad del Betis no es otro que cualquier sevillano.

Pero como en casi todo, todos somos iguales, pero algunos mejores que otros. Es el caso de David Romero, prócer de la calle a carta cabal, estanquero, inmobiliario, que recorre las calles sevillanas en moto y con una gracia que tiene para todos saludo y chanza. Este nuncio de los bares lleva el mapa en su cabeza y en todas las farras que se ha curado con una cerveza y una tapa de ensaladilla rusa. Y menciona a su criterio las mejores que pueden disfrutarse en Sevilla como son las clásicas de La Alicantina en la plaza del Salvador, Mariscos Emilio, la del Donald y, por supuesto, Nuria. Este restaurante con barra de buena entrada se encuentra al lado de lo que fuera la naviera Ybarra, y junto a una antigua casa de socorro que daba asistencia a Santa Cruz y la Judería. Fundado por Antonio Dioni, quien fuera presidente de los bármanes de Sevilla, despacha una magnífica rusa con excelente patata, mayonesa casera, un poquito de gamba y una regañá en lo alto. David se olvidaba de la parranda enlazándola con el trabajo, y parando en el Nuria, y con un limpiador para los zapatos en la moto para poder ir como un señor por la vida. Porque si algo distingue al transeúnte en bares sevillanos al de otras ciudades es su manera garbosa y pinturera de enhebrar mostradores.

Son muchas las líneas y viacrucis desde el centro a las barriadas. Así, en la zona de San Juan Bosco, a la espalda de lo que eran las oficinas de Lopera, el famoso presidente del Betis, y por donde salían los fichajes estrella del equipo verdiblanco, se encuentra una cervecería-freiduría que resume todos los alicientes del tapeo andaluz. Mariluz es de familia de pescaderos, lo que certifica una vitrina lujuriosa, con huevos de choco, huevas de sarda, calamar de potera o boquerón. Y en la barra con algún personaje que otro del barrio de los que echan el rato largo, hay que tomarse una tapa larga de garbanzos con langostinos calentada al chupchup y que habla con la cerveza o manzanilla mejor que nadie. Y de ronda en ronda y de manera literal recorriendo la llamada ronda histórica, donde se puede parar en la mítica esquina del Bar Trinidad, donde previo a su actual reforma se abría veinticuatro horas. Taxistas, buscavidas y nocherniegos de toda condición tenían botica para las heridas de la vida. Más adelante buenas pistas en Becerrita y sus tapas clásicas de habas con chocos o la de champiñones cortijeros, El Cortadero y su serranito, o las cervezas, cacahuetes y altramuces en Casa Coronado.

Una de nuestras casas es, sin duda, Las Teresas, en el barrio de Santa Cruz. Su barra eterna llena de sabor encierra toda la bonhomía de nuestro querido Luis Sánchez. Amante de los vinos jerezanos de tradición, se acoda todos los días a la hora del aperitivo para tomar su vino y pegar la hebra con algunos de los muchos amigos de la ciudad que le conocen. Estupendo tapeo, que incluyen buenas frituras, aliños, guisito como el pez espada con tomate y una plancha donde deslumbran atún y los cortes ibéricos, ese magnífico ritmo de bar que lleva uno de nuestros encargados patrimonio de los bares llamado Aitor. A pesar de su nombre y su planta nada tiene de vasco, pues es de Vélez-Málaga. Luis sufre con su Betis y comenta la cartelería de la Maestranza. Estampas eternas de una ciudad castiza. Los caprichos de la vida y de la alegría de Las Teresas.

Sevilla es muy clásica y tiene siempre alguna versión cofrade. La Fresquita es una taberna chica que nació para refrescar los gaznates sedientos de los costaleros de la Hermandad de Santa Cruz. Y con ese mismo espíritu ahí sigue. No hay un hueco libre en la pared que no tenga un detalle nazareno. Siempre lleno hasta la bandera, tiene junto al vino y la cerveza buenas tapas de guiso.

El gran cronista de Sevilla que ha sido Antonio Burgos escribió el 4G de la ciudad. Además de Las Teresas, El Rinconcillo y Casa Morales, se encuentra Casa Román. A la vera del Convento de Los Venerables, esa taberna tiene esa historia escrita desde 1868. Familia de taberneros que van dándose testigos de un lugar que ha sido mito para los sevillanos. El jamón como reclamo el que se servía en plato puesto en vertical y no se resbalaba. Y que también rellena una buena croqueta que puede disfrutarse con una morcilla de hígado muy característica de los pueblos sevillanos. A esta casa, como a muchas de un centro histórico asolado por el turismo, se le nota cierta fatiga en la gracia y en la imaginería tabernista.

Para muchos desparecen las barras antiguas y si hay ciudad donde la nostalgia y ombliguismo se combinen no es otra que Sevilla. Para los puristas hoy hay más barullo que buenos bares, aunque sigue habiendo oasis de felicidad como los boquerones en adobo de La Bodeguita Blanco Cerrillo. Siempre hay gente deslizándose por las calles y en cualquier tabernazo hay una chispa inconfundible de camareros con muchos mascarones no de proa, sino de vida, como muestra un tal Manolo, que así se presenta, en La Antigua Bodeguita de la plaza del Salvador. Entre los bares favoritos de quien escribe está El Donald y el gigante tabernario que es Mariano, barra de mucha prosapia e importancia por donde pasa todo el toreo. En ocasiones pensamos con una copa de manzanilla en la mano que estamos abarcando la Maestranza en un giro de 360 grados en torno a la ensaladilla rusa con el salero de Mariano García. El trajín de esa barra es tan seductor que nunca sabemos de donde veníamos ni a donde nos dirigíamos salvo los nervios del horario taurino. Uno de los monumentos hispalenses.

Una de las pistas para los que conocen los entresijos sevillanos es Casa Moreno, lugar de escondite, detrás de una tienda de
ultramarinos y excelente embutido. En la trastienda reina Emilio,
en una insólita barra donde este poeta de la existencia, uno de
los legatarios de la memoria sevillana, despacha cerveza, vinos y
todo tipo de gustosas tapas, y montaditos para el que quiera saber
cómo se vive de otra manera disfrutando en tan insólito lugar. Los
días son un rato en el bar y ya está. Cada mañana Emilio nos envía
a los amigos el trazo lírico de Sevilla al mundo. «Que la vida sea
siempre un prólogo».

La Barra de Inchausti, la antigua La Moneda, es taberna sevillana, pero de origen sanluqueño. Solo por su sopa de galeras,
quizá la mejor de toda España, merecería obligada visita. Además,
se fríe bien el pescado, se corta bien el jamón, hay guisitos y la
atención es excelente. El bullicio es siempre justo y necesario. Y si
alguno quiere sentarse en mesa, hay fiesta segura. Los aires mari-
neros a la vera de la catedral.

El escenario sevillano está plagado de actores únicos. Reparto
coral donde entran y salen del libreto encantadores personajes
con los que darle lustre el tiempo. Manuel Moreno es el cónsul de
Turquía en Andalucía y, probablemente, uno de los próceres emer-
gentes de esta sucesión de galerías de vida. Cada viernes a medio
día tiene varias mesas reservadas en La Bodeguita Casablanca, por
donde pasa el todo Sevilla. Y tiene talento para ocuparlas si llega
el caso todas ellas, con la legión de amigos que se juntan sin cita
por este establecimiento de tremenda bulla. Muchos de los camareros tienen arte y rapidez en el ingenio y el servicio. El muestrario de golosinas gastronómicas responde a ese bonito tipismo que
salpica a todos los figones sevillanos. Sin Manuel, la ciudad no es
la misma, y tenemos que contar los meses para la Feria y su caseta.

Trifón es el apodo por el que se conoce al tabernero Rogelio
Gómez y al local, que se rotula como La Flor de Torazno. Cuentan
que su padre, que se llamaba Triunfo Venancio, y que vino desde
Cantabria a Sevilla por la Expo de 1929, dond fue rebautizado
como Trifón por un sargento en el ejército. Luego se hizo tabernero después de algunos avatares, y homenajeó con el nombre a su
valle cántabro de origen. Hoy es lugar predilecto de los aborígenes

y de los divagantes en bares, gracias a tapas de lomo en manteca y todo tipo de chacinas, quesos y obligados rollitos de anchoa o bonito. Aunque Rogelio se ha cortado la coleta y siguen los hijos, de vez en cuando una charla con este senador del bar nos ilumina muchos de los caminos tabernarios.

Alguno de los cuales pasan sin duda por El Reloj en el Arenal. Tasconcito, que es en verdad una abacería con mostrador del embutido, el laterío o los quesos, e ideal para echar un trago al coleto con muchos cabales los días señalaítos en el calendario sevillano. Uno tiene allí apartado postal cuando derrota por el kilómetro cero. Verdadero culto el de esta capital andaluza a sus episodios históricos muchos de las cuales han sucedido en El Rinconcillo, la marca tabernaria más antigua según se declara, lo que comprendería a toda España desde 1670. Hay libro que lo cuenta a cargo de Fátima Rosado de Rueda, de la familia titular, e incluso documental. Celebérrimas las espinacas con garbanzos o el queso curado de orza en orza. Vive hoy azotado por los que lo leen todo en internet, aunque vengan de Japón. Algo parecido experimenta Casa Morales desde 1850, y su montadito de pringá famoso, donde es tarea hercúlea ganar barra. A uno, será por la querencia, le sugiere parada forzosa Taberna Sol y Sombra, antigua peña taurina, al lado de El Cachorro, que conserva como columbario esencias de ese arte. Imprescindibles el solomillo al ajo, ortiguillas buenas, atún a la moruna, ancas de rana y mil cosas más. Y algunas peculiares combinaciones con vino, como «grana y oro», con espumosos y generosos según criterio del artista.

Uno de nuestros bares favoritos en territorio sevillano es Manolo Cateca. Templete de los vinos generosos de Jerez, abre cada mañana hasta las cinco de la tarde. Este ateneíllo ha sido montado por un apasionado de esos vinos hace doce años tras su corte de coleta en anterior vida como comercial. Y la sopa de galeras o de tomate, son fiesta.

Triana no es Sevilla para los propios trianeros. Una vez cruzado el puente hay un carisma inconfundible que tiene también tipología autóctona. Las Golondrinas posee la resonancia de un nombre tal vez becqueriano. Desde su apertura, la familia Arcas ha ido construyendo leyenda gracias a los aliños de rabanillos, remolachas, alcachofas o pimientos, y una tapa antigua de Sevilla como son los caballitos de jamón, en realidad jamón frito sobre un buen pan y aceite. El camarero Raúl, que nació en el 5 de la misma calle y perteneciente a la familia que fuera de Cerámica Santa Isabel, reflexiona desde la barra que al menos quedan bares como este, pues ha desaparecido casi todo como el mítico Casa Manolo, porque «ahora todo es construir y construir». Cómo será la cosa que la antigua Casa Diego cambió la decoración, aunque mantenga el tirador de la Iglesia de Santa Ana, «la Catedral de Triana», y los guisos y el famoso pollo frito. También la sangre encebollada de mucho recuerdo y los riñones al Jerez. En el corazón trianero de la calle Jacinto, el Bar Oliva, negocio familiar donde sigue cocinando la madre. Después de un incendio se ha reformado, y tienen legión de partidarios el solomillo con *bacon*, el bacalao al pilpil y queso a la murciana. Este es una recreación del de tierra pimentonera con el salmorejo como hecho diferencial.

No puede rematarse un periplo de este calado sin la compañía de un casta del barrio como Super Pedro. En Ruperto, ahora con los hijos del fundador, siempre recibiendo premios por sus codornices, que se acompañan con cerveza. Sin desconocer su segunda tapa estrella llamada «el especial», un montadito de lomo XXL, y completando el pódium, las cabrillas en salsa. Y un bar con nombre de sabio como Salomón. Más de medio siglo de vida para el rey de los pinchos. En ese surtidor de felicidades que es la calle López de Gómara donde esta Jaylu, uno de los más caros y magníficos restaurantes de toda España, destino infalible para el gozo o la celebración por su mariscazo, se halla este bar, que maneja gran despensa de tapas, con una salsa de las patatas bravas de escándalo, la alcachofa rellena o el pincho moruno para quien quiera recuperar edades perdidas. Porque no es otra cosa, lo que uno persigue ávidamente cuando una vez más pasa por el km 0 de la alegría.

...NERAS
...ER Y TOSTADADO   1'80€
1'70€
TAPAS
...AGUETES   0'80€
...50€
...50€
...de ONCALA   1€
TIERRAS
ALTAS de
SORIA
NO SE A...
PAGO
TARJETA...
EFEC...
Pro...
AGUILA
DORADA

Soria
y su imaginario

■ **BALUARTE**, *c. Caballeros, 14, 42002.*

■ **VINOS LÁZARO**, *c. el Collado, 52, 42002.*

■ **TORCUATO**, *c. el Collado, 34, 42002.*

■ **TABERNA CAPOTE**, *pl. Ramón y Cajal, 1, 42002.*

■ **RESTAURANTE MENA**, *pl. Bernardo Robles, 5, 42002.*

■ **MESÓN CASTELLANO**, *pl. Mayor, 2, 42002.*

■ **CASA AUGUSTO**, *pl. Mayor, 5, 42002.*

■ **CERVECERÍA SAN FRANCISCO**, *c. José Tudela, 4, 42004.*

■ **TAURO**, *c. Venerable Palafox, 5, 42001.*

■ **BAR SILENCIO**, *c. Puertas de Pro, 21, 42002.*

Capítulo 44

Soria y la lotería

La vida cañón pasa por Soria. Siempre que uno se despoje de oropeles y de vanidades. No ha habido ningún escritor más puro en toda la literatura castellana de los últimos siglos que Antonio Machado. Su estadía soriana es perfecto símbolo de la esencia de la vida. Así, sus figones son más de acogida que de estruendo. Verdadero desafío al pegolete de los cuentistas cibernéticos. Cada soriano lleva dentro un espíritu de tierra dura, por lo que no es extraño que se juegue mucho a la lotería. La ventana abierta a la ilusión de poder marcharse y añorar sus sigilosas calles a veces poco concurridas.

El prócer gastronómico de la ciudad es Óscar García, natural de Vinuesa, y que ha estrellado en la vida roja de los macarrones su restaurante Baluarte. Ama el carácter de su gente, suele ejercer de soriano por donde te los encuentres, desde Sevilla a Pamplona, y defiende los ateneíllos un tanto antiguos de los bares castizos. Vinos Lázaro es una de sus casas. En la calle del Collado, tres generaciones que continúan la tradición precedente de Filomena en una tasca extramuros. El vino como religión, lo que incluye el granel, tintillo dulce o vino sanjuanero, o de etiqueta preferentemente de la tierra. Iconografía singular, parroquia fiel, barra de madera para pegarse como un sello. Pura tipicidad de los años treinta del siglo pasado, charla inefable y cacahuetes, lo que se llama el marisco de este tabernáculo. Patrimonio nacional.

Constituye dúo dinámico de los bares añejos con Torcuato, siquiera este en vertiente más cervecera. Todo el soriano toma algo en esa barra siempre de tumulto. Buenas raciones, croquetas de fábula como la de chipirón, patatas bravas, calamares, bocados entre panes y sus icónicos boquerón y matrimonio. Bar de fuste resultón. Por esa arteria por donde caminan los autóctonos, hay salpicadura hostelera bastante variopinta. Por poner un caso, antes en la plaza Ramón y Cajal, la Taberna Capote. ¿Quieres algo cariño? De modo meloso pregunta la camarera. Cómo atrapa esa dulzura de trato que se practica en parte de la mitad norte española en el comercio de las cosas. Luego, níscalo guisado, seta a la plancha y mucha tortilla, esa que está presente en todas las cartas.

Ana Bosch era ejecutiva bancaria, pero sintió el veneno de la hostelería en su Valencia natal. Por circunstancias vino a pasar una noche a Soria, y ahí sigue regentando con suave mano y entusiasta Mena. Esta carismática encargada desarrolla en este bar de fisonomía actual, pero mucha conexión con el bar clásico, los deseos de nuestro querido Óscar, pues de hecho esta es su criatura barrista. Espacio más clásico y casero durante los días de labor, pero como reconoce la propia Ana, «huele a bar de toda la vida, los viernes y sábados». Los peregrinos que se acercan a esta iglesia son recompensados por una deliciosa croqueta de auténtica academia, a partir de bechamel, toquecito de jamón y fritura delicada. A ser posible con un vino de los nuevos elaboradores de ese terruño de ese antídoto. Es un hallazgo el punto dulce de un bacalao en suave tempura y alioli de miel.

En esa barra inmaculada se alcanza el apogeo y el perdón de los pecados, con un pimiento recién asado que sabe y huele a ello, o una oreja con salsa de boletus. En ocasiones como la presente, el empuje de lo gastronómico desmonta el propósito fundamental por el que se acude a un bar. Estar en compañía de cualquiera que no se ahogue en la soledad o matar el hastío de las programaciones televisivas. Conversar como pasaporte de reconstrucción y de la identidad que nunca acertamos a concluir. En Mena hay tal fuerza de lo que se trasiega y tal disfrute de los paladares que incluso todo aquello pasa por ser ocupaciones menores.

Uno de los clásicos más reputados ha sido siempre «el Gari». Ciertamente así es conocido por el apodo de su titular, José Luis Jiménez, aunque rotula como Mesón Castellano. Uno de los sorianos más reconocidos en España por sus intervenciones fiscales es Miguel Ángel Garrido. Lleva a su tierra por bandera, y organiza cangrejadas a ser posible colchoneras, uno de sus amores. Cada vez que tiene ocasión defiende lo micológico, y regala un cardo rojo por el que se pelea medio Madrid. Miguel Ángel tiene allí una de sus oficinas gastronómicas. Le entusiasma como a muchos esa versión del producto gracias a su más de medio siglo como tabernero de Gari. Ha sido coetáneo de once *tours* de Francia ganados por españoles, defensor de la cuchara y del porcino, la miga, sopa castellana o el cabrito. La barra tiene empaque y para muchos es lugar de estribo y de no adentrarse a las profundidades del restaurante. Justo al lado, Casa Augusto. Qué gozada dar la vuelta a España y que te reciban en una barra como esta. Como una sacudida íntima nos comemos un magnífico torrezno, dicen el mejor de Soria y del mundo, aunque uno reivindicaría el del Burgo de Osma y la Peña Atlética, y te asalta el recuerdo de los caminos en torno al Duero, el propio Machado o los Gabinete Caligari. Salir a la plaza Mayor después de un vuelco en el estómago y en la memoria nos hace renacer una vez más.

No hay otro bar más familiar en España que el San Francisco. A la vera de Los Pajaritos, el campo de fútbol del Numancia, se halla un establecimiento atendido por los padres, el hijo y la hija. Mariano de Francisco resuelve con solvencia junto a María Jesús su mujer, y los vástagos Iván e Izaskun, esta última ayudando los fines de semana. Populoso ambiente de barriada, porque quienes por allí transitan conocen el secreto del mejor vermut de domingo que pueda disfrutarse en la capital soriana. Al igual que unos callos o manitas que ejemplifican nuevamente la honda ruta de la casquería que gobierna gran parte de los bares de las Castillas. Las plazas de toros suelen ser pistas para buscar barras de empaque en sus aledaños.

En la ciudad del Duero, que incluso ahorma su etimología, los festejos populares vertebran sus fiestas. Uno siempre recuerda a Fernando Sánchez Dragó, otro conspicuo soriano, defender la tauromaquia y los ritos de paso que por San Juan se celebran de manera ardiente. Era inevitable encontrar un bar llamado La Tauro. Para muchos, el local más tradicional de la ciudad. Los que saben sentencian que ha sido siempre el lugar de la mejor seta, el mejor guiso y la mejor croqueta por encima de cualquier circunstancia. Ganó cualquier certámen al que se presentaba, y era espejo de taberneros, pero un desafortunado episodio le ha apartado un poco del circuito, aunque sigue siendo el destino de quien sabe de esto. Julio Antón Cacho, un encanto de tabernero, lleva en este templete veintiocho años precedido por otros ocho en la propia Peña Taurina. Profesionales como él deben colocarse con letra redondilla en el libro de los misioneros de los bares para hacer el bien.

No puede haber nada más a contraestilo, pero al propio tiempo auténtico, que un bar llamado Silencio. Seguramente solo podría estar en Soria. Más de medio siglo atestigua una barra de metal que para muchos es el servicio hostelero de urgencia de la ciudad. Por allí acuden todos los camareros en los días de libranza, especialmente los lunes. Antiguo, feísta, pero tan de verdad que sería imposible crear otro mínimamente parecido. Los amigos toman incesantes botellines y no dejan la charleta en ningún momento. Tiene tres mesas y muy ufano anuncia «no hay servicio de terraza». Este sanatorio de hospicianos que abre a las siete de la mañana solo cierra la segunda quincena de septiembre, cuando José, que lleva treinta y ocho años trabajando, se va a Málaga con unos amigos. El resto del año, a reconfortar a unos y otros. Una parroquiana lo sintetiza: «Silencio es casa». No en vano, nuestro enviado especial a ese imaginario llamado Óscar García se sonríe con el botellín en la mano.

Tarragona
Imperial Tarraco y su periferia

■ 4 LATAS TARRAGONA, *pl. de la Font, 9, 43003.*

■ QUATTROS CERVECERÍA, *pl. de la Font, 2, 43003.*

■ GRAN PENYA BARCELONISTA, *pl. de la Font, 2, 43003.*

■ RESTAURANTE DONOSTI, *pl. de la Font, 16, 43003.*

■ TÒFUL FORUM, *c. de l'Arc de Sant Bernat, 4, 43003.*

■ RACÓ D' EN MARIO, *c. de Mercería, 18, 43003.*

■ TÁRAKON, *pl. del Fòrum, 1, 43003.*

■ COIMBRA, *c. del Governador González, 6, 43001.*

■ BAR CORTIJO, *c. dels Rebolledo, 27, 43004.*

■ BAR GALERA, *c. de l'Ebre, 6, 43006.*

■ LA ROSA, *c. de l'Ebre, 9, 43006.*

■ BAR LUCENA, *c. Cinc, 52, Bonavista, 43100.*

■ BAR AQUÍ TE ESPERO, *c Riu Anoia, 8, 43006.*

■ BAR LOS HERMANOS, *bloc Sant Andreu, 43007.*

■ EXTREMEÑO RESTAURANT-BAR, *c. del Sofre, 6, 43006.*

■ BAR SEVILLA EL DE SIEMPRE DESDE 1979, *bloc San Joan, s/n, escal. E, bajo local 2, 43007.*

■ BAR SEVILLA (EL D'ARA/ EL DE AHORA), *bloc Sant Marc, escal. D, locales 2/3, 43007.*

Capítulo 45

Los barrios de Tarragona

La imperial Tarraco es una de las ciudades más tranquilas que uno conoce. Su centro histórico es hoy el legado glorioso del mundo romano, tiene gancho para el turista, y los bares se pueblan de ese público singular que busca la versión más tipista de los tragos y bocados. En torno a la *plaça* de la Font, donde se encuentra el Ayuntamiento, hay varios localitos que alojan la gastronomía de batalla que tanto gusta al guiri. En 4 Latas se arraciman estudiantes nórdicas, que ya no pueden pedir el antiguo combo del mejillón oliva y boquerón con la inevitable salsa Espinaler. Enfrontilado con aquel, hay una cervecería de mucho vaivén llamada Quattros que comparte la misma fijación numérica y la tapa resultona y para los comensales generalistas.

Una gran bandera del Barça luce marcando el territorio de la Penya Barcelonista de Tarragona i Província. Más de medio siglo defendiendo los colores blaugranas, y despachando sencillos vermut o cerveza, con algún bocadito, y desde hace un tiempo ya sin fútbol televisado; verdadera manifestación alegórica de que algo pasa con los bares cuando no son ya el centro cívico para ir a ver el partido. Uno de los más preclaros intérpretes de la realidad tarraconense es el taxista José, quien apostilla: «Tarragona es una ciudad que duerme», y la gente acude al bar de manera discreta.

Una localidad puede ser el esqueleto de una bella historia y el soporte de una sociedad de costumbres plácidas, y que ve cómo cambian hábitos y propiedades hosteleras. Así, un rotundo local vasco llamado Donosti en el que podemos admirar la playa de la Concha, ahora tiene aire colombiano, y allí reina la destreza del barténder Camilo, precisamente de aquel origen americano.

No muy lejos se encuentra la *plaça* del Fòrum, donde se repite el esquema de bares de poco fondo, aunque hay grandeza en Toful. Cristófol Soclichero abrió en una antigua vaquería una taberna en 1948, y en compañía de su esposa Nuri Roselló consiguió que fuera lugar de paso obligado para cualquier tarraconense amante del vermut, y de los espectáculos de variedades. Pasaron las décadas, las varietés desaparecieron y se puso fin a aquella trama.

Unos años después, los hijos y el nieto del fundador reabrieron esta barra de auténtico respeto que tal vez sea el tabernáculo más castizo de la ciudad. Mostrador largo, de madera, con estribo, pizarrón lleno de tapas, vermut de grifo servido en vaso largo, y sus extraordinarios y celebérrimos mejillones al vapor con salsa romescu, esa que tanto valoran los de las *calçotadas*, gracias a esa mezcolanza del ajo y el tomate asados, el majado de almendra y avellana tostadas, junto a unos pimientos rojos secos, y un buen aliño. Igualmente, la sepia al alioli de un localito que sigue vistiéndose con cartelería festera, y en la que comen el menú del día muchos autóctonos.

En ese mismo corte se encuentra el Racó d´en Mario. Con una secuencia de cocina casera de nivel, en la que ejecutan las albóndigas con sepia con las que se chupa los dedos el taxista José. Otro chisconcito en plena plaza es el Tarakon para seguir vermuteando y con eficaces tapitas del inventario añejo.

La vida nunca se agota en los centros de las ciudades, en especial en una donde ha existido aluvión de trabajadores por la demanda laboral portuaria y de las refinerías. Antes de sumergirse en los entornos populares, merece parada el Bar Coimbra. Que bien podemos llamar el de la Lola. Porque es la jefa y cocinera. Allí se encuentra con toda la alegría del mundo entre cazuelas, ataviada con su mandil de corazones, y le pone su nombre a los croquetones, destacando el de chistorra con huevo frito. En el barecito de cuyo nombre no saben dar razón, pues se puso hace más de sesenta años, comen con avidez los autóctonos ortiguillas de mar, bravas, rusa, torreznos de Soria, una sopa para recuperar batallas y un curioso tartar de gamba con tomate.

La auténtica existencia bizarra descansa en El Cortijo. Desde las ocho de la mañana tiene un ecosistema propio en el que conviven faunas muy variadas. Jaime es el taxista elegante de esa capital, y parece mayordomo inglés e incluso puede haberse equivocado de asiento en el coche. Almuerza en aquel caramanchel con dentistas, ingenieros y muchos estibadores portuarios. Los bocadillos son escandalosamente jugosos, y la tortilla, las migas, las albóndigas con cananas (primas del calamar) son sencillamente magistrales. Tarragona tiene puerto y se nota.

Por los barrios del sur podemos trazar la ruta del cap i pota. Este es uno de los emblemas de la cuina catalana gracias a todos los despojos de la ternera, que incluyen la cabeza y la pata que le dan nombre bien combinados con el callo. En la barriada de Torreforta se encuentra Bar Galera, de inconfundible sabor familiar, con un paisaje costumbrista donde se mezclan los currelas tomándose la copa, las familias echando el rato e incluso unas cartas. En la barra te ponen un cap i pota bien picantito para ponerle un piso, y una botella de vino con tapón de corona para que te sirvas la libación que requiere un plato con tanto fundamento. Estos enclaves tabernarios son el suministro de las casitas matas, en su origen donde vivía la gente que acudía a trabajar a las empresas del petróleo. Eso te cuentan en el mostrador mientras observas como en la pared conviven el escudo merengue y el azulgrana. A las siete de la mañana levanta el cierre La Rosa. Y los devotos del mejor callo de la ciudad acuden puntuales a recibir su ración diaria.

Estampas antiguas como las del Bar Lucena que parece atesorar secuencias de la posguerra larga. No hay reserva que valga para comer allí y degustar pedazos de memoria en papel de estraza. El artista que lo regenta fue a su vez quien construyó el bloque donde se alberga. Y mientras te sirve un vino te cuenta que quiere jubilarse y te vende el local y los dos pisos de encima. Y siguiendo la travesía se llega a Aquí te espero y sus nuevas toneladas de casquería. ¡Cuánta vida tiene este país tan desencuadernado! Gente de pueblo en este bareto que tiene tele y máquinas tragaperras y donde se comen croquetas de cocido un poco fritas, pero nos da igual porque respiramos el latido de la verdad. Dice el Mari, compañero de las andanzas tarraconense, «la vida se pisa». Y no podemos olvidarnos de la fritada de sardinas de Los Maños.

En los barrios del norte hay mucha población venida de otras fronteras. Como la que llegó de la China para oficiar en el Bar Los Hermanos en el barrio de Sant Pere y Sant Pau. Laboriosos hosteleros mantienen viva la carta antigua, pero han perdido algo de la esencia del viejo camarero. Dicho todo sin atisbo alguno de xenofobia, que este libro no va de ello, pues el bar no deja de ser más que un simple espejo de las realidades y los tiempos. En la zona de los polígonos y con todas las trazas de los bares característicos de la zona industrial, que por otro lado tanto apasionan al Mari y su agencia de transportes, tiene prestigio El Extremeño.

Hay un simpático duelo tabernista en este entramado de construcciones ochenteras, como es el Bar Sevilla. En el duelo al sol se encuentra, por una parte, el titulado Sevilla el de siempre. Y justo enfrente el que se reclama a sí mismo Sevilla el de ahora. Esta pugna barrista se ocasionó porque el creador en 1979 del originario lo alquiló a nuevos hosteleros, a los que indicó la salida cuando se arrepintió y decidió retomar el oficio. En el viejo, hay cocina vista, cubas para dispensar el vino, y unas damas que acodadas en la barra pontifican sobre su afición a la cerveza y la pérdida del conocimiento. Todo con una limpieza que parece inconcebible. En el nuevo, hay tres imponentes máquinas tragaperras, mucho parroquiano y gran culto al porcino y al bikini. Ese sándwich tan autóctono y hoy tan expandido por todo el territorio nacional merced a esa versión de Rafa Zafra, por otro lado, también sevillano de Alcalá de Guadaira que ha alcanzado categoría en Barcelona, en el restaurante madrileño Estimar. Aquí aceptan tarjeta, eso sí. En las periferias de los bares tienen siempre habitación y sustento lo más interesante de nuestra intrahistoria.

AR
PA
PINCHOS
TAPAS
PURA C
Verm
AMORES &
LICORES &
VERMU
CASERO
PINCHOS
VARIADOS
TABLAS DE QUESO
JAMÓN D.O
TERUEL
VERMUT ZARRO
gastro
PURA CEPA

Teruel
El recuerdo del Beso

Capítulo 46

Teruel o los bares introspectivos

La preciosa capital turolense vive en su intimidad a veces ajena a la tópica. El tradicional olvido institucional y de los políticos centrales, y que ha determinado eslogan como el de «Teruel existe», no parece afectar a sus ciudadanos que tienen los afanes propios de cualquier sitio. Que también van a los bares y experimentan como espejo de cualquier otro rincón de las Españas la mutación generacional que se está experimentando en la tabernería. No hay mucho mostrador en la ciudad porque no son muchos los habitantes, y las rutinas de la pauta contemporánea condicionan la afición al bar. En este enclave también la barra se ha ido de vacaciones. Se desanima mucho al chalán de los bares con esas mesas que nos miran torvas para los del codo y el estribo.

Ha cambiado el ritmo vital y seguramente el país, incluido Teruel, sea más próspero y longevo mirando teleseries, y los escritores del folclore tal vez no tengan personajes con palillos en la boca, ni sénecas sin estudios a los que engalanar con sus sentencias. Teruel es un evidente destino recogido donde existe un alma escondida, y que se resiste a pesar de todo a ser una más. Ni una menos. Y los mesoneros de resistencia deben ser protegidos porque son el último tren del tiempo de un pueblo más tolerante y cruzado.

El Bandolero Mayor Ramos Fortea procede de los Montes Universales y la sierra de Albarracín. No se pierde ningún ciclo de la Vaquilla del Ángel. Esta bizarra fiesta popular de primeros de julio la vive cada año con total plenitud para rememorar su honda raíz turolense en compañía de su primo Julián. Y la primera parada la hacen en el Bar Pegaso, en la zona del Ensanche pasado el viaducto. Este barito fue fundado por Atilano en 1955, quien seleccionó el nombre por los camiones que entonces pasaban por lo que era carretera. Había máquina para preparar sifón y parece que aquel aire todavía lo mantiene Alberto Escuder, su actual titular desde 1991. Las delicias son pan horneado con aceite de oliva virgen extra, tomate y el jamón que da nombre a la tierra. El bandolero opta por la patata de la casa que se conjunta con huevo, trufa y alioli; nosotros optamos por una potente salmuera, pues no hay que olvidar que en el mundo aragonés es fetiche la anchoa que, dada su opción salina, se la moteja de tal manera. Juanjo Cortés comenta que las delicias de Teruel como reclamo icónico no siempre responden a la realidad, y prefiere como repostería los llamados suspiros.

Al lado de la plaza de la Marquesa se encuentra un tabernáculo de toda la vida que hoy vive cierto ostracismo de luz y alegría. Es larga, muy larga, la barra de metal del Bar Teruel. Fotos y blanco y negro, azulejería *vintage* de un garito del que dice Antonia Escusa, la dueña, «su especialidad es la simpatía». Se abrió en la mitad de los cincuenta por un tal Evaristo y el Barea, luego pasó a los Pichichis, y desde hace veinticuatro años, al frente la castiza Antonia. Su decoración añejona permite que este sea el salón de los turolenses y uno de los pocos bares que no viven del turismo. Proclama Pedro, que es cliente diario, lo mejor son sus patatas bravas, de lo que damos fe porque están bien cortadas con salsa de pimentón ahumado y picante. Y las delicias de Teruel, oiga.

Bar La Torre comenzó en los ochenta por Miguel Guillén que explotaba por aquel entonces un localito en la estación de autobuses. Se aprovechó el corral existente anexo a la Torre del Salvador, y hoy se encuentra prácticamente anclado y apoyado sobre la misma en algo que las normativas actuales no permitirían, para felicidad de quien allí toma copa. Famoso por el pollo al ast. Gracias a la creación de la escuela de hostelería de la localidad ha nacido una nueva hornada de profesionales de cocineros y camareros. Uno de los cuales era Patri que abrió La Barrica, precursor en el trabajo de la tapa profesionalizada, de modo más estético y delicado que las rugosas de siempre. No quiere ser más que un bar de tapas, y eso no es cuestión menor. Visita obligada.

Sobre los cimientos de una librería universitaria de toda la vida nació Pura Cepa. Manteniendo la misma pasión por la tapa y con el gracejo que es un local abierto en la intercesión de la plaza del Torico y de lo que allí llaman el camino de los barrios. Auténtica especialización en los de más de treinta vermuts, y fiesta al armonizar con los *carpaccios* o el llamado «envidia cochina», con el que, por cierto, han concurrido al concurso provincial de Tapas Jamón de Teruel, que revela en cuarenta y seis locales que algo se mueve gastronómicamente en Teruel.

En la plaza de los Amantes de Teruel, que tanto han condicionado la visión romántica de este enclave, se encuentra El Mercao. Local muy moderno y precursor para lo que era el tipismo del lugar. Acristalado absolutamente para dejarte seducir por el ambiente de la plaza y la literatura. Su recetario recorre todo lo aragonés como el ternasco. En origen se abrió con tres plantas y hoy sigue manteniendo la Bodega del Beso que atesora los ósculos más importantes de la historia. Para los turolenses, el de Isabel y Diego es el importante, claro está. En un espacio rodeado de nichos de vino. Lo mejor sin duda es pasear por las calles de Teruel, derrotar en algún bar y olvidarse que los tiempos cambian tanto para que desaparezcan las barras, y los tabernazos como la Cafetería El Santo ahora tengan sabor cubano.

Toledo
La ficción
de la carcamusa

■ **Bar Ludeña**, *pl. de la Magdalena, 10, 45001.*

■ **El Trébol**, *c. de Sta. Fe, 1, 45001.*

■ **Restaurante Alfileritos 24**, *c. Alfileritos, 24, 45003.*

■ **Cervecería la Abadía**, *c. Núñez de Arce, 3, 45001.*

■ **Taberna Skala**, *cta. de la Sal, 5, 45001.*

■ **Restaurante La Tarasca**, *c. del Hombre de Palo, 8, 45001.*

■ **Taberna el Botero**, *c. de la Ciudad, 5, 45002.*

■ **Bar El 10 de Santo Tomé**, *c. de santo Tomé, 10, 45002.*

■ **El Café de las Monjas**, *c. de santo Tomé, 2, 45002.*

■ **Bar El Puente**, *cta. Navalpino, 5, 45004.*

■ **Borinquen Café**, *c. Dinamarca, 1, 45005.*

■ **Restaurante Casa Valero**, *av. de Irlanda, 22, 45005.*

■ **Restaurante El Cuchifrito**, *c. París, 7, 45003.*

■ **Restaurante freiduría Al Sur**, *c. de Dublín, 2, 45003.*

■ **Restaurante la Mar Salá**, *c. Honda, 9, 45003.*

■ **Cervecería La Rubia**, *Tr.a Maestros Espaderos, 1, 45004.*

■ **Bar El Dólar**, *c. Fuente del Moro, 2, 45006.*

Capítulo 47

Elogio y nostalgia de los bares

Gregorio Marañón escribió en idénticos términos refiriéndose a Toledo. Esa peñascosa pesadumbre, gloria de España y luz de sus ciudades, como la describía Cervantes. Arsenal histórico o el sueño de un paisaje donde ejercer a conciencia la melancolía y la evocación. Los siglos han ido configurando una manera de ser de conciencia única, pero de falta de dinamismo social. La poderosa presencia del arzobispado y su tradición militar han inoculado un estilo sobrio de vida que pervive en gran medida en el alma de sus pobladores, y ya se sabe que en los bares son lo que frecuentan por lo general los hedonistas y los tarambanas. Y poco la gente de orden.

En su bellísimo casco histórico, uno de los museos mundiales, existen muchísimas rondas tabernarias en el recuerdo. Mesones de mesa de madera, frasca de vino y taberneros cachazudos. Hasta hace no muchas décadas existían míticas casas como Casa Treviño, Los Candiles, La Solera, Casa Pedro en el Cambrón, la Taberna del Kiki y los flamencos, o el Tropezón, este muy famoso por sus calamares pues vendía más que la plaza Mayor de Madrid.

En la llamada Ciudad Imperial mantiene el legado Bar Ludeña. Sus carcamusas a la toledana, carne guisada con tomate, guisante y picantito, tiene patente en el bar de la familia de su nombre, cuando el patriarca José a mediados del siglo pasado bautizó este plato popular aludiendo a la gente mayor o carca, y a las señoritas o musas. Tercera generación la que despacha ese chiscón sito en la plaza de la Magdalena del centro más histórico de la localidad. Probablemente sea el mayor depósito de patrimonio tabernista que quede en el empedrado de Toletum.

Cerca de Zocodover quedan pocos vestigios de mostradores antiguos por influjo poderoso del turismo de viaje *express* y no pernoctación, aunque siempre reconforte la Taberna El Trébol. Sigue siendo apreciada por los locales gracias a unas contundentes bombas de patata rellenas de carne, o a la pulguita de la media jornada. Su dueño es un prócer hostelero llamado Ventura del Álamo, que también posee en su agenda el Restaurante Alfileritos, en la calle donde dicen se colocaba esa pequeña aguja para buscar novio, así como la Cervecería La Abadía, distinguida por sus cuevas y su recreación de la tapa manchega.

Chalaneando por la llamada calle Ancha donde siempre ha existido comercio, se llega a la imponente catedral, donde también hay huellas barristas. Es el caso de la Taberna Skala, palestra eterna donde se relacionaba el toledano intramuros y acudían los estudiantes al finalizar las clases. Son emblemáticos los huevos rellenos como las tapas de champiñones o calamar, y, aunque haya cambiado de titular, mantiene esencia y aromas. No muy lejos se homenajea a ese monstruo mitológico que procesiona el Corpus Christi, fiesta mayor toledana. Restaurante La Tarasca tiene buena hechura en la parte sólida y líquida, pero vive azotado por la perseverancia del guiri.

Pasado el gran templo y la plaza consistorial, es lugar de culto Taberna El Botero. Fue cuna del vino cimarrón y ha conseguido una lectura contemporánea sin perder su tipología clásica. El trabajo de los cocteleros y su ambiente desprejuiciado conquistan a quien necesita también limpiarse el polvo secular.

Si se llega hasta Santo Tomé, en el balcón de la Judería y con la presidencia cultural de *El entierro del conde de Orgaz*, la magistral gloria del Greco, hay un bar que ha ido cambiando de rótulo, pero es refugio obligado. El 10 de Santo Tomé está regentado por la familia Chirón en su cuarta generación, uno de los apellidos que han defendido el fuerte de la restauración de este enclave. Cazuelitas precisas gracias al *foie* y la mollejita, y guiños manchegos. Nobleza obliga, además de rendir tributo a la Confitería de Santo Tomé y el mejor mazapán del mundo, se puede disfrutar de esa peladilla de la memoria en el Café de Las Monjas a escasos trancos.

Ya hemos contado en estas mismas andanzas precedentes que los centros de las ciudades con tanto embrujo son asaltados por el turismo y el tipismo. En muchas ocasiones desaparece el morador de siempre, los edificios son ocupados por instituciones, y la hostelería queda como reclamo para la obviedad del viaje de ida, pero sin vuelta. El austero carácter del mesonero toledano ha contribuido sin duda a ese fenómeno, y, frente a otras ciudades de las Castillas, no se ha tejido el prestigio de destino gastronómico. Esto por lo común suele determinar que la vida cañón se encuentre fuera de sus murallas y en barrios alejados del oropel histórico.

Bajando por el precioso puente de San Martín y poder fantasear con esa joya del gótico isabelino como es el monasterio de San Juan de los Reyes, o el Baño de la Cava, hay un bar que lleva el mismo nombre de ese pontón y en el que para el toledano avisado. Si hay un casticismo toledano, este tiene cita en la parroquia mezclada que pide escabeches o ciervo. Paquito Alegre, uno de los más jacarandosos asiduos de los bares de la ciudad, elige el bazo como su bocado predilecto. Probablemente, si hubiera un título de último mohicano o abogado defensor de la taberna de toda la vida, sería para este empresario de autobuses diplomado en todas las suertes de la vida.

De hecho, es uno de los habituales del penúltimo bar canalla que puede encontrarse fuera de cualquier referencia milenaria. Borinquen Café alude a una cabaña puertorriqueña de la que procede la que era mujer del tabernero Julián. Aquel vínculo se esfumó, pero el inefable gobernante del local mantiene nomenclatura y zambra. Uno de los pocos lugares donde se selecciona el laterío hoy cada vez más escaso, junto a las chacinas y a los quesos de primera división. En la barra se ponen guisitos, bacalao rebozado, y hay un gozoso desorden en cualquier hora del día desde el aperitivo tempranero hasta la copa larga y de mucho trajín. Los escritores del costumbrismo de la parte de atrás de una ciudad con tanto encanto están perdiendo su tiempo por no coger la grabadora y plantarse allí.

Otro tabernero que necesita monografía de vida y obra es David Valero. Hace muchos años peregrinábamos a Mocejón, en el pueblo donde ejercía de tabernarias maneras a escasos kilómetros de la capital, para asombrarnos con su locura por el champú, el caviar o la angula. Coincidía con el frenesí del mundo ladrillero antes de la crisis concursal que todo lo arrasó. Tenían cripta los obispos de la cartera rápida de aquellos tiempos. Las mañas de David sobrevivieron a esa debacle, y hoy siguen dando fiesta a los que la buscan en Casa Valero, para gozar de su picaresca e insólitos productos que parecen siempre sustraerse a media noche de un camión que cruza las Españas.

Por la zona de la avenida de Europa igualmente se encuentra un templete de las deliciosas chuletas de cochinillo o cochifrito. Indistintamente se llaman como rotula en la calle París el Restaurante El Cuchifrito. Por su lado, Alfonso quiere traer algo del mar a este clima tan continental con sus frituras de sabor andaluz en Al Sur.

Poseen barrita donde comer dos casas que aglutinan singularidad y gran producto. Desde luego La Mar Salá, recoleta dirección para los que saben de la manduca y de una profunda singladura enopática. César tiene su carisma, que se comparte si uno tiene sentido e ingenio, y su mujer Eva en la cocina dispensa exquisitos buñuelos de marmitako, al tiempo que mima el salmón rojo y todo lo que se explore del mundo atún.

La Rubia no se refiere a una dama con el pelo de ese color, o al menos oficialmente. Porque se proclama que es tributo cervecero. Ya se sabe que son preferibles las leyendas a las realidades administrativas. Su dueño Tomás se encarga de procurar unas ensaladas de tomate bordadas, del escabeche suave de ciervo, pulpo digno o unos espectaculares caracoles. Aunque lo mejor es Ascensión, uno de esos camareros que ya no quedan, y cuya biografía podría titularse un Marcello Mastroianni de la Mancha.

En la barriada popular de Santa Bárbara, enfrontilada a la neomudéjar estación de tren está Bar El Dolar. Con total seguridad el bar-bar de la ciudad toledana. Originariamente se afincaba en la plaza del Sagrario del barrio, y hace tres décadas cambió de dirección a la actual. El defensor de la causa desde hace veintidós años, llamado Alberto, ha dispuesto una barra de gracejo y categoría. Cocina con mano de ángel el morro, el venao, la molleja, el zarajo, torrezno, además de servir morcilla de Nambroca, queso de Malagón y, por supuesto, sangre. La bizarría que siguen apreciando los clásicos tabernistas. Porque como bien apuntó Italo Calvino refiriéndose a la literatura, un clásico es un libro que nunca termina de decir lo que tiene que decir. Como esa casquería eterna. En ese ecosistema toledano hay nostalgias y augurios mientras Alberto le da una vuelta a la ficción de la carcamusa.

Valencia
El esmorzaret

- **CERVECERÍA AQUARIUM**, *Gran Vía del Marqués de Túria, 57, L'Eixample, 46005.*
- **BAR RICARDO**, *c. de Doctor Zamenhof, 16, Extramurs, 46008.*
- **RAUSELL**, *c. d'Ángel Guimerà, 61, Extramurs, 46008.*
- **TABERNA EL ALBERO**, *c. de Ciscar, 12, L'Eixample, 46005.*
- **CASA MONTAÑA**, *c. de Josep Benlliure, 69, Poblats, Marítms, 46011.*
- **CASA JOMI**, *c. de Castell de Po, 13. 46024.*
- **BAR BOLOS**, *c. del Pare Tomàs de Montañana, 2, Camins al Grau, 46023.*
- **LA PILARETA**, *c. del Moro Zeid, 13, Ciutat Vella, 46001.*
- **LOS TONELES**, *c. de Ribera, 17, Ciutat Vella, 46002.*
- **TASCA SOROLLA**, *c. dels Drets, 27, Ciutat Vella, 46001.*
- **MAIPI**, *c. del Mestre Josep Serrano, 1, L'Eixample, 46005.*
- **ARAGÓN 58**, *av. d'Aragó, 38, El Pla del real, 46021.*
- **LA PRINCIPAL**, *c. de Polo y Peyrolón, 5, El Pla del Real, 46021.*

Capítulo 48

Aquarium, Rausell y las barras de minifundio

Todos los caminos conducen a Roma, y la mayoría pasan por la Gran Vía valenciana Marqués del Turia, donde se encuentra Aquarium. Los viajeros tienen cita en cualquiera de sus destinos en una barra en la que siempre oficia algún casta de chaquetilla blanca impecable. El *negroni*, el *dry martini* o el *bloody mary*, la auténtica santísima trinidad de la auténtica coctelería de siempre, son salvoconducto necesario si uno quiere contar que ha estado en Valencia. Durante muchas décadas este modélico bar, de felicidad *non stop*, pues se puede tomar lo mismo desde la apertura matutina hasta su cierre pasada la medianoche, ha sido laboratorio laboral como cooperativa de empleados. Últimamente, por diversos avatares de vida y andanza, ha sido tomado al rescate por uno de sus clientes más célebres. Todos los días en la sagrada hora del aperitivo y las noches falleras, ha tenido su mesa el naviero Vicente Boluda, entrañable personaje por algún tiempo presidente de un equipo de fútbol de la ciudad madrileña. Boluda ha rescatado este monumento nacional para defender el bocadillo y el sándwich de la casa como religión propia. Y ahora ha tomado las riendas para que los parroquianos sigamos teniendo confesionario valenciano.

Por allí pasan abogados, empresarios de mayor o peor fortuna, viejas glorias, un puñado de aficionados taurinos, algunas políticas que están siempre en la oposición, fiscales explosivas y el quién es quién de la sociedad valenciana. Hablar del almuerzo es relatar una costumbre única en este territorio. No puede comprenderse el hábito de vida del valenciano sin ese amor precisamente por el bocadillo de blanco y negro (longaniza, morcilla de cebolla y habas), la rascada (ternera, jamón cebolla frita, jamón y huevo incluido para mayor gloria), el chivito y otras delicias del mismo corte. Las tortillas al gusto y hechas al momento aluden a esa alegría volandera del que se toma una cerveza a las once de la mañana almorzando y plantando cara a los golpes de la vida.

Esa misma felicidad del *esmorzaret* se expande por los bares que todavía salpican un espacio que tienen una fenomenología propia, porque la barra valenciana suele acotarse mediante taburete o banqueta donde cada sujeto marca territorio. Ese clásico almuerzo que hablaba de un bocadillo, cacau de collaret, olivas chafadas, vino o cerveza, y un cremaet. Dicen los sabios de la cosa, y se suele citar a Javier de Andrés como ideólogo, que la actitud del oficiante en los bares del Turia obedece a la cultura del minifundio. Está muy arraigada la posesión del pequeño terruño defendida a capa y espada de los cronos del campo, que incluso se llegan a amontonar con somieres y vallas, y en el largo semillero de pleitos por cuestiones de la propiedad. Así, a diferencia de espacios de otra naturaleza entre los que podemos citar el andaluz, donde la larga lista de postulantes se sucede en filas, aquí por lo común, uno toma escaño en la barra, y solo se mueve uno cuando sube mucho la cuenta o llega el temido reclamo de la familia… «Vicente, deja ya de almorzar con los amigos y vente a casa», y se retoma el sufrido camino o se toma la penúltima.

El Bar Ricardo abrió el portón en 1947, siempre regentado por la misma familia hasta la actualidad, incluido el actual propietario que aterriza por la mañana a tomarse el café bombón mientras interroga al personal dependiente del oficio, mientras ellos le agasajan con la misma retranca con la que atienden al cliente. Desde siempre en este bar se ha rendido culto al marisco, y hoy la vitrina posee tal cantidad de reclamos que el único miedo que hay que pasar es el de la cartera. Todo tipo de vinos, incluidos los espumosos de nivel y de Francia, animan para la larga lista de delicias de conchas, del mundo gallego, gamba roja, pescadero mediterráneo, o sepia, salpicón y la alineación para el bullanguero público que lo abarrota por encima de todo. De hecho, la sepia en plancha con aceite, perejil y ajo bien podría ser calificado como el canon de la valencianidad. A Ricardo puede ir uno a disfrutar de ese puñado de camareros autóctonos catedráticos del sabor de la tierra.

Cada vez que me acerco a Rausell uno recuerda a mi maestro Lorenzo Díaz que siempre me señalaba esta casa como una de las barras modélicas de España. Establecimiento familiar con setenta años de historia y que ha ido enlazando sabiduría, saber estar y todo ello en un ejercicio de interpretación contemporánea de la buena vida. El ritmo con el que el bocado de nivel se sucede, desde la tellina o la clóchina, la sepia de magisterio, las cazuelitas de puntilla con ajetes y habitas, calamar a la plancha, quisquilla cocida, cigalita o algún tributo al almuerzo eterno valenciano son tan memorables como la simpatía de esa familia. Sus patatas bravas son objeto de admiración y plagio por muchos cocineros. Uno tiene la gran fortuna de contar entre sus amigos hosteleros del país con José y Chari.

Esta casa, que también tiene restaurante y trepidante servicio de comida para llevar, con un excelente pollo dorado, merece destino propio y seguramente algún día una secuencia literaria independiente. Su excelencia y cercanías deberían constituir lección para estudiar para todo el que quiera dedicarse al mágico mundo de la hostelería.

¡Cómo se atrapa la luz en Valencia! Todo se va armonizando en esta ciudad con su inconfundible personalidad. Tanta que asimila a su modo una taberna andaluza llamada El Albero. En ese cruce de caminos que también es este barlovento mediterráneo, la casa fue abierta por Vicente, un gallego apasionado de la cultura sureña. Tras sus veinticinco años de vida hay nuevos titulares que siguen dispensando manzanillas y frituras para regocijo valencianista.

Lo que tiene un inconfundible sabor autóctono y le concede prestancia al imaginario che es Casa Montaña. Camino de los dos siglos desde su fundación en 1836, posee sabor a raudales. En pleno Cabañal, ofrece en un bohío valenciano lleno de detalles historicistas una innumerable sucesión de guiños a la temporada y el producto. Mucha huerta, delicias náuticas, laterío de primera clase, quesos, chacinas y un estupendo colofón en todo lo relativo al vino. La pasión que sienten en Casa Montaña por cualquiera de las versiones enológicas constituye para los iniciados el obligado marcaje en los cuadernos de bitácora que se trasmiten de unos a otros. De puro clásico y auténtico debe estar en cualquier memoria de viaje.

Las generaciones también se solapan, y los rescoldos tabernistas que uno puede encontrar son de mayor interés si se sale de los epicentros del turismo y las instituciones. Casa Jomi es uno de los establecimientos más surrealistas del país. Cocina muy casera y peregrinos que buscan lo genuino en un bar atrabiliario como la moto que se encuentra dentro del local. En la barriada de Nazaret, en este bar oficiaba el genial Miguel Tirado, se encuentran las mejores tapas marineras como el bocadillo de brascada, el sepionet o los pescados a la llama, típicos de los poblados marítimos. Bar Bolos es, por su parte, uno de esos garitos ya de tiempo perdido. Se abrió en 1972, luego gestionado por los trabajadores del origen, y sigue conservando ese aroma de la época de la transición. Con inmensa barra en un establecimiento gigantesco, dispensa el marisquillo popular, y las secuencias del mar cercano, como huevas de sepia, junto al salpicón o los revueltos.

Se queja el Bandolero Mayor, y fraternal José Luis Ramos, que ya no quedan tascas como las de antes. Uno no quiere dejarse arrastrar por la melancolía y, de hecho, tiene que sortear lamentaciones parecidas en muchos de sus vagabundeos por las Españas. Seguramente la gente ya no sale tanto y de modo cotidiano a naufragar soledades o a la caza de la anécdota de la intrahistoria que nos hace sentirnos seres sociales. Muchos bares se mantienen como un escaparate de arqueologías pasadas. Y nos dan una pátina para no reconocernos a nosotros mismos en el juego de las edades.

La Pilareta es un pedazo de la historia de la capital del Turia. Podríamos casi reconstruir sus últimas décadas con los recortes del periódico que visten en las paredes. Así, un rato en la barra sigue teniendo color sepia, y las clóchinas, que son el santo y seña de la casa, adquieren carácter litúrgico y da igual si son mejores o peores porque nos saltan a 1917 y la vida sigue allí encerrada. Doña Pilar Contel fue la gran dama desde la inauguración hasta nada menos que 1983. Ese barrio del Carmen que sigue atesorando la actividad cruzada y festera mantiene prestancia y tipismo. Algo de esto todavía posee Taberna Los Toneles, ubicado en la zona más céntrica de la capital, gracias a su famoso bocata de calamares con bulla de transeúnte.

Tasca Sorolla tiene una diminuta plancha en la que se desenvuelve como un monje budista, con gorra y barba, Bart. Desde 2015, procedentes de vidas anteriores de poca confesión, el cocinero y Ximo despachan bocados precisos y auténticos. Aunque esta taberna fantástica se halla a escasos metros del Mercat Central de Valencia, lujo de despensa y sabor, lo importante no se compra allí, pues hay red de proveedores cómplices. Una sepia a la plancha o con sus gozosas huevas son el primer indicativo de qué terrenos pisa este dúo de insólitos taberneros. Anguila all i pebre se presenta impecable con su punto picón, y esa explosión de colágeno que suelta en este guiso de sabor a la Albufera.

Los *figatells* están bordados, y recuperan esa elaboración popular que dignifica la carne más humilde del cerdo con esta trilogía del tocino, magro e hígado, envuelta en una mantelina a la que se podría emparentar con la longaniza, si no fuera por la singularidad del hígado. También la lleterola o molleja en valenciano, que en esta tasca se hace muy cortadita y fina. O las evidentes *clotxinas* en su expresión perfecta, pulpo a la plancha de aparente sencillez y excelente. Barrita insólita y bar de buscadores. Por cierto, así se llama porque en el edificio nació el genial pintor.

Maipi ha sido durante muchos ejercicios un modelo de la gastronomía cercana, del glorioso apetito de la barra que, cuando se enciende con la charleta o la camaradería de las sillas cercanas, suele incendiar la mesura. Defendido por el *gourmet* con clase que siempre ha sido Jorge Sánchez, quien ha llevado de su mano a su cuate Carlos Herrera, es una de esas casas imprescindibles con su ajo arriero, calamares, forzosa sepia, buenas frituras y piezas náuticas o cárnicas de arte mayor. Hay cambio en la titularidad, pero sus escaños siguen siendo codiciados.

Y, si de excelencia en la barra coquinaria hablamos, no podemos olvidar dos muy señoriales. Donde comen los cocineros el día de libranza, y ambas pertenecientes a la misma propiedad. Aragón 58, enfrente del Mestalla de siempre, y La Principal, no muy lejos de allí. La monumental sepia con mayonesa, gamba roja de Denia, tellinas, quisquilla cocida, y toda la sabiduría de una plancha que se trabaja con vocación de artesano de catedrales. El sinónimo de una barra de nivel. Todavía uno recuerda cualquier tarde apostado en la barra de Aragón al gran escritor gastronómico que era Antonio Vergara con su sombrero. Valencia en su idiosincrasia. En Fallas y fuera de ellas. Con la alegría de la luz y con los cambios que marcan los tiempos, no deja de mantener mostradores donde uno siempre es feliz.

Valladolid
Nobleza del buen bar

■ **LOS ZAGALES**, *c. Pasión, 13, 47001.*

■ **BAR DAICOCO**, *c. Veinte de Febrero, 6, 47001.*

■ **BAR EL CORCHO**, *c. Correos, 2, 47001.*

■ **CASTIVERA**, *c. Alarcón, 3, 47001.*

■ **LA SEPIA**, *c. Jesús, 1, 47001.*

■ **LA TASQUITA**, *c. Caridad, 2, 47001.*

■ **VILLA PARAMESA**, *pl. Martí y Monsó, 4, 47001.*

■ **BAR LA CÁRCAVA**, *c. Cascajares, 2, 47002.*

■ **EL BAR**, *c. Menéndez Pelayo, 8, 47001.*

■ **EL FAROLITO**, *c. Núñez de Arce, 1, 47002.*

■ **LA SASTRERÍA**, *pje. de Gutiérrez, 6, 47002.*

Capítulo 49

Las tapas de Valladolid

Es inevitable pensar en Valladolid y recordar la figura de Miguel Delibes. Nació y murió en la ciudad que amó, y desde la que creó algunas de las mejores páginas en prosa castellana que uno haya leído nunca. Su mirada tranquila y honda, su fineza para atrapar el espíritu castellano flota en el ánimo del viajero. Los bares vallisoletanos participan de esa elegante sobriedad hoy un tanto avivada por el tapeo como estandarte. Para muchos escribanos culinarios, y al calor de certámenes internacionales que premian la mejor tapa, se ha convertido por derecho en destino de barristas y amantes del bocado fugaz.

Directamente hay que recalar en Los Zagales, pues sintetiza la renovación del tapeo y hasta cierto punto el orgullo de una capital que lucha por ser gastronómica y no únicamente pasarela de vanidades provincianas. Los pasquines chic de lo que llaman estilo de vida han considerado a este bar de barra inmensa uno de los mejores de toda España. Su retahíla de bocaditos llenos de ironía e imaginación son gancho de un local que podría ser clasicón en su aspecto, pero rompedor después de todo. Hay un icono llamado «tigretostón» que recrea los pasteles de la infancia y el cochinillo tostado. Obama en la Casa Blanca (montaje de huevo a baja temperatura, patata requemada sobre base de hojaldre con salsa de setas), Kojaz (un chupachús de paté relleno de perdiz) dan idea cómo se las gastan los creativos taberneros de este laboratorio tapista. Merece vino y probanza de esa imaginería coquinaria. Y con danza de figurantes de la sociedad moderna.

En las antípodas de la heterodoxia se encuentra Daicoco. Uno siente cerca el rumor del río antes de cruzar el dintel de este bar de hechura moderna, pero lleno de vida reconocible. Hay personajes afincados en la barra como estampas de la novela detenida. Cuenta Cristina Zúñiga, de estirpe taurina, que se puede encontrar la mejor ensaladilla rusa de Valladolid, lo cual empieza a ser una vertiginosa carrera en toda la tasquería nacional. Es recomendable beber rosado de Cigales, no confundir con el clarete como nos advierte el camarero, porque en este último caso hay combinaciones blancas y tintas, lo cual merecería mayor desarrollo, pero en barra viene de lujo. El nombre de la casa fue seleccionado de un crucigrama por el padre de Pedro, el actual titular. En verdad se refería a un dios oriental, lo cual hoy está bastante alejado de esa pequeña burguesía que puebla el bar y de la que hablaba Delibes. Esa de las tres pes: pereza, pito y paladar.

En el entorno de la plaza Mayor, hay sucesión de mostradores para hacer ronda que como se sabe es el *sport* ideal para el tabernario. El ejercicio se practica cuando se requiere, y nunca uno bebe ni come demasiado salvo que la oficina bancaria o los galenos toquen el silbato. Bar El Corcho se encuentra donde antes hubo un salón de televisión, o establecimiento al que acudía el personal cuando no había aparato en las casas. Taberna ochentera y que en la benemérita calle Correos puso la chincheta para iniciar sendero de vinos. Son muy afamadas la croqueta y la tajada de bacalao de este actual salón de bar que tiene el encanto del camarote. Otra estrella de las barras vallisoletanas es el torrezno, y una justa lid para ver quién prepara mejor ese crujiente con su magro bien jugoso y rosado. Mítico ha sido el del Bar Alarcón en su homónima calle, y, tras jubilación de los precursores, hoy continúa su hijo Justo con su compañera Rebeca, aunque el rótulo es Bar Castivera. Bar bar, con tortilla u oreja, que no se pierdan los clásicos, para seguir la ronda. O en La Sepia, donde los hermanos Martínez venden este molusco en cantidades industriales.

Donde debe estar La Tasquita con su tostada de gamba con ajitos, o sus bocaditos de solomillo como ganchos de esa barra de puntapié. Reinaba hasta no hace mucho en ese laberinto de calles Villa Paramesa, una de las barras más sugestivas que uno haya conocido con su taperío de gran producto y vinos de la tierra a modo, pero el cambio de local y la mutación al restaurante han diluido la esencia tabernista, siquiera mantenga nivelazo gastro. Los Castrodeza son grandes hosteleros, y José Ignacio en los fuegos ha creado un mundo propio con su equilibrado juego entre lo tradicional como unas excelsas mollejas, jarrete de lechazo hasta el célebre sashimi de dorada, o el lingote de cochinillo con tres salsas viajeras: ponzu, ajo blanco y pibil. Buenos bocados en la populosa plaza Martí y Monsó. Y a la vera del Mercado del Val, el de abastos de esta capital, se encuentra Bar Postal donde disfrutar de un pincho de tortilla como Dios manda, si es que manda algo, con su cebolla que aromatiza el local nada más entrar, huevo y rica patata. Y las beneméritas gildas de espejo. Todo cerca de la Iglesia de San Benito donde casa el cura Teófanes, aunque se dice que todos sus matrimonios acaban en ruptura.

Entre todo el trajín de bares castellanos con producto de la tierra, y hoy con esa emergente explosión de las tapas hay una taberna singular llamada La Cárcava. El sitio es muy chiquito, aunque tiene terrazas cuando corresponde. Es un lugar para tomar vino con mucha gracia. Cuenta Juanjo Arranz, su propietario, que fue Mariano García quien le abrió la luz. Cuántas cosas podrían contarse de este país que tengan que ver con el genio enólogo de Tudela de Duero. Juanjo quiso ser fraile antes de tabernero, pero estaba condenado a este lío vallisoletano, aunque proceda de Zamora, al igual que su otra parte del espectáculo, como es Luismi en cocina.

Bar singular por el tratamiento del vino, y, de hecho, dice Juanjo que «el coravin es un engañabobos, porque el vino de calidad puede aguantar no más de cinco días, y lo demás es vino de boticario». Apuesta por el señorío del bar y se nota, y dice que los mandamientos del buen camarero son «educación, limpieza y servicio». Verdadero filósofo que ronda el cinismo muchas veces cuando dice que en la taberna «yo, con la verdad, miento». Es una de las más peculiares del país donde pueden juntarse, circunstancia hoy exótica, políticos de todas las ideologías y derecho. «Este siempre es el local de la oposición, la que sea en cada momento».

Verdadero volcán tabernario, Pucela tiene muchas líneas maestras como la de El Bar. En una década de existencia, los Fuentes, padre e hijo, han ido afinando un bistró que trasciende lo que era la tasca de su origen. La bodega es impresionante y marca una pasión y la cocina de verdadera temporada, con guiños a la caza, micología y el guiso de manera determinante. Hoy tiene hechura de restaurante, y la zambra tabernista queda en un segundo plano imprescindible para el viajero de buen diente y para los enófilos.

Comer y beber en vallisoletano. Buscar el bar que siempre está como la farmacia de guardia. Y en nuevas expresiones como El Farolito, muy cerca de la catedral, con un aire casticista aunque el ritmo, el servicio y la clientela sean más propios del desenfado. Cositas ricas como la empanadilla casera rellena de lechazo y verdura, y una dirección idónea para que siga aguantando el cuerpo. Por su parte, verdadera clase tiene La Sastrería. Antiguo taller de modisto, se ha convertido en una coctelería chic y uno de los bares más elegantes de toda España. La precisión, el detalle y la ubicación en el pasaje Gutiérrez, además de su cocina sincera, crean un imaginario que le da categoría a esta ciudad castellana. Quien quiera hacer «la ruta del hereje» de siglos anteriores de la Valladolid pintada por Miguel Delibes, va a encontrar que los bares contemporáneos le dan lustre a este sitio noble.

la charla

(Enrique

El Toloño
premió e
de la Caz

MENCION

EL PINTXO CON VERDEL Y HABIT
TOLOÑO GANA EL PRIMER CAMP

(Diario de Noticias de Álava)

les sabores. En el p

Vitoria
En la ciudad blanca y verde

■ **Kea**, *San Prudencio k., 21, 01005.*

■ **Perretxico**, *San Antonio k., 3, 01005.*

■ **La Escotilla**, *San Prudencio k., 5, 01005.*

■ **Bar Erkiaga**, *Errementari k., 38, 01001.*

■ **La Malquerida**, *Hedegile k., 10, 01001.*

■ **Arkupe**, *Mateo Benigno de Moraza k., 13, 01001.*

■ **El Toloño**, *San Frantzisko Aladapa k., 7, 01001.*

■ **El 7**, *Aiztogile k., 3, 01001.*

■ **La Riojana**, *Aiztogile, 33, 01001.*

■ **El Tulipán de Oro**, *Edificio Medieval de Portalón, Hedegile k., 157, 01001.*

■ **El Rincón Luis Mari**, *Errioxa k., 14, 01005.*

■ **Sagartoki**, *c. del Prado, 18, 01005.*

■ **Vittoriabar Club**, *Tanis Aguirrebengoa k., 2, 01007.*

Capítulo 50

La identidad vitoriana

En ocasiones, no hay nada tan patético como la necesidad del sentido de pertenencia. Muchos ciudadanos necesitan que el lugar donde les vio alumbrar la vida o pasar sus fatigas tenga personalidad para contarla orgulloso. El reconocimiento del otro y la bandería que se transmite de mano en mano de muchos sujetos habla poco de su individualidad. El tabernista es por encima de todo alguien no gregario, sino dotado de sello propio. Y algunas capitales como la vitoriana experimentan un quejido de identidad por la propia sucesión de episodios de la historia reciente y su necesidad de afirmaciones territoriales de peso. Quien utiliza la sociología solo como argumento de la charla en los mostradores no va más allá.

En la ciudad blanca hay tabernáculos que se desarrollan en ese filo, que impide definir su propia expresión singular. Y como en las boticas de antaño, los hay buenos, malos y mediopensionistas. Uno muy moderno, pero de extraordinario interés, se llama Kea. El dúo formado por Iván en la cocina y María como regenta ha captado un aire renovador gastronómico, que, por otra parte, se extiende cada vez más por el mundo vasco. Y se acude con mucha ilusión a las libaciones y a unos bocados de auténtica medición de la sensibilidad actuales. Como la gilda pespunteada con emulsión de piparra, la exquisitez del bocadito de merluza frita. Iker Filloy, nuestro embajador plenipotenciario de la ciudad, respira hondo. Luego sonríe, gracias al *txangurro* delicado sobre pan de cristal. Por no hablar de la *kokotxa* con pilpil muy suave, o un torrezno con dos cocciones al horno. Nos suele pasar a los buscones de las alegrías del bar en territorio euskaldún, que cuando nos aposentamos en un bar que nos conquista, hacemos eternas las rondas y los tragos.

Perretxico tiene su cierto nombre gracias a la reformada cultura del *pintxo*. De ellos mismos hablan como taberneros y *pintxocultores*. Pero algunas prisas y mucha creencia por lo populoso determinan que no se consiga en esta casa precursora tener un nivel regular, pues, junto a una alcachofa frita con salsa tártara estimable, hay una ensaladilla rusa que tiene mucho rostro avinagrado. Se disfruta vagabundeando y se para también en La Escotilla, que es un bar que se adjetiva a sí mismo de alta mar.

Los que se afanan por los bares del centro tienen mucha afición a El Erkiaga. O donde el frito se hace ley. Todo se pasa por el aceite reparador, desde el *txipirón* al *txangurro*, y hay ese aroma inefable que se adhiere a los gabanes y nos da testimonio de que hay tabernazos cuyo aliciente es precisamente ese combate contra lo inmaculado y lo estándar. La Malquerida apuesta por la propia combinación de los titulares, entre Vitoria y Brasil. Mucha ración creativa de un bar de los de meter en ronda sin otras pretensiones. Y se puede hacer ronda por la cada vez más de moda y abarrotada calle Sancho el Sabio. Vía peatonal donde existen una decena de bares pegados unos a otros y que resulta buena alternativa al casco viejo.

Exquisita factura posee Arkupe desde 1975. Buen bar de mucha bulla y de carácter de la ciudad. Ostra de pintura, vitrina rica, algo de casquería, y un servicio que oscila según días y ánimo de los artistas. Lugar inevitable para respirar el alma de la gente de casa. No muy lejos, uno de nuestros indiscutibles favoritos de todo el país, El Toloño. Por derecho, una de nuestras mejores barras. Clásico de concepto, de saga familiar que incluye a Enrique Fuentes, y a sus hijos Mikel y Sonia, y por encima de todo a Mari Carmen, la matriarca y alma de la casa.

Es el favorito de un *txikitero* muy especial y querido por este escribano como es Vicente Zubizarreta. Este guipuzcoano afincado en la capital vasca comparte nuestra pasión por el *pintxo* que no deja de amenizar un mostrador de gula. Qué clase la de sus bocados y la de camareros como Patxi, uno de esos oficiantes eternos. Otra vez el *txangurro,* ahora en copa de *dry martini.* O el milhojas de habitas y el *risotto* de hongos, sin olvidar el buen *foie,* a la plancha o en ravioli. En sus tres décadas de existencia proclaman representar la alta cocina en miniatura. Discrepamos con aquello del tamaño, que ni importa ni nos percatamos. De anotación en la maleta golosa. Para disfrutar el tímido sol de la tarde y el frío que siempre amenaza a los gasteiztarras. Cualquier sigiloso entreacto de vida en la ciudad recoleta y verde.

La Cuchi es la calle del *txikiteo* por excelencia de Vitoria, donde conviven las culturas del bar de siempre con las resistencias de un tiempo que parece pasado. Uno entra por poner un caso en El 7 y se zambulle en tiempos políticos del que ya solo quedan las pegatinas en el baño o el estereotipo del camarero con su vestuario borroka. Su tortilla es de la de verdad, todo sea dicho. Cuentan que esta calle del casco viejo de la ciudad fue así llamada en tiempos de Alfonso X el Sabio por los comercios de armas y cuchillos del lugar. Hoy hay rosario de bares de todo pelaje y zarabanda muchos días. Nuestra trinchera se llama La Riojana, y su trastienda de felicidad de vinos. Rafa López de Mendiguren posee todo el carisma de lo genuino. Sabe de trufas y de setas como el que más. Bar de acampada, donde todo está rico y tiene ritmo. La mano sabia y el éxito se deben sin duda a su mujer, Gurutze, y a su cocina tan magistral como su paciencia con el artista. Uno se pide unas gambas y anda por la calle Rafa preguntando ¿qué pasa con esas gambas, que tardan?. José el camarero tiene todo el arte. Hay humanidad, los diálogos de parroquianos se suceden y se puede tomar un solomillo de vaca en hamburguesa que es auténtico goce.

Iker ama a su ciudad y nos da pistas innumerables de esta romería barrista que parece no acabar nunca y que es imposible trasegarse en una jornada. Vitoria tiene mucha variedad y algunas direcciones escondidas que merecen vino y bocado. El Tulipán de Oro con más de cincuenta años a sus espaldas parece una ermita románica por su techo bajo, sus raciones cariñosas a modo de ofrenda, y tiene traza de lugar donde se decretan las cosas de la vida. Eso opina la camarera Camila, que procede nada menos que del Valle del Cauca colombiano. La gente lo conoce como «la Morcillera», porque allí se despacha la trilogía de chorizo, morcilla y oreja. El Rincón de Luis Mari lleva abierto treinta años y ofrece un bocado de mucha reciedumbre para fríos y ahuyentar bobadas. Se llama «increíble» y se compone de lomo, alioli, panceta y pimiento. Atiende la casa su dueño Íñigo, tabernero de estirpe, ya que sus padres habían regentado otro local durante décadas junto a la estación de autobuses. Reflexiona con claridad y defiende el buen pincho, ración y la trepidación del bar.

Quien hace muchos años apostó por un local de muchos perfiles y de calidad es Senén González y su Sagartoki. Con escasos veinte abriles, el cocinero de las famosas tortillas de patatas, empezó a trabajar en una casa que hoy es de su propiedad. Barra de *pintxos* monumental, laboratorio de las ideas de este hiperactivo, y camareros reclutados para la causa siguiendo la filosofía de la tierra. Y como colofón una de nuestras paradas inevitables en los caminos que suben o bajan del norte como es Vittoria Bar. Alberto es compañero de armas en la defensa del champú, la rara *delicatessen* del salmón, el esturión, buenos habanos, y siempre esa silenciosa manera de comprender la vida. Un remanso de caché que tiene pocos parangones en las guías de la buena vida de los que no son iniciados. Un lujo al alcance de los que saben. Nobleza, cariño y amistad eterna. Blanca y amable, Vitoria-Gasteiz.

ZAMORA CLU
ZIBER
Heineken
0.0
Casera
ELÍAS MORA
VIÑAS
TORO
REJADORADA
TORO
AMSTEL
17857

Zamora
y el lirismo popular de los bares

■ LASAL, *c. de los Herreros, 29, 49001.*

■ TABERNA LA SALITA, *c. de los Herreros, 34,49001.*

■ BAR EL LOBO – EL REY DE LOS PINCHITOS, *c. El Horno de San Torcuato, 1, 49014.*

■ BAR BAMBÚ, *c. Alfonso de Castro, 3, 49014.*

■ BAR CHILLÓN, *c. Diego de Ordax, 6, 49003.*

■ BAR CABALLERO, *c. de las Flores de San Torcuato, 4, bajo izq. 49014.*

■ BAR BAYADOLIZ, *c. de los Herreros, 7, 49001.*

■ BAR BODEGA CHORI, *c. de los Herreros, 36, 49001.*

■ EL MOTÍN DE LA TRUCHA, *c. de los Carniceros, 2, 49004.*

■ CERVECERÍA PLAZA MAYOR, *c. Renova,1.49002.*

■ COCTELERÍA VARONE, *pl. Mayor, 4, 49002.*

Capítulo 51

Zamora para iniciados

A uno le sorprendía siempre que su maestro Lorenzo Díaz declarase que su veraneo preferido era pasar unos días en Zamora. Este clarividente manchego que se ha comido y bebido Madrid necesitaba esas jornadas zamoranas para pasear por su inconfundible casco histórico medieval, visitar sus numerosas iglesias románicas y dejarse acariciar después de todo con una gastronomía con mucho fundamento. El sociólogo de la vida cotidiana que ha sido Lorenzo, cuya pérdida será imposible de cubrir en esa actividad, hablaba con pasión de algunos bares y chiscones de aquella ciudad, siempre en compañía del no menos genial Paco Somoza. Este arquitecto de Puebla de Sanabria, renacentista a su manera, pintor, recuperador de patrimonio histórico, y también bodeguero con Díscolo en Toro, valoraba como Lorenzo las excelencias ocultas de la comistronería autóctona.

Claudio Rodríguez, la gloria poética de la ciudad, ha escrito *Al ruido del Duero*. Ese que parte las tierras zamoranas en sus cosechas y en manantial emocional, y que es rumor existencial de todo lo zamorano. Su escalofriante Semana Santa, la también subyugante catedral y todas las costuras de una ciudad tranquila encierran un ecosistema que debe ser desvelado por otra mirada nada convencional. La pureza que tenía el mítico Lorenzo, a la par que una amplitud de pensamientos, suele desembocar en hedonismo. El que encuentra la zambra tabernaria en esa capital que ahora ya ronda los 60 000 habitantes. Amigote de aquel ha sido Rubén Becker. Cocinero y sumiller, pues no en vano es discípulo del gran Custodio Zamarra y reputado ganador del Concurso La Nariz de

Oro 2007. Abrió Lasal en el 2000, la que Pepe Ribagorda, otro de la cuadrilla, icono televisivo y extraordinario *gourmet*, ha calificado como un mesón del siglo XXI. Enseguida sus tomates, las alcachofas, la ensaladilla rusa, los garbanzos con boletus, la pechuga con encurtidos y mostaza, o el bacalao de media curación han ido ganando adeptos en el local de la calle Herreros. Destino para los peregrinos de la manduca durante todos estos años.

En esa travesía que desciende bar a bar para la alegría del viajero, y que alcanza su esplendor cuando cae la tarde, Rubén ha abierto La Salita. Para dejar al hermano mayor en su desarrollo del menú y la gastronomía más elaborada. La tabernita ofrece la mejor selección del queso zamorano, bocados de puntapié y toda la fiesta enológica marca de la casa. Por otra parte, se ha dicho que el queso es una de las pistas a seguir por los bares de esta villa. Anualmente se celebra Fromago en la ciudad, certamen donde desembarca un aluvión de cientos de miles de viajeros. Dicen los expertos que tiene esta feria traza de ser cada septiembre el centro del mundo para los locos queseros.

En la travesía de Los Herreros hay un bar cachondón donde los nombres se escriben como se pronuncian en recio castellano. Mesón Bayadoliz es un garito nocturno de miércoles a lunes. De su plancha salen golosinas cárnicas para bocadillos de *panzeta*, *morziya*, *xolomillo* de *zerdo*, beicon o *keso*. O los triángulos, que es un *sangüichez* con salsa de la *kaxa*. Al final de la calle gusta mucho al vernáculo Bar Bodega Chori, rusticidad clasicona donde no falta ni gloria para beber y comer en zamorano.

El lobo es hoy un animal muy protegido, se encuentra en todas las polémicas del equilibrio entre el ecologismo radical y los agricultores y ganaderos de toda la vida. En todo caso, tiene una poderosa sugestión y es parte de las leyendas populares. En Zamora hay una zona así llamada, y por las circunstancias significativas del apellido de taberneros, en la coincidencia del territorio donde existe dicho cánido y sus aullidos. Bar El Lobo es un emblema con su propio título «el rey de los pinchitos». Dos camareros con aspecto bucanero, pero con gracia, cantan los pinchos morunos que pide la parroquia a grito pelado. «Uno que pique, uno que no». Pincho moruno de libro. Aunque también apetecen los pinchos que salen del fuego de esa pequeña cocina con chorizo, panceta o pollo. Entre grito y grito entra un cliente y pregunta «¿tenéis pago con tarjeta?». Tarjeta roja para los que miran lo que la gente gasta.

En esa misma zona se encuentra Bar Bambú. Otro de los destinos inefables para el tabernandulero. La trilogía clásica de esta casa con seis décadas a su lomo la componen el tiberio, la perdiz y la patata. Iván nació prácticamente en este bar y allí trabaja desde los quince años formándose en la universidad de la calle. Nos sirve un paseo por la felicidad que es ese mejillón con una salsa con su propia cocción a la que se alegra con pimentón de vera; es receta propia y se llama Tiberio. Que nadie piense en caza cuando se habla de la perdiz que en este bar donde la patente denomina a un lomo de sardina con rebozado casero, y sin pan rallado, y se añade crema de tomate con la misma cola de la sardina. Y también nos saca en esta barra de toda la vida gustosas bravas, al alioli o vorazmente mixtas. ¿Qué más se puede pedir acompañado de un tinto roble de Toro a discreción? Por cierto, no se admite pago con tarjeta.

La casquería picante y rica es el signo distintivo del Bar Chillón. La tapa es pujante con el vino de Toro, pues siempre es aconsejable tomar en la barra de cualquier andanza los ejemplares de las zonas enológicas propias. Para las bocas, agua; con la lengua, callo, pata, cachuelas (plato característico con una parte del intestino del cerdo, y que constituye un desafío a la pacatería de los fudis a la violeta). Este es un bar con toda la barba, donde hay ristra de parroquianos de jacaranda a la hora del aperitivo. Más de cuarenta años gracias a la matriarca Julia, y a los hijos Alfredo y Juan Carlos Chillón. Su tortilla con poderosa salsa de callos es fetiche para todos los que derivan por Zamora. Del mismo nivel casquero es Bar Caballero. Uno piensa en las zonas de lo que hoy es Castilla y León y en el perfil aguileño de sus gentes. Al entrar en la taberna un viernes lluvioso, suena música rumbera y luego Chiquetete. Olé con los tópicos. Hay que pedir las patatas bravas porque son laureadas, y tienen el aliciente de las salsas bravas o alioli que bien pueden combinarse. Los callos se hacen al momento, y las crestas de gallo a la zamorana, otro manjar de amor de lumbre atávica, son fundamentales para espantar boberías actuales.

Un episodio histórico medieval que se produjo junto a la iglesia de Santa María la Nueva da nombre a un bar. El Motín de la Trucha se llama el tascón colocado en una cueva con encanto de calidez. Esta cripta tabernaria a la que hay que ir ex profeso y llenan los naturales del lugar, despacha junto a un mejillón de preciso escabeche casero, guisos de garbanzo y matanza, y lascivo morro guisado.

Zamora es paisaje de bares diferentes a otras muchas capitales españolas, ideal para los que no tienen los afanes de las prisas y que van a los bares a buscar calor de gente sin necesidad de chuflonerías. De hecho, en su plaza Mayor se puede comer y beber sin tener carnet extranjero. La sobriedad de su Semana Santa imprime carácter. La Cervecería Plaza Mayor es una honrada fábrica de alegrías cotidianas con el líquido bien tirado y el taperío que acompaña a la nomenclatura. Entrar o salir de la ciudad requiere un golpe cervecero en el centro de todo. Para un recuerdo chic, la Coctelería Varone anima a un trago de nivel y buenos vermús. Precioso establecimiento sobre antiguo almacén de textiles para rematar faena. Mientras uno recuerda el poema sobre Zamora de Claudio Rodríguez, y «la ciudad del alma», el borracho de turno a media tarde la forma como cuentan todos los días, y tiene que cambiar de establecimiento hacia las dependencias de la Policía Municipal que se encuentra enfrente. Este es el lirismo popular de los habitantes de los bares.

AYLÉS
ALDE
3,00
2,50
3,00
3,50
4,50
3,00
90
TRES
Vivan

Zaragoza
y la medida de las Españas

- **CASA LAC**, *c. de los Mártires, 12, Casco Antiguo, 50003.*
- **BAR EL CHAMPI**, *c. de la Libertad, 16, Casco Antiguo, 50003.*
- **TABERNA DOÑA CASTA**, *c. de los Estébanes, 6, Casco Antiguo, 50003.*
- **EL MELI DEL TUBO**, *c. de la Libertad, 12, Casco Antiguo, 50003.*
- **LOS VICTORINOS**, *c. de José de la Hera, 6, Casco Antiguo, 50001.*
- **BODEGAS ALMAU**, *c. de los Estébanes, 10, Casco Antiguo, 50003*
- **LA CECI ES EL ALMUAU**, *c. de los Estébanes; 9, Casco Antiguo, 50003.*
- **TRAGANTÚA GRAN TABERNA**, *pl. de Sta. Marta, s/n, Casco Antiguo, 50001.*
- **ANTIGUA CASA APARICIO**, *c. del Coso, 188, Casco Antiguo, 50002.*
- **EL LINCE TABERNA**, *pl. de Sta. Marta, Casco Antiguo, 50001.*
- **VINOS RUBIOS**, *c. de Sta. Teresa de Jesús, 8, 50006.*
- **CASA UNAI**, *c. de Luis del Valle, 2, 50005.*
- **BAR EL ORGANILLO**, *c. de Bruno Solano, 2, 50006.*
- **PEDRO SAPUTO TABERNA**, *c. de Antonio Agustín, 19, Casco Antiguo, 50002.*
- **LOS CABEZUDOS**, *c. de Antonio Agustín, 12, Casco Antiguo, 50002.*
- **BAR SYMBOL**, *c. de Illueca, 5, 50008.*
- **CASA TERESA BAR**, *p.º de los Rosales, 26, 50008.*
- **BAR SANAN/JENA UNCASTILLOSL.**, *c. de Uncastillo, 4, 50008.*
- **CASA ERNESTO**, *c. de Felipe Sanclemente, 7, Casco Antiguo, 50001.*

Capítulo 52

Zaragoza, el Tubo... y algo más

No existe en España ningún ciudadano que no sepa lo que son las campanadas de fin de año, con o sin zafiedad, y no conozca el Tubo de Zaragoza. Es probablemente uno de los destinos barristas por excelencia, solo comparable a la calle Laurel de Logroño o a algunas arterias de la parte vieja de San Sebastián. Es tanta su vitalidad y diversos los garitos que sumergirse en él es fuerza mayor para el tabernario. Su historia tiene mucho que ver con la propia evolución de una ciudad que ha sufrido los vaivenes demográficos y políticos de los últimos siglos. Zona populosa, de antiguos comerciantes, y que ha mantenido su estructura combativa y estrecha a pesar de los nuevos urbanismos. La síntesis de todo ese callejero serpenteante son sus bares. Para gustos, sensibilidades que ahora se estilan, y para carteras, lo de costumbre.

En la entrada a esa cueva de felicidad está precisamente un pedazo de la historia de España. Casa Lac cuenta doscientos años de vida y pugna por señalar que fue Fernando VII en 1825 quien le concedió licencia oficial por vez primera en nuestro país como restaurante. Eso ha determinado que cualquier zaragozano tenga su intrahistoria en ese local desde que un militar francés, de ahí el apellido, se enamorara en aquella fecha de una moza maña y fundara como buen galo un restaurante. Fue lugar donde se vendió por vez primera jamón cocido, avatares sucesivos que hoy se reflejan en los dos retratos que presiden la seductora barra. Fue pastelería, como atestiguan las vitrinas reposteras, se comía chocolate con churros, y ha ido pasando por sucesivas manos titulares hasta el navarro Ricardo Gil. Antes empresarios postineros, para que hoy lleve nuestro querido Ricardo el respeto al origen en sala y cocina. La penca de acelga, la cebolla, el canelón, el vino que sirve Cristian Aurensanz son obligada estación en el umbral de El Tubo. El público ecléctico de estos tiempos sigue escribiendo sus vivencias para la memoria.

En el avispero hay bares tan celebérrimos como El Champi, cuya única especialidad es el pincho que le da nombre, o las croquetas de la Taberna Doña Casta. Y es probable que cada maño tenga predilección por uno u otro. No nos gusta la jerarquía porque en la materia de la buena vida solo hay la estética del gusto. De la cual posee a raudales Meli del Tubo. Bar moderno de nivelazo donde hay ese público de media vida, concejales, abogados, o los que venden el vino. Su barra de tapas almacena algunas de las producciones más lujuriosas de España. Cada una de ellas tiene una historia y la creatividad justificada se manifiesta en un ceviche en cóctel de presentación. Las hermanas Raquel y Silvia Marcel, junto a Ángel Díaz, crean una excelente tapa de chuletón, un bocatín de lomo de bacalao con verduritas de cóctel llamado la Paca, una tapa de tartar de atún con piña, o su famoso cave ovum, en realidad un saquito crujiente de setas, *bacon* y huevo sobre carbonara de torrezno. Sin olvidar su melkini, delicioso sándwich con encurtido y queso. En sus ocho años de apertura se ha convertido en lugar de paso de los *gourmets* internacionales que aman el tapeo de pie.

Algunos años más lleva herrado Los Victorinos. Su estética es inconfundiblemente taurina y su barra mayestática. Desde 1969 ha sido lugar de peregrinación y, tras las cosas propias de los negocios, el matrimonio de Julián y Eva en compañía de su hija de diecinueve años Dune han cogido el relevo. Las cuatro imponentes cabezas de toro que cuelgan en las paredes siguen contemplando que se mantiene el mismo nivel tasquero. Hay festival con el canelón de brandada de bacalao, pura esencia, o la icónica croqueta de cocido al revés. Los montaditos son de nivel y ya se empieza a hablar de Los Victorinos 3.0.

Espigando los mostradores con el detector del oficio del camarero, descubrimos a Miguel en Tragantúa Gran Taberna. Ese casta con su leve cojera y su socarronería es hoy *rara avis*; no para, atiende porque dice «que somos para todos los públicos». En ese serpentín de barra hay ostras, mariscos, y venga alegría con la croqueta de jabugo, el salpicón de rape, el carioca o tigre muy picantito. Este radiólogo de la felicidad del cliente te pone un poco de jamón y dice «esto tenía para tirar, ja». Y a treinta metros del rincón más bonito de Zaragoza como es el arco de Deán y el cimborrio de la Catedral de la Seo.

Entre Los Victorinos y Tragantúa hay tiempo para degustar una de las más típicas tapas zaragozanas: el «guardia civil», que con larga tradición cultivan en la esquina de la plaza de Santa Marta en El Lince Taberna, donde el rancio arenque se combina sabiamente con el pepinillo, el tomate y el piquillo en el bollito de pan recién horneado. Picante o sin picar, que hay para todos los gustos. Y eso sin olvidar la patata rellena que habrá que compartir para no agotar de una sentada la ruta saldubiana.

Zaragoza es el sorprendente territorio donde quizá sea insuperable la afición a la gamba o a la anchoa. Nobleza baturra y mucho echado pa'lante. Antigua Casa Paricio es conocido precisamente como «el Anchoas». Su dueño Milán solo pide «ante todo mucha calma». Despacho de vinos de categoría, aunque lo venda a granel, tiene mesas de mármol que apoya sobre patas de máquinas de coser. Abre un rato a medio día en un reto al horario y además de su producto estrella hay mejillón, berberecho y banderilla, y andando que es gerundio.

Haciendo honor a sus seis títulos honoríficos (muy noble, muy leal, muy heroica, siempre heroica, muy benéfica e inmortal), Zaragoza es algo más que el Tubo. La vitalidad universitaria se nota en los alrededores de la más reciente plaza de San Francisco. Los vinagrillos de Vinos Rubios, recientemente cambiado de mano, obliga a echar de menos a Juanito. Nuestro querido Unai, que da nombre al local de barra en torno a la que los fieles se arremolinan sin dejar espacio reclamando ávidamente sus escabeches, los huevos duros rellenos con mayonesa y otras viandas donde acompañar su oferta de vinos. O la sorprendente variedad de quesos de El Organillo de Luichi que desde hace años permite concluir la ruta franciscana. La calle Heroísmo evoca otra época cuyo paralelismo bariano permite disfrutar del Saputo, donde el querido y añorado Arturo Beltrán sigue teniendo su rincón. También Los Cabezudos, hermano mayor de Tragantúa.

Y siempre hay un lugar para lugares de culto fuera de ruta. Especial mención merece El Symbol, en una esquina en los límites del Parque de Miraflores, donde no es difícil encontrarse a lo más granado de la sociedad zaragozana pidiéndole a Toni que «nos ponga lo que él quiera», que sabiduría tiene para atender nuestros exigentes paladares con lo que ha encontrado esa mañana en el mercado. Como la Bodega de Casa Teresa, también en el Parque de Miraflores, en la que Carmelo a sus mandos y Cristina, su mujer, con algún guiño brasileño (no se puede perder uno la picaña) conjuran la cocida maña con gran esmero; es conveniente dejarse aconsejar, tanto en la comida como en la parte líquida. Al otro extremo del parque, el antiguo Jena, como se le sigue conociendo, hoy rebautizado como Bar Sanan, hace un homenaje a la gamba en gabardina, mejor doble, y al pimiento relleno de carne picante.

Este recorrido extramuros del Tubo no puede terminarse sin mencionar a Azucena, que, junto a su marido Javier, atiende desenfadadamente Casa Ernesto en la calle San Clemente, nombre en honor al padre de ella, que mantiene las más clásicas recetas del antiguo El Rincón. Uno de los sitios que los masterchefs televisivos no dejan de visitar cuando paran por Salduba para probar su taco picante y los insuperables escabeches; ojo con los mejillones caseros y el atún. Todo ello sin olvidar La Magdalena, donde perderse entre bares del «juepincho» es una verdadera competición gastronómica en tan pocos metros lineales. Cuentan los sociólogos que Zaragoza es el canon de la normalidad de este país, punto intermedio donde medir costumbres, tendencias políticas o las querencias comerciales. Si así fuera, y en materia tabernaria el espejo que nos muestra el enclave zaragozano es estimulante y vivo.

Un brindis de agradecimiento

A todos los que tienen bar abierto en España. A todos los parroquianos que pueblan con sus avatares cotidianos todas las tabernas del país. Este conjunto de defensores de nuestro patrimonio cultural y emocional merecen mi gratitud y mi respeto. Lo mejor de este país son ellos. Incluso aunque en ocasiones nos veamos envueltos en forzosas riñas tabernarias.

Y, por supuesto, a todos y cada uno de los amigos que me han servido de anfitriones en cada una de las ciudades que uno ha visitado, con los que ha bebido, reído y divagado por los diferentes rincones y calles de ese maravilloso laberinto que todavía se llama España. Federiquiño Poncet y las rutas gallegas; Javi el Boinas en Pontevedra; la hospitalidad de Álvaro Bachiller en Albacete; Carlos Bosch y Sergio, cómplices alicantinos; Juan Ronda y su bonhomía almeriense; Guillermo Buenadicha, de estirpe abulense; el Niño de Huelva, hermano del alma; Martí Batllori, nuestro cómplice catalán. Más cariño con Olga Ahedo por Bilbao, la familia Martínez Ortuzar y su Ganbara donostiarra, la agencia de transporte El Mari en Burgos y por media España, Lorenzo Clemente en Cáceres, el simpático letrado Espejo en Castellón, y el no menos encantador Paco Alberdi, propagandista manchego en Ciudad Real. Qué decir del fraternal Licenciado en Córdoba. Luis Bachiller, escoltado por Edu Medina, desvelando Cuenca, la princesa nazarí de enviada especial a Graná, el socialista puro Ignacio Andarias en Guadalajara. El Gitano Persa, los Marchena y José María Chica en territorio jienense; Mario Reyes en Las Palmas; mi compadre Pablo Arraiza en León; José Ignacio Nogués, corazón riojano. Encontramos nueva familia en Melilla, comandada por el sobrino Wail. La cuadrilla murciana de Paco Cano, el bueno de Sevi o mi alumno aventajado Leandro solo tienen parangón con mi familia pamplonesa que siempre comanda mi Carlitos Vivanco. Agustín Macías, nuestro delegado eterno en Salamanca, al igual que Pedro *Peter* Benítez en Santa Cruz de Tenerife, o Carlos Marigorta y su lucidez santanderina de adopción. Oscar Hernando en Segovia, y otro Oscar, mi cuate García, abriéndome su Soria. Carlos Miranda el Niño de la Bahía, por alegrías gaditanas, como tantos sevillanos amigos, incluido el Bandido David Romero, de imposible enumeración, entre los que destaca evidentemente Super Pedro, que no nos dejó ni un metro de Triana por descubrir. Más el Niño de Huelva. José Luis Julián, mi compañero Juanjo Cortés y la propia alcaldesa Emma Buj, defendiendo Teruel. Mari Carmen Navarro, Amunt Valencia y el gran e inconfundible Bandolero Mayor, José Luis Ramos, el artista de la familia. El Ensabanao y Cristina Zúñiga por Valladolid. Evidentemente, el generoso Iker y Vitoria. Uno de los nuestros, Carlos Melero, por el Tubo zaragozano, y Álvaro Quiroga abriéndose paso en los barrios. Son tantos que puede que alguno injustamente olvide, pero tienen hueco en mi corazón tabernario como el primero.

Nobleza obliga, este libro no sería posible sin la confianza de Manolo Pimentel y la paciencia de Ángeles López.

Y en todas las batallas el Gran Sir, la Funcionaria Rivero, de eternos viajes y tejemanejes, incluidos los fotográficos, sin olvidar a mi hermana Ana Burgos siempre al quite con su cámara, junto al último bastión de mi infancia y que todavía es y seguirá siendo Paquito Alegre. A pesar de sus maldades, mi eterno reconocimiento a los desvelos de la Doctora Romero.

¡Va por todos vosotros!